佐藤 優

哲学入門

淡野安太郎
『哲学思想史』を
テキストとして

MASARU SATO

AN INTRODUCTION TO
PHILOSOPHY

角川書店

哲学入門

——淡野安太郎『哲学思想史』をテキストとして

まえがき——先哲と共に考える学知は役に立つ

本書は、二〇一九年冬に同志社大学神学部、同大学院神学研究科の学生たちと四泊五日の合宿で行った勉強会の記録へ、大幅に手を入れて編集したものである。その際に、キリスト教を専攻する人たちだけでなく、他の文化系、理科系の学問を学ぶ学生、さらに教養をつけようと考える社会人にも役立つ内容の本にするように心がけた。

ところで、キリスト教神学には、その時代に流行している哲学の言葉を用いて議論を展開する傾向がある。だから、神学生は哲学史に通暁している必要がある。ここで重要なのは、神学生にとって哲学は、あくまでも補助学に過ぎないということだ。言い換えると、哲学に没頭して、神学的思考から離れてはいけないということだ。

神学の目標は、真《まこと》の神で真の人であるイエス・キリストを信じることによって人間が救われるという、キリスト教の教えを強化することだ。神学において、正しい結論はあらかじめ決まっている。その正しい結論に向けて、どのような知的操作をしていくかが決まっている。この点、白紙の上で、理性と客観的なデータによって結論を見出《みいだ》していこうとする自然科学や社会科学とは、方法が全く異なるのである。

もっとも、神学的思考は官庁や企業でも日常的に用いられる。私は外務官僚だった。客観的、実証的には日本が間違っているときも、日本の立場が正しいとして振る舞うのが日本の外交官としての正しい立ち居振る舞いなのである。

私が同志社大学神学部と大学院で学んだ弁証学（他宗教に対してキリスト教が正しいことを証明する学問）、論争学（キリスト教の内部で、他の教派に対して自分の教派が正しいことを証明する学問）の演習で身につけたノウハウは、ロシアとの外交交渉、他省庁や外務省内の他部局との権限争議の際に役に立った。弁証学、論争学は、ディベートという衣替えをして現代によみがえっているのだ。神学を修得するとディベートに強くなるのである。その場合も、過去の哲学や思想に関する知識が不可欠になる。

ここで重要なのは、自分にとって絶対に正しい事柄が、他の人にとっては正しくない場合があるということだ。絶対に正しい事柄は存在する。ただし、それは複数存在することを私は学生たちに常に強調してきた。複数の真理が存在することを皮膚感覚として認められるようになれば、自《おの》ずから寛容の精神が身につく。そのために必要なのが、過去にどのような思考の鋳型があったかを知ることである。

このような観点で見た場合、適切な教科書がなかなか見つからない。大抵の教科書は、思想のマッピング（当該思想の特徴や位置づけの記述）に終始している。教科書を通じて、対象となる哲学者、思想家の内在的論理を掘り下げるという方向を取っていない。しかし、私がこれまでに読んできた中で、哲学者、思想家、宗教人の内在的論理を見事に捉《とら》えているのが淡野安太郎《だんのやすたろう》『哲学思想史　問題の展開を中心として』（角川ソフィア文庫、二〇二二年）だ。淡野安太郎氏（一九〇二―一九六七年）の人と思想については角川ソフィア文庫版の解説に記し、本書の本編でも触れているので、ここでは繰り返さない。ここでは同書から、淡野の思考の特徴が端的に表れている箇所だけを紹介したい。

〈哲学はもちろん、いつの世にも、また、いかなる問題に対しても、既成の結論を与えることはできないであろう。しかし人間が「考える葦」である以上、いかなる状況におかれても、思索しつつ生活し・生活しつつ思索するのほかはない。サルトル流の表現を借りるならば、人間は自由であるべく運命づけられているように、――あるいはむしろ、その故にこそ――また思索すべく運命づけられているのである。問題の展開を中心として述べられたこの『哲学思想史』を通して、先哲と共に考えることに幾分でも親しみがもたれるようになり、本書がひいては『哲学入門』としての役割をも果すことができるならば、著者の欣幸これに過ぎるものはない。〉（淡野安太郎『哲学思想史』角川ソフィア文庫、二〇二二年、四頁）

先哲と共に考えるという作業を、私は自分のゼミの神学生たちと常に行ってきた。このゼミに参加した人々は、官僚、新聞記者、民間会社員となり社会に飛び立っていった。この若者たちが生きていくにあたって、学生時代に本気になって取り組んだ哲学や神学の知識が役に立つ、と私は確信している。

実務家の私は、学問のための学問にはあまり関心を持っていない。学問は、究極的に人間が生きていくために役に立たなくてはならない。ただし、すぐに役立つような実学は、それ程、時間が経たないうちに陳腐化してしまう。一見、社会で役に立たないような哲学や神学のような学知が、今日のように時代が大きく転換するときには役に立つのである。

二〇二二年三月二三日、曙橋《あけぼのばし》（東京都新宿《しんじゅく》区）の自宅にて

佐藤《さとう》　優《まさる》

目次

四日目　Day 4　353

【凡例及び編集部注】

引用書籍は限定されているため、初出にのみ、著者名・書名・出版社名・刊行年を記し、その後は、著者名・ページ数のみを表記する。例えば、（淡野安太郎『哲学思想史』角川ソフィア文庫、二〇二二年、三二頁）は、初出以降は、（淡野、三二頁）となる。

テキスト『哲学思想史』の本文内に記された注も引用している。注単体の引用では、可読性を考慮し、文字の大きさと字下げは本文引用と同様にしている。本文と注を同時に引用している箇所については、文字の大きさは変えず、字下げのみテキストに準じた。

テキスト『キリスト教神学資料集』は各章、著者マクグラスによる概要説明、資料の引用、マクグラスの「解説」「研究のための問い」という構成になっている。これも可読性のため文字の大きさは原書と違い変えず、字下げも章冒頭の概要説明のみとした。

講義時より、特に日本では著名でない人物、名前を知らない初学者が多いと思われる人物には、出身国や哲学者、神学者等の分類、生没年の補記を行った。また、用語解説も（ ）で挿入した。生没年は本文内に現れる人物には入れたが、プラトン、ヘーゲル、マルクスのように、倫理や世界史をはじめ、学校教科書でも紹介されている著名な人物については、出身国等の記述は割愛した。

本文内で紹介した書名には、書誌情報を（ ）で補記した。版が複数あるものに関しては、入手しやすい文庫を中心に記載した。その版のみを推奨している訳ではないため、読者は自分が読みやすい訳で学んでほしい。

一日目

Day 1

第一章　哲学とは何か――「緒言」と序章を読む

哲学史を体系的に摑むのに最適な淡野安太郎の『哲学思想史』

受講生は同志社大学神学部の学生なので、まずお祈りをしましょう。

天にましますわれらの主よ、神学はその時代の哲学の衣を借りながら説明をする、とドイツのプロテスタント神学者シュライエルマッハー（一七六八―一八三四）の思想についてスイスの神学者カール・バルト（一八八六―一九六八）は言っています。まさにそのような哲学の基礎について、この四日間の集中講義で行いたいと思います。どうぞ、あなたの聖霊の力により、われわれの学びが順調に進みますように。このひと言の感謝と願いを、われわれの尊き主イエス・キリストの御名《みな》を通して御前に捧《ささ》げます。アーメン。

講義では、淡野安太郎《だんのやすたろう》（一九〇二―一九六七）の『哲学思想史』（角川ソフィア文庫、二〇二二年）を読んでいきます。一九四九年に勁草書房より刊行され、一九六二年に同社より新版が出されたものです（二〇二二年に復刊）。淡野安太郎は、一般にはあまり有名な哲学者ではありません。日本ではフランス系の哲学やベルクソン（一八五九―一九四一）、それから初期のマルクスの紹介や概説書等で有名です。京大を卒業したあと、旧制の京都の第三高等学校で哲学を教えていました。

旧制高校というのは基本的に哲学と数学、文学、語学、いわゆるリベラルアーツを教えるところです。みんなが文学書を読み漁《あさ》るわけです。そういう教育で徹底的に鍛えたあとで、大学に入っていくというのが戦前のシステムでした。戦前は六年制小学校のあと中学校が五年制、高校が三年制。つまり中学・高校で八年だから、今より二年間、長いわけです。

その後に進む大学は修業年限がありませんでした。だいたい三年か四年で卒業するような体制ですが、この体制では、必要単位を取り、卒業論文が書ければ卒業できました。通常は三年程度で、高校で徹底的に身につけるリベラルアーツが強い力を発揮しました。

淡野安太郎は第三高校で教えた翌年、台北《たいほく》帝大の教授になりますが、戦後に台北帝大はなくなったため、そのあとは東京大学の哲学講座の先生になります。

ちなみに、第三高校で淡野安太郎の後任になったのが、『世界史の哲学』（こぶし文庫、二〇〇一年）で有名な高山岩男《こうやまいわお》（一九〇五―一九九三）でした。高山は京都大学に進学後、軍部と接近したために戦後は公職追放に遭い、日大の先生になります。その高山の回想に、淡野安太郎が少し出てきます。

学者には二通りいます。教育者としてすぐれている人と、研究者としてすぐれている人です。両方の才能を持つ人は稀《まれ》にしかいません。

日本では、教授は教育と研究の両方ができるべき、という建前に立っていますが、実際の大学教師はどちらかに比重が傾くわけです。淡野は、教育者としてすぐれていました。だから彼のもとからヘーゲルの著作を数多く訳した金子《かねこ》武蔵《たけぞう》（一九〇五―一九八七）や、岩波文庫のマルクスの『経済学・哲学草稿』の訳者である城塚登《しろつかのぼる》（一九二七―二〇〇三）をはじめ、すぐれた哲学者が出たのです。彼自身は教育のほうにウエイトを置いていたため、教科書的な著作も良くできているというわけです。

この講義では、淡野の『哲学思想史』を思想史として扱っていきます。淡野は一種の歴史主義（真理や価値など、すべての事象は不変ではなく歴史的に生成したものと捉《とら》える。一九世紀につくられた言葉）の影響を受けているので、まず、歴史的な継承関係を見ていきます。もう一つ、なぜこういう思想が出てきて、その思想は流行後になぜなくなってしまったのかという、内在的な発展論理を辿《たど》るのが淡野安太郎の手法です。そのため、現在の哲学者のてんこ盛りの教科書に比べると、盛り込まれるデータ量は多くありませんが、思考のトレースをしていく点で意味があるのです。それから当然のことながら、一九六二年版なので、ポストモダンの影響はまったくありません。哲学を歴史として、体系的に見ていくには一九六〇年代の教科書が一番いいのです。

われわれは神学の専門家です。シュライエルマッハーが言うように、神学はその時代の哲学の衣を借りながら説明をするので、哲学史の知識が必要です。ただし哲学の専門家のように高度な、または微に入り細を穿《うが》つ哲学の知識はかえって障害になるので、概略を捕まえる必要があります。このことは同時に、ビジネスパーソン――国際的に活躍したいビジネスパーソンならなおさら――が必要とする哲学の知識についても言えます。世界的なベストセラーになった『サピエンス全史』（河出書房新社、二〇一六年）や『ホモ・デウス』（同、二〇一八年）、『21 Lessons』（河出文庫、二〇二一年）など、イスラエルの歴史学者、哲学者であるユヴァル・ノア・ハラリ（一九七六―）の著作を読むときのベースとして必要とされる哲学史も、このレベルがちょうどいい。

淡野の本の中で、強いて言うと問題になるのは、中世哲学の部分です。中世哲学の普遍論争――特に唯名論に関する研究――に関しては、一九六〇年代以降この半世紀で研究がかなり進みました。今は唯名論という捉え方はしておらず、そもそも唯名論自身が他称で、唯名論という概念があったかどうかも、現在は疑問視されているのです。その点は、キリスト教神学とも関係します。そこは、イギリスの神学者マクグラス（一九五三―）の『キリスト教神学資料集』（キリスト新聞社、二〇〇七年）の邦訳本の中にいくつかいい原典があるので、それを併せて読むことで補強していきましょう。

まずは「緒言」の次の箇所に、線を引きましょう。

〈哲学を学ぶためには、まず心を空しうして古来からの先哲の思索の跡を辿りつつ、先哲と共に考えることによって「哲学的に考えること」（Philosophieren）を学ぶよりほかに途はない〉（淡野、三頁）

これはどういうことでしょうか。まず、型を知る、ということです。型を知らずに何か独創的なことを言っても、それはデタラメに過ぎないからです。そして型を知ると共に考える、ということ。ここには、武道で言われる「守破離」の考え方があります。まずは内在的論理を捉えることが「守」。次に、共に考えることでズレが出てくる、それが枠を外れる「破」です。哲学史を学ぶことは「守破離」が目的にある、ということです。

ちなみに、「Philosophieren」（哲学する）とありますが、これはドイツ語としては変です。動詞だからPは小文字にすべきです。ソフィア（sophia）は「智恵」「学知」、フィロ（Philo）は「愛する」。「愛する」を意味するギリシア語は三つ、アガペーとエロースとフィリアがあります。親の子に対する姿勢、見返りを求めない愛が、通常はアガペーで、それに対してフィリアは友情です。友人間でも同性間でも男女間でも、エロース的なものを伴わない愛情が、フィリアです。だからフィロソフィアとは、哲学と友だちになるという意味です。

その点、今の大学における学知は本来のあり方ではありません。フィロソフィアは本来、対価を求めてはいけないからです。対価を求めるとソフィストになります。どうして対価を求め、知を販売するようになったかと言うと、古代ギリシアでは知力があること、特に雄弁術が出世の条件だったからです。出世のために必要だから、対価を払って教える（教わる）行為が生まれた。その意味で、受験産業の歴史を考えることは、ソフィストの歴史を考えることになります。大学と予備校はどこが違うか？　と訊《き》かれたら、大学はフィロソファーをつくる場所であるのに対して、予備校はソフィストをつくる場所だ、が答えとなります。つまり対価性があるかないか、の違いです。

それでは「智慧《ちえ》」と「知恵」はどう違うでしょうか？　世俗知を意味するのが「知恵」です。それに対して「智慧」は、仏教的な真理を意味します。一段階違うレベルの真理ですよということが、この字に込められているわけです。仏教は、こちらから見るとこう見え、別の方向から見たら別に見える、という考え方です。亡者が底に沈み、膿《うみ》の臭いがして、銀蝿が飛んでいる地獄の血の池の情景と、天上で蓮《はす》の花の中に天女が舞っている情景は同じことだよ、と言います。地獄の中にいる人が見ると血の池に見え、天上にいる人が見ると、今度は蓮の花に見える、つまり同じ事柄が別に見える、という考え方です。

神話との連続性のなかにある哲学

『哲学思想史』第九節は、タイトルが「唯理論」となっていますが、この「唯理論」は、通常は合理論と言われているデカルト（一五九六―一六五〇）たちの考え方を指します。

それから、第一章「古代哲学」、第二章「中世哲学」、第三章「近世哲学」という章タイトルが付いていますが、この時代区分はどういう意図でなされているでしょうか？　現在に対して、直近の時代は悪かった、しかし、そのさらに向こう側の時代は良かった、という意味合いがあります。だから近世より中世、中世より古代がいい時代になります。真理は過去にあるという、復古維新的な発想が基本にあるのです。

例えば日本は明治維新のとき、維新を起こした人たちの主観的意識では、日本本来のあり方をどこまで戻しましたか？　一つは建武《けんむ》の中興、後醍醐《ごだいご》天皇の時代です。日本をその時代に戻し、リセットしていく考えがありました。それに対してもう一つあったのは、律令制導入前です。律令制は中国から入ってきた制度で、それによって日本はおかしくなった、だからそれ以前に戻そう、という考えです。こう考えたのは、「五・一五」事件の理論家で、日本のアナーキズムと国家主義思想の双方に影響を与えた権藤成卿《ごんどうせいきょう》（一八六八―一九三七）です。

さらに天地開闢《かいびゃく》まで――イザナギ、イザナミ、アマテラスのところまで――戻らないといけない、と主張する人たちもいました。しかし神道と言っても一つではない。伊勢《いせ》神道に対立する神道として、出雲《いずも》信仰があります。出雲信仰の祭神はスサノオ、オオクニヌシです。これはよく覚えておいてください。

因幡《いなば》の白兎の話を思い出してください。海辺を歩いているウサギとワニザメが、「俺たちとおまえたちで、どちらの数が多いか」で言い争う。お互いに自分たちの数が多いと言うので、ウサギは数えようと提案し、ワニザメを一列に並ばせる。するとウサギはワニザメの上をピョンピョンと渡って、向こう岸に渡る。最後に「俺は数を数えるなんてことは考えていなかった、こちらの岸に渡りたかっただけだ」と言い、怒ったワニザメはウサギを捕まえ、皮を剝《は》いだ。

そこに、八十神がやって来る。ウサギが、「痛いよ」と言うと、塩水を体に塗りつけて風に当たるといい、と勧める。その通りにすると、ウサギは痛くて痛くて仕方がなくなった。遅れてやってきたオオクニヌシが「真水で流してガマの穂綿にくるまるがいい」と勧める。そのようにしたら、もとの白兎に戻った。ウサギは「あなたはとってもいい人だから、この国を治める人になるでしょう」と言う。それでオオクニヌシが出雲を治めることになった。

次に国譲り神話も思い出して下さい。アマテラスたちがやってきて、オオクニヌシたちは「それではわれわれは退きます」と言う。そして、中津国を献上した代わりに出雲大社を創建させました。オオクニヌシの祖先はスサノオです。地上でなく幽界、黄泉の国、地下の世界を統治するのが、出雲信仰になったわけです。だから出雲大社と伊勢神宮は祭神が異なります。こうして、日本の神社は伊勢神道系か出雲系かで分かれるのです。

神話は、何らかの出来事を説明しています。解釈学では、科学の立場や歴史学から神話を否定するのではなく、神話を解釈することが課題です。それではこれらの神話には、どのような意味があるでしょうか？　一般的に、大和朝廷による国家統一の過程を神話化したものと解釈されています。色々な勢力が各地にいたが、時に交渉によって、時に武力によって併合統一されたことを表している、と。

西洋でも、哲学の根っこはギリシアの神話とつながっています。だから哲学とは、実は神話との連続性のなかにあるのです。

哲学と哲学史――①哲学とは何か

「序章　哲学と哲学史」に入りましょう。

〈哲学という学問に対しては、まず「哲学とは何か」という問いが提出せられる。厳密にいえば他のすべての未知の学問に対しても、同じような問いが提出されなければならない筈であるが、しかし例えば生物学について「いったい生物学とはどういう学問なのか」ということが、哲学の場合ほど切実に問われないことは事実である。その理由として、つぎの二つをとり出すことができるであろう。

その第一は、「生物」という観念が学問的には非常にむずかしい問題を含んでいるのにも拘らず、常識的には「生きもの」とそうでないものとの区別は――漠然としてではあるが――一応理解せられていて、そういう生物を対象とする生物学という学問の内容についても大体見当がつくような気がする、ということである。〉（淡野、一一―一二頁）

二一世紀の今日には、こうとは言えません。生き物は一種のアルゴリズムだということが、今、主流の考え方になってきているからです。生き物はアルゴリズムで、生命とは一種のデータの集積だという考え方が有力になりつつありますから、AI技術とバイオテクノロジーがつながり、ゲノム編集などが行われるわけです。それによって、急速に分子生物学が進んでいるので、生き物の概念もわからなくなってきている。「生き物とは何か」が自明だったのは、二〇世紀の話です。

今や生き物の概念は、自明でなくなっています。ウイルスのような存在をどう見るかということで、「生物と無生物のあいだ」といったテーマに関心が向かっています。

〈その上さらに第二の理由として、生物学は――他の自然科学と同じように――一種の累層的発展をとげるものとして、過去の研究成果のうち今日なお是認せられるものは、ことごとく現代の研究の中にとり入れられているから、いわゆる「生物学教科書」を読みさえすれば、生物学とはどういうものであるかということを、一通り知ることができるという事情を認めないわけにはいかないであろう。〉（淡野、一二頁）

高校の科目でも、いわゆる積み重ね方式の科目と、積み重ねではなく暗記で対応できる科目があります。積み重ね方式の典型的な科目は、例えば英語と数学です。

普通の学問、ディシプリンというのは積み重ね方式になっているのですが、哲学や神学は積み重ね方式ではありません。そのため、ある時代で一つの体系が出来上がると、そこで完結してしまう。別の体系は別の体系として独立してあるから、そのあいだには継承関係や発展が、実はない。

二〇一九年一一月にフランシスコ教皇（一九三六―）が日本に来ましたが、彼がなぜ反原発の立場に立つかというと、創造の秩序の神学に身を置いているからです。神さまはプルトニウムをつくっていないから、人間はそういうものをつくってはいけない、という考えです。その考えを発展させると、ゲノム編集もダメ、合成生物学もダメ、ということになります。

自然の中に神の意思があるという考えはきわめてプレモダンです。ところが、このプレモダンなものが、モダンの危機の中で、ポストモダン的な状況の中で再び脚光を浴びているわけです。プロテスタンティズムは明らかに袋小路に入っていますが、カトリシズムが同じ袋小路に入らないのは、モダンの時代に背を向けているからです。プレモダンな状況に身を置くという選択をしたからなのです。

〈それぞれの哲学は他のものによっては置き替えることのできない独自の性格と価値をもつ。〉（淡野、一二―一三頁）

そしてこの箇所です。カント（一七二四―一八〇四）を例にとるなら、アインシュタイン（一八七九―一九五五）の一般相対性理論以降、カントの時間と空間の概念は維持されなくなっていますが、それゆえに一般相対性理論の世界を知れば、カントのカテゴリー・時空が無効だということにはならない。もちろん一般相対性理論の中に、カントの時空概念は包摂することはできます。そうは言っても、日常的な常識では、カントの時間と空間はわれわれの思考の枠組みをつくってしまっています。アインシュタインとカントのあいだに断絶があるので、両者のどちらが優秀か、ということは言えません。

このような思考の枠組みのことを科学哲学の言葉で言うと、「パラダイム」になります。天動説と地動説のあいだには、パラダイムの違いがある、と言える。「パラダイム」は文法用語「活用(conjugation)」の具体例を指します。動詞の活用表のことを「パラダイム」と言います。言語ごとに活用表が違うように、思考の枠組みも違うのだという、その思想の文法のことを指します。この「パラダイム」を科学哲学の中で位置づけた哲学者はアメリカのトーマス・クーン（一九二二―一九九六）です。覚えておきましょう。

〈哲学は出来上ったものとしては何処にも与えられてはいないといわれるけれども、哲学史上、多くの哲学者がそれぞれ自己の哲学を語った数々の著作が残されていることは事実である。それらの著作の中に述べられているものは、出来上った哲学でないかも知れないけれども、やはり何等かの意味において――その人はその人なりに考え抜いた――一つの哲学であることは疑いない。それが出来上ったものでないのにも拘らずやはり哲学であるというのは、それが「哲

学」という一つの可能なる学の理念に少しでも近づこうとする試みである、という意味においてであろう。〉（淡野、一三頁）

「それが『哲学』という一つの可能なる学の理念に少しでも近づこうとする試みである」。ここにある「理念」のことを、何と言うでしょうか？

「統整的理念」と言います。例えば、カントが使う「永遠平和」などは、実現はしないけれどもそれに向けて進んでいくということで、「統整的理念」として成立する、と言えます。教義学の場合、プロテスタント神学においては原則として単一の教義（ドグマ）は成立しないので、複数形のドグマになりますが、スイスの神学者カール・バルトが「教会教義学」という言葉を単数形で表したのには、統整的理念としての教義学が成立しうるという意味合いがあります。そこには至らないけれど置いているというものが、「統整的理念」です。だから、構築していけるという意味の構成的な理念とは対をなす代表的な概念です。

哲学と哲学史――②形而上ということをめぐって

自然科学と哲学の違いについては、法則定立と個性記述というキーワードを使って説明することができます。科学には二種類あり、一番目は自然科学で、その特徴が法則定立です。実験で再現可能だからです。だから自然科学における目標は、法則定立になるわけです。

二番目の科学は、ドイツの哲学者ディルタイ（一八三三―一九一一）の言葉を使うと、精神科学です。いわゆる人文社会科学のことですが、ディルタイは「精神科学」と言いました。その特徴は、個性記述にあります。なぜなら、実験ができないからです。だから個性を記述するしかない。そこで鍵《かぎ》になるのは、解釈です。解釈する読者にはテキストを誤読する権利があるので、その意味ではでは原著者が気づいていないことに、のちの解釈者がより深く気づくことはいくらでもあるわけです。その意味そのため、哲学において解釈が決定的に重要になっていきます。これが歴史的なプロセスの中において可能だという立場が歴史主義です。神学者で歴史主義の立場を取る人として、二〇世紀前半に活躍したドイツのプロテスタント神学者、歴史哲学者のエルンスト・トレルチ（一八六五―一九二三）がいます。

〈つぎに哲学の方法について見るに、カントは――人間の理性が果してよく解決し得る能力をもっているかどうかを予め吟味せずして、――いきなり問題の解決に着手しようとするやり方を「独断的」と呼び、これに対して「理性の自己批判」ということをもって自己の哲学的方法の特色として、カント前の哲学すなわち経験論と唯理論のいずれからも区別したのであるが、〉（淡野、一五頁）

ここでの「独断的」は、あるいは独断論と言ってもいいでしょう。神学は基本的にこの「独断」の立場を取ります。自分にとって絶対に正しいことがある、ということからスタートします。哲学的な思考は、究極的には独断論か不可知論か、しかありません。正しいものは何もない、あるいは、取りあえずこれが正しいことだということで始める、そのどちらかしかないわけです。

現代の哲学で独断論の立場を取るのは、神学以外では、ドイツの哲学者フッサール（一八五九―一九三八）が始めた現象学です。竹田青嗣《たけだせいじ》さん（一九四七―）の『現象学入門』（ＮＨＫブックス、一九八九年）をよく読んでおいてください。独断論と言うとナンセンスに思うかもしれませんが、反証主義をそこに合わせれば問題は生じないので、独断論は重要です。取りあえず独断論の構えから始まっても、反証主義的に開かれた形にしておく（反証可能性を残しておく）なら、議論ができるからです。最初から本当か嘘かを問う不可知論では、その議論自体が進みません。

〈ベルグソンは『形而上学入門』の中で、そのカントの批判主義といえどもそれが「われわれの思考というものは、あらゆる可能なる経験を〔概念という〕既存の鋳型の中へ流し込むことよりほかのことはできない、」とはじめから決めてかかっているところに、まさにそこにいっさいの問題がある、という。ベルグソンによれば、一般に「概念」というものは、決して対象の本質的なもの・固有のものを示すものではなく、ただいのちなき一般的な共通の側面――いわば対象の「影」――をわれわれに示すものにすぎない。従って、こういう概念をもって生きた実在を捉えようとしても、それは無駄である。そればかりではなく、対象から引き離された単なる「概念」は重みというものをもっていないから、いずれの概念に重きを置くかは全く随意であって、かくしていずれに重点を置いて対象を――外部から――眺めるかに応じて、種々様々な哲学体系が生れるのである。それ故に単なる「概念」は、対象の具体的な統一を分割する不都合を犯すばかりでなく、さらにまた、哲学そのものをもろもろの学派に分裂せしめるものといわねばならぬ。〉（淡野、一五―一六頁）

ここで言われている内容をもう少し精緻《せいち》にすると、ドイツの哲学者、社会学者のユルゲン・ハーバーマス（一九二九―）が言う「認識を導く利害関心（erkenntnisleitendes Interesse）」になります。何かの認識を導くとき、その前提としての利害関心が無意識のうちにある、ということです。だから同じ事柄が立場によって違って見えるのだ、と。しかし、その立場性を自覚していない場合も多い。そうすると、複数の絶対に正しいことが出てきてしまい、調停ができない。神々の争いは理性では調停できないので、暴力で調整することになります。

〈かくしてベルグソンはいう。「もし形而上学（哲学）が可能であるとするならば、それはもはや概念から実在への途によってではなく、まず当の対象そのものの中に身を置いて実在から概念へと赴こうとする努力以外にはあり得ないのである、」と。〉（淡野、一七頁）

形而下の学問というと、例えば物理学や生物学などがあります。それから政治学も経済学も形而下です。実際の現象として現れているものは、もしかするとシャイン（Schein）、仮像かもしれません。しかしそこは括弧に入れて、一種の実証性の対象にしよう、とすることが可能な学問です。実証、ポジティーフとは、目の前に立ち現れるという意味ですから。

そうではなく、目には見えないが確実にあると想定されるものを対象にするのが、形而上学です。例えば、愛は形而上的です。あと、三角形なども形而上的です。正真正銘の三角形を描くことはできないからです。それから矛盾律（Aなる事象と非Aなる事象が同時に起きるということ）も、形而上的な概念です。われわれが考える瞬間においては、時間の流れがあるので、その流れを完全に無視した形で生起することはないわけです。

形而上学とは対象に内在しているのだ、というのがベルクソンの考え方です。だから、それぞれの人に形而上学が内在している。すなわち、実証性に馴染《なじ》まない。そのため、他者の固有性を尊重しないといけない。それは、ベルクソンにおける他者性という考え方になります。

〈カントは『純粋理性批判』第一版の第一行を、次のような言葉で書き起している。「人間の理性はその或る種の認識においては、奇しき運命をもっている。すなわち、斥けようと思っても斥けることができず、そうかといって解答することもできない問題によって、絶えず悩まされているのである。斥けることができないというのは、その問題が理性そのものの本性によって理性に課せられたものだからであり、解答することができないというのは、それが人間の理性のあらゆる能力を超えているからである。」と。

その問題とは、いったいどういう問題なのであろうか。ヴィンデルバントがその名著『一般哲学史』の冒頭に掲げている「哲学」という言葉の定義に従えば、「世界観および人生観に関する一般的な問題」である。しかも、こういう問題を学問的に取り扱おうとするのが哲学である、とヴィンデルバントはいう。このヴィンデルバントの定義は、非常に形式的であるだけに、或る意味の明快さをもつ。〉（淡野、一七―一八頁）

ヴィンデルバント（一八四八―一九一五）は新カント派、西南ドイツ学派の哲学者です。カントが問いを立てた時空の問題を、単なる時空でなく、価値の問題に置き換えていく作業をしました。先にも名前を出したディルタイの言葉を使うと、「認識の対象」の問題になります。基本には、同じ新カント派のドイツの哲学者リッケルト（一八六三―一九三六）による区分がありますが、そういう方向に発展していくこともあるわけです。

「斥けようと思っても斥けることができず、そうかといって解答することもできない問題」というところですが、カントにおいては、時空は自明の前提とされ、一方でわからないのは物自体

「Ding an sich」なのだ、とされます。それは考えても無駄だ、と。この「Ding an sich」は、限りなく神に近いものです。

ところが、そういうようなものに対しても、価値の哲学という形で扱うことができると考えたのが、新カント派です。それは解釈が前提となります。戦前、戦中の日本の教養主義の中で新カント派は、大きい地位を占めていました。だからこの時代の人たちが書いたものは、基本的に新カント派の考えの枠内にあると思っていいと思います。

〈われわれ人間は宇宙の中の小さな一点にすぎないのにも拘らず、――「思想」を恵まれている者として、――逆にその宏大無辺な宇宙を自己の思想の中に包み入れることができるし、また包み入れずにはおれない。〉(淡野、一九頁)

こういう考え方は世界観、ワールド・アウトルックです。一人の人間の中で全世界を整合的に解釈するという考え方が、世界観。ディルタイなども世界観を強調しましたが、世界観を最も強調した潮流が、マルクス主義です。

だからマルクス・レーニン主義は世界観なのですが、スターリン（一八七八―一九五三）の場合は『弁証法的唯物論と史的唯物論』（国民文庫編集委員会訳、国民文庫、一九五三年）の中で、その世界観の主体を党（共産党）にしました。正しい世界観は党が持っている、ということにした。その党の意思決定は、党の政治局によってなされ、政治局の意思決定は書記長によってなされます。そうすると、書記長の見解が唯一の正しい世界観になります。この構成は、カトリック教会と一緒です。よってローマ教皇の、特定の人間の世界観が唯一の正しい世界観だということになります。

ローマ教会の場合は、全体主義と受け取られるのを避けるため、教義に関する事柄と道徳に関する事柄については、ローマ教皇が教皇座から言うことは過ちを免れる（教皇不可謬《ふかびゅう》性）という言い方をすることで、世界観を持っている教会であることを正当化しています。考えてみれば、神や教義に関する事柄と道徳に関する事柄とは、すべての事柄を指しますから、すべては教皇が言っている通りにしなさい、という意味になるのです。これはスターリニズムとまったく同じ図式です。

第二章　古代哲学の世界――第一章第一節、第二節を読む

自由民と奴隷について

〈ヨーロッパの学問はミレートスに住んでいたイオーニア民族の間から生れたと称せられる。当時ミレートスは物資の集散地として、生活に或る程度のゆとりを恵まれた場所であった。その日の糧を獲るのに汲々としている人が、手につかんだものを直ちに口に入れるいわゆる「手から口へ」の生活をしているのに反して、物と心のゆとりのある人は当の対象から一応身をひいて――あるいは結局同じことであるが――対象を向う側に置いて、静かにそれを眺めることができる。〉（淡野、二一頁）

「第一章　古代哲学」に進みます。「手から口へ」の生活をしている人と、そうではない人がいた。物と心にゆとりがある人とは、具体的にどういう人たちだと思いますか？　それは、自由民です。ここは正確に理解してください。自由民の中にも貴族と平民がいます。そして自由民以外に奴隷がいます。都市、国家、政治という意味がある「ポリス」は、それらの複合した概念です。その主体

は自由民ですが、自由民は成人男子で、貴族と平民からなっていて、貴族と平民のあいだは行き来ができるようになっていました。その中の規範原理は、ノモスという法でした。

一方で、家庭、家計、経済という意味のあるオイコノミエは、自由民と女性と未成年と奴隷からなり、そこは暴力によって保たれていました。だから夫が妻を殴っても構わないし、子どもを殴るのも、奴隷を鞭打《むちう》つのも構わなかった。これを自由民のあいだ、すなわち市民社会の中でしてはいけないのですが、家庭で行っても構わなかった。というのは、規範原理が異なるからです。その意味では、ドメスティックバイオレンスの起源は、歴史的に古いわけです。

ところで、ギリシアにあったのはどれも都市国家、つまりポリスですが、ポリスは小さな国です。それに対してローマ、あるいは中国、エジプト、メソポタミアは巨大帝国でした。なぜ、ギリシアは巨大帝国にならなかったのでしょうか？　それには水の管理が関係します。巨大帝国を支配するうえで鍵《かぎ》になるのは水ですから。しかしギリシアの場合は、その水の確保に関心が向かなかったので、巨大な帝国になりえませんでした。

奴隷制は、ＡＩとバイオテクノロジーの結合が関係して、今再び関心を持たれています。恐らく奴隷制の社会は、九割ほどの奴隷と一割の自由民で構成されています。そこでは、自由民とその家族は働かずに、奴隷がつくってきたものを収奪しています。自由民は何をしているかというと、考えたり、スポーツをしたり、遊んだりしています。だから生きることは遊ぶということです。

そこでもし、自由民の比率が社会の一五％、二〇％、……と増えていったら、社会構造はどうなるでしょうか。自由民が九五％、奴隷が五％になっても、社会は成り立つかもしれません。モデルとしては、『ホモ・デウス』（ユヴァル・ノア・ハラリ、邦訳、河出書房新社、二〇一八年）で述べられるような、ＡＩを駆使し、データサイエンスをよく理解し、なおかつバイオテクノロジーと結びついた世界があります。そこでは、超人のような五%ほどの人が働けば、残りの人間がみな生きていけるという世界です。そういう超人のような人がエリートになっていく形が、今、見られます。ところが、もしかしたらそれは新たな奴隷制を意味するかもしれません。超エリートが奴隷で、残りの九五%の人たちは無用者になるというモデルがあるかもしれません。

ただ、大多数の人が無用者になってくると、同じ人間だと見なされなくなってくる、価値観がエリートと完全に違ってくる可能性があるので、奴隷制の研究をもう一度することが、重要になります。いわゆるベーシックインカムは、奴隷制の思想だと言えます。奴隷と自由民のボリュームゾーンが逆転している発想なのです。

過去を描いた『サピエンス全史』、未来を描いた『ホモ・デウス』にたいし、現在を描いた『21 Lessons：21世紀の人類のための21の思考』——一番おもしろい——でハラリはこう言っています。雇用に関する話題です。

〈したがって、人間のための新しい仕事が出てきても、新しい「無用者」階級の増大が起こるかもしれない。私たちは実際、高い失業率と熟練労働者の不足という、二重苦に陥りかねない。多くの人は、一九世紀の荷馬車の御者（彼らはタクシーの運転手に鞍替えした）ではなく、一九世紀の馬（しだいに雇用市場から排除された）と同じ運命をたどる可能性がある。〉（ユヴァル・ノア・ハラリ『21 Lessons：21世紀の人類のための21の思考』柴田裕之訳、河出文庫、二〇二一年、六七頁）

ここでいう荷馬車モデルで考えるとき、みな自分を御者だと思っているかもしれないけれども、馬かもしれない、ということです。馬だとすると、完全に要らない人たちになっていきます。こういうことを大枠できちんと把握して、時代の流れを摑《つか》み、これから生き残るための哲学的な知識が必要になってくるのです。

ＡＩが発達したらベーシックインカムで何とか生きよう、という考えは、新しい奴隷制をつくれと言っていることに等しいのです。その思考の鋳型がしっかりあるかどうか、が重要です。

観察することはきわめて重要です。ただ一生懸命何かやるということは、ギリシア人の発想ではありません。ギリシアの自由民は仕事がないから、いつも見て、考えて、また考えて、みんなで議論しました。そういうことをしたから、哲学が生まれてきたわけです。

働いている人たちのほうが多数派でしたが、彼らが何をしていたか、記録が残っていないので、具体的にはよくわかりません。一方で遊んでいた人たちの記録は残っています。基本的に近代に至るまでは遊んでいた人、つまり哲学史や歴史に残る人——社会の少数派——の記録しか残っていません。社会の多数派は働き、それを収奪されていたから記録がないのです。そのことをよく考えてみてください。

自由民は高等遊民

〈対象（Gegenstand）とは「対して立つもの」（Gegenstehendes）すなわち眺めるものとしての主観に対して向う側に立つ客観である。もちろん、いかに手から口への生活をしている人といえども、手にしたものをただ盲目的に口に入れるわけではない。人間が動物でない限り、いきなり食物にかぶりつくというようなことはあり得ないであろう。〉（淡野、二三頁）

対象「gegen」というのはアゲインスト、反対側、という意味です。「stand」は英語のスタンドと同じで、反対に立つということだから、対象化するということです。

〈ただここでいう「理論」とは、ギリシャ語のテオーリア（theōria）ということであって、英語の「理論」（theory）という言葉の語源をなすものではあるけれども、しかしテオーリアの本来の意味は――頭の中で考えることとはむしろ反対に――「ながめること」（観想）であった。〉（淡野、二四―二五頁）

実験的発想ではなく、「理論」とは眺めること、観察だということです。眺めていると、心眼で見るようになる、理性の眼で見るようになるわけです。すると、どのように見えてくるでしょうか？　例えば頭の禿《は》げた男がいたら、彼はどういう男だと思うでしょう？

人間の体は熱が循環しているけれども、好色な男は熱が下半身、オチンチンの周辺に集まる。それで頭皮から熱が引くから、髪に有害となって禿げる。こういうことが、アリストテレス（B.C.三八四―三二二）の『動物誌』（内山勝利、神崎繁、中畑正志編『新版　アリストテレス全集8・9』岩波書店、二〇一五年）に書かれています。

これは科学的な根拠がまったくなく、ただの偏見ですが、ハゲはスケベだという見方はいまだに残っています。それは、このアリストテレスの『動物誌』にある偏見が二一世紀まで続いているということだと思います。実証的なデータに基づくのではなく、見て、考えて、心眼で見て、やはりそうだということで、偏見とのあいだの区別がほとんどありません。われわれはいつでも、食べていくためとか、カネのために物事を捉《とら》えるところがあります。ところが古代ギリシア人は、そういうことを思いません。食べ物があり、食べることの心配をしなくていいからです。

夏目漱石《なつめそうせき》（一八六七―一九一六）の『それから』（角川文庫、一九六八年）を読んだ人は多いでしょう。この作品に、主人公代助《だいすけ》の大学時代の友だちで、平岡《ひらおか》という人物が出てきます。平岡は、代助が三千代《みちよ》を譲った相手で、大学での成績は良くなかった男で、銀行員をしていた大阪で不始末を起こして戻ってきます。代助は、父親の作った会社を兄が経営していて、自身は悠々自適の生活を送っています。「働くのも好《よ》いが、生活以上の働きでなくっちゃ名誉にならない」「食うための職業は、誠実にゃ出来悪《にく》い」と、代助が言う場面があります。品性が下劣なのは、食うために働いているからだという考えは、まさにギリシアの自由民の考え方です。

高等遊民として、漱石の小説に出てくる人物はみな、自分で働いていない自由民です。人のカネで食っている人たちの世界です。やはり、文学はそういう人をモデルにして成り立つわけです。自分で食っている人が出てくるのは、『門』（新潮文庫、一九四八年）です。『門』の主人公宗助《そうすけ》は、腰弁と言って、職場に弁当を持って行かなければならない下級官吏として働いていますが、いつも借金の話で苦しんでいました。メンタルがやられて、鎌倉《かまくら》の寺に行って、修行する。それが解決になったかというと、ならない。最後は何となく偶然のように解決しますが、梅が咲き始めた初春の日に、また冬が来るだろう、と言って終わります。

『坊っちゃん』は働いているけれど、人から聞いた話を検証せずにそのまま受け止め、暴力によって物事を解決するという体質だから、明らかに境界性パーソナリティ障害です。つまり、漱石の小説に出てくるまともな人はほとんどが、働いていない高等遊民です。よく眺めているから、いろいろなことに気づくわけです。

A―時代のいま、大事なのは自然哲学（ソクラテス前哲学）

〈この時代に書かれた著作が、多くの場合『自然について』と題せられているところから、初期の思想家たちを「自然哲学者」と呼ぶのが通例となっている。〉（淡野、二六〜二七頁）

イオニアの自然哲学は、別の言い方ではソクラテス前哲学と言います。ソクラテス前哲学の位置は重要で、淡野安太郎《だんのやすたろう》（一九〇〇―一九六七）がこの本を書いた頃とは変わりました。哲学はソクラテス（B.C.四七〇／四六九―三九九）から始まるというのが、当時の通説的な考えでしたが、今はイオニアなどの自然哲学を重視します。例えば日本の思想家で、そのような視点から哲学史を再編したのは、柄谷行人《からたにこうじん》さん（一九四一―）の『哲学の起源』（岩波現代文庫、二〇二〇年）です。『哲学の起源』は、イオニアの自然哲学についての本です。

神学のほうで重要な存在は、ソクラテスも関係なく、プラトン（B.C.四二八／四二七―三四八／三四七）とアリストテレスです。先に言いますが、メインストリームはアリストテレスで、常に裏側で出てくるのがプラトンです。加えて重要になるのが、ネオプラトニズム（ネオプラトン主義。三世紀にプロティノスによって確立されたギリシアの哲学の一派。万物は一者から流出したものと捉える思想で、神秘主義的傾向が強い）のプロティノス（二〇四／二〇五―二七〇）です。彼らの辺りを勉強しておけばいい。しかし一般の哲学としては、この自然哲学は間違いなく知っておいたほうがいいのです。特に最近は自然哲学のほうが流行しています。

〈パルメニデースの弟子ヅェーノーン（Zēnōn, B. C. 490―430）はその師の説を擁護するために一種の論法を案出し、後にアリストテレースによって「弁証法の発見者」と称せられたのであるが、その論法は例えば運動を否定するためにはまず運動を仮定すればそれが如何に背理に陥るかということを示して、間接にその前提となった運動そのものを否定しようとするのである。〉（淡野、二九頁）

「ヅェーノーン」は、普段はゼノンと言われていて、「アキレスとカメ」で有名です。

ただ、もう少し突っ込んで、ヘーゲル（一七七〇―一八三一）と結びつけて理解したほうがいいと思います。あるのか、ないのかと言ったら、「ある」という概念がある。その対概念として、「ない」、非存在があるわけです。非存在の原型として、存在がある、と考える。存在には非存在が含まれているわけです。それが目の前にある存在であるときには、「今、ここにある」という具体的な形を取るから、それは単なる存在ではなくて、定在（あるいは定有）である。存在は「Sein」ですが、それに対して「ここに」「Da」というのは、「ここにある」ということだから、「Dasein」と言う。ヘーゲルの哲学で、訳語が定在、あるいは定有です。

それに対抗するところに、無があります。存在とはこのような構造になっているというのが、ヘーゲルの見方です。それをひっくり返したのが、『善の研究』（岩波文庫、一九七九年）で著名な西《にし》田幾多郎《だきたろう》（一八七〇―一九四五）です。

存在を無と言い換えても、一緒になる。無に対抗するところに有があるともいえる。立場により有を想定しても、無を想定しても、同じことになる。根源無というものを想定すれば、根源無から、定在と無が分かれることになる。無を包摂しているところの無があるということで、仏教用語の

「空」を使うことになります。だから西田哲学のフレームはヘーゲルです。ただ、その根源を、根源無に置くことでひっくり返したと、こういうことです。しかし、その根っこには、この古代イオニアの存在と非存在という、二分法があります。この二分法を「ダイコトミー」と言います。

〈その実例の一つに曰く、勇士アキレウスは彼より少し前をのろのろと歩む亀をどうしても追い越すことはできない。というのは、亀が最初にいた場所にアキレウスが追いついたと思った時には、その間に亀は何歩か前へ進んでおり、さらにつぎの場所に達した時には亀は再びその間に何歩か前へ進んでいて、かくして無限に同じことが繰返されるが故に、いつまで経ってもアキレウスは亀を追い越すことはおろか、追いつくことすらもできない筈である。ところがこれは事実に反する。というのは、アキレウスは実際はわけもなく亀を追い越すからである。かかる事実に反した背理に到達したゆえんは、ひとえに運動というようなものが存在するかの如く最初に仮定したからにほかならぬ。かくしてわれわれは、運動なるものを否定して実在は不動であるといわねばならぬ、とヴェーノーンは主張するのである。〉（淡野、二九頁）

これが、ゼノンのパラドクスといわれる内容です。似たような例が、弓で射った矢は的に決して到達しないという考え方です。矢が目標に到達するためには、目標までにある距離の半分の地点に到達しないといけない。その半分の地点に到達するには、そのまた半分の地点に到達しないといけない。その半分の地点に到達するには、……。こう考えていくと、到達しないといけない地点が無限にあることになる。だから飛んでいる矢は、目標には永遠に到達できないという話ですが、これもゼノンのパラドクスです。

この話は仮定の置き方自体が間違っています。背理法でよく使われますが、実はこのアキレスとカメのパラドクスは、いまだによく解けていません。論理の世界でこれを崩すのは、意外と難しいのです。いろいろな仮説があるものの、完全に納得できるような解決はついていません。今も「アキレスとカメ」などというタイトルの本も出ているほどです。だから純粋哲学、純哲という方向を大学で研究するときは、例えば博士論文で「アキレスとカメの関係についての考察」といったテーマはいい論文になります。その点で論理の世界は、やはり面白いものです。

〈かように実在は唯一不動であると主張するエレア学派に対して、事物が動かずして固定しているように見えるのは、反対のものが同時に存在し矛盾するものが一時統一せられることによって生ずる外見上の仮の姿（仮象）にすぎないのであって、運動変化こそ事物の真相であると観る立場が成立する。ヘラクレイトス（Herakleitos, B. C. 535—475）はこれを「万物流転す」「人は二度同じ流れに足を入れることはできない」あるいは「争は万物の父である」というような形で表現しているのである。（中略）

以上ギリシャに学問が生れて以来の発展の径路をふり返ってみるに、宇宙の「もとのもの」についてもあるいは「水」あるいは「無規定的なるもの」あるいは「大気」など色々の説が提唱され、さらに一方では実在は唯一不動であると主張せられるかと思うと他方では万物流転すと主張せられるなど、各人各様の考えが述べられた事実を前にして、今まで主として外に向けられていた眼を内に向け変えて人間が自分自身をみつめるようになり、しかも結局「人は万物の尺度である」という相対主義的な思想が一時支配するようになったのも、自然の勢であるといわねばならぬ。〉（淡野、三〇—三一頁）

「仮象」と呼ばれる考え方が見えますが、これは重要です。見た目は似ているように見えるけれども、実際にはそうではないという意味での仮の姿、それが仮象です。ドイツ語でシャイン（Schein）と言います。こういった相対主義も、ポストモダンで出てきますが、まったく新しい話ではなく、実はイオニアの自然哲学の焼き直しなのです。

〈しかし一般に相対主義的な考え方は、もしそれを徹底させるならば、自己矛盾に陥ることを免れることはできない。というのは、「人は万物の尺度である」ということを主張したのはプロダゴラス（Protagoras, B. C. 481—411）であるが、もしこの説を正直に受取るとするならば、「人は万物の尺度である」ということはプロダゴラス自身にとっては真理であるかも知れないけれども、他の人がそれとはちがった尺度をもってそれを真理と認めなくても、その本来の立場からいって致し方がないのであって、いわゆる「人間尺度説」（Homo-mensura-Satz）は他の人に対しては主張することができず、従って普遍妥当性を要求する説としては成り立つことができなくなるからである。〉（淡野、三一—三二頁）

なぜ「成り立つことができなくなる」のでしょうか？　それは、論理学でいう「自己言及命題」だからです。「クレタ人はみんな嘘つきだ、とそのクレタ人は言った」と同じで、その言説自体が嘘だという可能性が排除できず、判断できなくなるからです。イギリスの哲学者、数学者のバートランド・ラッセル（一八七二—一九七〇）の「床屋のパラドクス」と同じ構成になります。

「床屋のパラドクス」とは、ある村の人間（男）を、床屋に行ってヒゲを剃《そ》ってもらう人間と自分でヒゲを剃る人間に分けた場合、床屋はどちらに入るのか、という話です。床屋は自分でヒゲを剃っているとも言えるし、床屋に剃ってもらっているとも言える、自己言及問題です。これは解決できません。自己言及問題はコンピュータでは解けない、判断できないので、AI時代には重要になります。

工学系の人の中には「できりゃあいいんだろう」ということを言い出す人がいて困るのですが。このような箇所を読んだとき、「ああ、これは自己言及問題で、AIの一番の隘路《あいろ》はここだな」ということに気づかないといけません。AIの問題で、例えば「シンギュラリティは来ない」などという重要な話は、すでに古代哲学で出ているわけです。哲学の勉強をしていないと、メチャクチャな話になってしまいます。

〈すべてのものは相対的であるとして絶対的なるものの存在に対して疑を懐くことは一般に真面目さを失わしめ、理論の方面においてはいわゆる「弱い議論を強くする術」としての詭弁の横行を助長し、実践の方面においては瞬間を享楽する刹那主義に堕する傾向に誘うことを避けることはできないのである。〉(淡野、三二頁)

ポストモダンとは、すべてのものは相対的だということなので、つまりここで言われていることと同じです。詭弁《きべん》には「そういう問題は扱いません」と言って、問い自体を拒否しないといけないわけです。

「丸い四角を書きなさい」。あるいは「四角い三角を書きなさい」。こうしたことは、神にできないことの一つです。神にもできないことがある、ということで中世に議論になりました。命題自体が無意味（ナンセンス）なものは、神にも回答や実行は不可能です。だから神は行わない。ただ、こうした内容も論理として整理するのは、なかなか難しいことです。ここまでが哲学前史です。

自然から人間へ――ソクラテス

〈かような風潮に憤激して絶対的真理擁護の戦士として起ったのがソークラテース（Sōkratēs, B. C. 469―399）である。〉（淡野、三二頁）

ソクラテスの主要著作とは何でしょうか？　これは引っ掛け質問です。ソクラテスは実は、何も書いていません。

それはつまり、ソクラテスまでは、哲学とはしゃべることだったことを示します。書くものによっては、真理は伝達できないということでした。ただ、ソクラテスが話した内容を、プラトンが記述していきました。それによって、さらにまた時代が変わっていきます。

〈「野原と樹木とは自分に何事も教えようとはしないが、しかしこの町に住む人々は教えてくれる。」（プラトーン『パイドロス』篇230）〉（淡野、三三頁）

ここで、自然から人間へと、哲学が転換しました。イオニアまではみな、自然から学ぼうとしました。人間にはあまり関心がなかった。だから基本的に唯物論です。ところがソクラテス以降は、観念論の方向に、つまり自然の観察から人間の観察に変わるわけです。具体的には対話。しゃべりの世界に入ってきます。これは思考の、思想の決定的な転換です。

〈ところで、真理発見への門出に際して最も大切なことは、ソークラテースによれば、まず自己の無知を自覚することである。かくしてソークラテースは、デルプォイの神殿に記された「汝自身の分限をわきまえよ」（身の程を知れ）という古語を「汝自身を知れ」という意味に深めてこれを標語とし、彼自身は「何も知らない者である」という立場に立って、一応相手のいうことにすなおに耳を傾けて、その主張をそのまま承認し、そしてその前提の下に次々に質問に質問を重ねながら次第に相手を窮地に追い込み、遂には最初一通りの事は知っていると思っていた相手をして、実は自分もまた何も判っていない者であったということを悟らしめ、しかして後に、無知な者同士共に手を携えて真の知識探求の旅に出発しようと勧告したのである。〉（淡野、三三頁）

「身の丈に合わせればいい」というようなことを言う人に対しては、こういうアプローチをしないといけません。例えば「身の丈とはけしからん！」などと言われたら、「わかりました。ではその身の丈というのは、具体的にどういうものですか？」と、質問を重ねるわけです。

かつてどこかの文科相が言ったように、「身の丈に合わせなさい」などと言われたら、ソフィストの定番のワーディングで来たなと思って、「わかりました。ではその身の丈とは、具体的にどういうことですか？」と聞き返すのです。哲学を学んでいないと、このような切り返しができません。決めつけるのではなく、身の丈の話を説明しているうちに、では「分限」「分際」とは何だろう、という問いも出てきます。そうしたら身の丈とは、カネの話だけでなく、学力や、地域差や、いまの問題が全部絡んでいることが明らかになってくるでしょう。

〈「対話」を意味するディアレクティケー（dialektikē）というギリシャ語が、後に弁証法という重要な概念に発展したのも、決して偶然ではないといわねばならないのである。〉（淡野、三四頁）

弁証法というのは、お互いに虚心坦懐《たんかい》に話をしていって、議論して高めていこうではないか、という姿勢のことなのです。だから他者なくして、弁証法はありません。弁証法とは対話なのです。

〈すなわち、ソークラテースが道徳の基礎に考える知すなわち正邪善悪の意識は、技術における知とは異り――知れば知るだけ故意にあやまちを犯し得るような知識ではなく――悪と知れば行い得ず善と知れば行わざるを得ないような・そういう実現への努力を伴う洞見であった。〉（淡野、三六―三七頁）

ここで、認識と倫理、道徳というのは、それぞれに原理が違うという話になってしまうわけです。ソクラテスは、外ばかりほっつき歩いてはいろいろな議論をしていましたが、どうして外でこれほど深い議論をしていたと思いますか？　家に帰って楽しければ、外でこんなに議論はしません。クサンティッペというソクラテスの奥さんは、悪女の代表です。

ひどい奥さんがいるのに、ソクラテスが結婚を勧めるのはなぜか。結婚で幸せになったらそれはそれでいいけれど、ひどい奥さんだったら自分のように哲学者になれるからです。あるいは、ああいうひどい妻とも仲良くやっていられるのだから、世の中のほかの誰とでも仲良くやっていける、と述べたと言われます。

〈紀元前三九九年、ソークラテースは「国家公認の神々を祭らず、新たな神を持ち込んで青年をまどわすもの」という誣告の罪によって牢獄に投ぜられ〉（淡野、三七頁）

誣告《ぶこく》とは何でしょうか？　虚偽の告発のことです。昔、誣告罪という罪名がありました。今は虚偽告訴罪と言います。

告訴というのは自分が被害者のときに使う言葉です。告発は、当該犯罪に関係のない第三者がするものです。

公務員が、犯罪が目の前で行われることを見た場合には、告発義務があります。一般の市民にはありませんが、公務員は公益に従事する仕事に就いていて、特別の公法関係（昔は特別権力関係と言った）の中にあるからです。

公務員が犯罪を見過ごした場合は規律違反になります。だから役所の中で行われた不正に対して告発をしないことは、問題になるわけです。企業の中では、行われた不正を告発しなくても、自分が罪を犯したのでなければ、それは違法行為となりません。

〈法廷における態度が頑強であったために、アテナイ市民より選ばれた五〇一名の裁判員の怒りを招き、遂に死刑を宣告せられるに至った。〉（淡野、三七―三八頁）

このようなことが起きるのは、裁判員制度だからです。裁判員制度では、裁判員には法的判断を仰ぎません。何によって判断されるかといえば、感情です。国民の目線を入れ、公正さを保全するという理由で裁判員制度は導入されました。ところが実際に入れたら、どうなったでしょうか？厳罰化しました。法律の専門家の判断では死刑にしないような事件も、「人を殺した奴は殺したほうがいい」といった感情から、厳罰化の傾向が強まりました。そのため、職業裁判官が判断する高裁で逆に刑が軽くなるケースが増えています。

だいたい裁判員制度は憲法違反だと思います。憲法における国民の三大義務は、教育と就労と納税ですが、裁判員として呼ばれたら行くという義務は、憲法には書かれていません。ところが裁判員にならない場合の罰則規定まである。これはやはり、憲法改正をしないとできないことだと思います。

なぜ裁判員制度を導入したかについて、私は少しうがった見方をしています。一つは裁判所が手抜きをするためです。今の日本の裁判は、起訴されたら約九九・九％が有罪になります。テレビドラマに、最後に「被告人は無罪」という判決が出るシーンがありますが、そんなことはほぼありません。死刑などの判決を言い渡していますが、そのような犯罪に判決を出すのが怖いから、自信がないから、その責任を国民に負わせている要素が高いと思います。つまり、裁判所の手抜きです。アメリカの場合は、有罪・無罪は陪審員が決めますが、量刑は職業裁判官が決めます。日本は量刑まで裁判員、素人が決めるわけです。しかも殺人や放火の重罪だけです。

裁判員制度が本来馴染《なじ》むのは、特捜事案――例えば、普段は捕まえないような政治家の案件です。私の事件もそうでしたが、捕まえる妥当性があるかどうかは国民目線で、つまり裁判員裁判でやればいいと思います。

しかし、裁判員を国民の義務にして慣れさせておくと、その次には災害時の徴用を行うようになると思います。例えば台風が来て、堤防をつくるので誰と誰と誰は、そこに行ってくれ、などと言う。国民の大多数が、裁判員としてお上に呼び出され、行かないといけないことに慣れてきたら、徴用がしやすくなります。そうするとその次は、徴兵です。だから私は、裁判員制度は徴兵制の準備だろうと思っています。裁判員制度が入ってきて、憲法に規定されない形で、国が罰則を持つ形で国民の自由を束縛できる法律をつくれたら、最終的には徴兵に持っていくでしょう。そのプロセスと見ているので、裁判員制度は危ない制度なのです。

法律について知らない人が判断することになったら、判断の根拠は感情になります。だからソクラテスの話も、現代を先取りしています。誣告だから、ソクラテスは法的には無罪のはずですが、感情によって判断されてしまった。ソクラテスは態度が悪いから死刑になってしまった。現代に起きている問題は、先取りされています。

〈折しも祭祀のため三十日間の猶予があったので友人は脱獄亡命を勧めたけれども、ソークラテースは年来の主張である「普遍概念尊重」の精神を堅持して、その普遍概念の結晶としての国法をあくまで重んじてその勧めに従わず、命のままに毒杯を仰いで従容として死についたのである。〉（淡野、三八頁）

「悪法も法なり」という普遍的な規則に従って、ソクラテスは死んだということです。

私は、ソクラテスは死が怖くなかったと思っています。なぜでしょうか？　それは、ギリシア人の身体観と関係します。彼らにとって、魂と肉体は別々のものなのです。肉体は牢獄《ろうごく》だから、死は解放です。だから、怖くない。毒杯を仰いで死ぬというのは、若干苦しいかもしれませんが、それによって肉体から魂が離れていくので、むしろそれは歓迎すべき価値なのです。死は解放だというニュアンスがあったと思います。死生観というものは、変化するものです。

わずか七十数年前ですが、二〇歳前後の年齢の特攻隊の多くのパイロットたちにとっても、死は実はあまり怖くなかったと思います。どうしてかというと、知識人として徹底的に、悠久の大義のために死ぬのだという考えを叩《たた》きこまれていたからです。そして志願して、エリートだという意識を持って、特攻隊に入っていった。

「ヒロポン」を入れるから、という理由もあります。「ヒロポン」は、覚醒《かくせい》剤です。覚醒剤を決めてから、ラリった状態で特攻するため、死は怖いとは思わなかったでしょう。死はイデオロギー操作と薬物を使うと超えられるともいえる。

戦後のわれわれの価値観は、生命至上主義で、個人主義で、合理主義です。この世界観はアメリカの世界観です。その世界観・価値観から裁断すると、命を捧《ささ》げることは大きいことのように思えますが、実はそれほど大変ではなかったと思います。よく政治家が「私は命懸けで仕事をしている」などと言います。命懸けということで言えば、ヒトラー（一八八九―一九四五）もムッソリーニ（一八八三―一九四五）も、命懸けでした。実際に命を捧げているのですから。それはヒトラーと同じですね、というレベルの話です。「命懸けだ」ということは、別に評価する機軸にもなりません。

ソクラテスの死生観を抜きにして、「悪法も法なり」という言葉に普遍的な、そこまで法律は重要なのだという解釈をするのは、近代的な誤解に基づきます。

今回、この合宿の期間にやってほしいことは、課題の処理とこの本の処理もありますが、自分で持ってきているテーマにおける限界に挑戦してほしい、ということです。限界というのは、それぞれ人によって違いますが、大勢での酒盛りを一切しないとかいうことではなく、所与の条件下で自分がどこまで勉強できるのか、その最大値のことです。限界を、自分で摑んでほしい。これ以上になると頭が回転しない、やる気がなくなるといったことは、こういう合宿だと摑めます。一回、ギリギリまでやっておかないとわかりません。

限界を摑んでおくと、受験勉強で、修士論文で、公務員試験でどのくらいできるのかがわかるようになります。社会に出てからも、営業の仕事で頑張るとしても、どれぐらいのことができるかは、自分で実験してみないとわからないものです。だからその限界を知っておくのは重要なのです。

講演会の準備でも同じです。原稿読み上げ型というのは、若いうちのやり方です。ゼミ発表などは、読み上げ型でやらなければいけません。しかし、社会に出てある程度慣れてきて、自分でプレゼンテーションをやるようになったら、読み上げではなく、要点だけをつくり、一回きりのその場できちんと話せるようにならないといけません。これは相当訓練しないと無理ですが。だからこそ、大学のゼミの場合は、準備万全にする必要があります。準備不足の人は、それをレトリックやいい加減な話でごまかすようになるから、いけません。

プラトンのイデア、想起説

〈第二節　二元論と一元論

ソークラテースの厳粛な死は、純情の弟子プラトーン（Platōn, B. C. 427—347）を感激せし

めずにはおかなかった。〉（淡野、三八頁）

ソクラテスが書いたものは残されておらず、ソクラテスが話した内容をプラトンがまとめています。プラトンはソクラテスの権威にあずかって自己の議論を展開している部分があるので、どこまでがソクラテスの言説で、どこからがプラトンの言説なのかの腑分《ふわ》けは、難しいのです。

プラトンだけでなく、アリストテレスもマルクス（一八一八―一八八三）もヘーゲルも、哲学者に共通した特質があります。日本だと、マルクスおよびマルクス主義研究で知られる廣松渉《ひろまつわたる》（一九三三―一九九四）もそうですが、共通点とは政治家になりたかった、ということです。ところが政治の世界でチャンスがなかったので、哲学に転じた。だから原動力のところで、政治的な発想があるわけです。すなわち、戦略的な発言を結構する人たちだ、ということです。哲学者を見るときに、戦略的発言をしているかどうかにはよく気をつけたほうがいいでしょう。

マキャヴェリ（一四六九―一五二七）は、近代的な政治学として見ることもできる『君主論』（池田廉訳、中公文庫、二〇一八年）を書いています。彼は官僚、外交官として失脚した後に『君主論』を書いたのですが、反対に見たら、政治的に順風満帆だったら本など書く気にならなかったでしょう。うまくいかないから、自分の理念を実現させたいとの思いで書いた。マルクスは最初から政治的と見られていましたが、今までのプラトン論、アリストテレス論、ヘーゲル論で決定的に欠けているのは、彼らには政治的・戦略的発想があった、ということです。人間に対する関心の強さは、政治に対する関心の強さとつながるから、ある意味で当たり前です。

〈完全なるものは不完全なるものにとってまさに実現すべき目的にほかならないが故に、イデアの世界は同時に理想の世界である（Ideenwelt = Idealenwelt）という意味をおのずから担うようになる。かように、現に眼に見える存在の世界の根柢を見えざる当為の世界に置き、存在の世界は当為の世界を実現すべきものであるという考え方を理想主義（Idealismus）と呼ぶならば、ヨーロッパの思想史上、理想主義はプラトーンにおいてはじめてその整った姿を現わした、といわねばならないのである。

理想主義的世界観は、つねに理想と現実とを対立せしめ、低き現実の中にあって高き理想を憧れる。プラトーンがその対話篇の中で寓話の形をもって説いているところによれば、われわれの霊魂はこの現世においては常に肉体という牢獄の中に幽閉せられ、——あたかも光に脊を向けて洞穴の中で坐っている人たちがその入口を横ぎる事物そのものは認めることができない〉（淡野、四二—四三頁）

要するに、現象が不完全なものであるのに対して、本質というのが完全なものであるという、二分法が語られています。本質とは目には見えないが、確実に存在するということになるから、それはイデアになっていくわけです。ここには形而上学が出てきます。

見える世界の背後には見えざる世界がある、ということを有名な洞穴の喩《たと》えで語っています。洞穴の内側に向けて縛り付けられている人には、光源の向こうを歩く人の影しか見えない。しかしその影によって、誰が動いているのか判断できるというモデルです。

〈しかも幸なことには、この世において知覚せられる事物はいずれもそのイデアの面影を不完全ながらも宿しているが故に、これを機縁として眠れる記憶がよびさまされ、この地上におい

ても、ありしイデアの姿が想い起され得るのである。〉（淡野、四三頁）

このプラトンの考え方を、「想起説」と言います。

〈イデアを存在あるいは有るもの（to on = being）とすれば、それとは正反対の非存在あるいは有らぬもの（mē on = non-being）でなければならぬ。〉（淡野、四四頁）

存在と非存在を分けているわけです。この存在についての学を「存在論」、英語で「オントロジー」、ドイツ語で「オントロギー」と言います。

アリストテレス、下から上への一元論

〈プラトーンの弟子アリストテレース（Aristotelēs, B. C. 384—322）は二十年間プラトーンに師事している間に、なんとかして師説の根底をなす二元論的な考え方から脱け出ようとした。それは単にプラトーンの二世界説の中に含まれている理論的難点を克服するためばかりでなく、アリストテレースの画く実在の姿がプラトーンの画く実在の姿とは根本的に相違していたことから来る必然的な離反でもあった。（中略）すなわち、花という形相（form）はもともと種の中に胚胎されていたのである。従って成長するということは質料（matter）の中に潜在的・可能的に含まれていた形相が次第に顕在的・現実的になることにほかならない。〉（淡野、四六—四七頁）

質料・形相関係というのが、この話です。例えば机を形相としたときには、木材が質料です。木材を形相とするなら、質料が丸太です。そのままずっと辿《たど》っていくと、それ以上辿れない第一質料に至る。この第一質料は静的なものですが、それと神をだいたい一緒にして組み立てていくのが、中世神学の構成です。ところがそうすると、神は動的に作用してくるが、静的にしか表現できないという、根本矛盾が生じます。これについては後述します。

〈質料―形相の段階的発展は低次より高次へと一つの大きな系列の体系を形づくる。全宇宙を目的―手段の一貫した連鎖として見る目的論的世界観は、かくして最も雄大なる規模において樹立されたのである。〉（淡野、四八頁）

ギリシア語で目的のことを「テロス」と言います。終わり、目的、完成という意味です。つまり終わり、目的、完成に向かって進んでいくという考え方が語られています。

〈約三百年後『アリストテレース全典』が編集されたとき、それらのものが整理されて『自然学書』（ta physica）のつぎに配置されたところから、『自然学書の次の書』（ta meta ta physica）と呼ばれるようになった。それが今日の「形而上学」（metaphysics）の語源にほかならない。しかしその場合の“meta”は、単に編集の順序の上での「つぎの」というだけのことではなくして、内容的に次第に「奥の」「背後の」あるいは「超絶した」というような意味に変って行って、自然界の奥にひそむ超自然的な永遠不変の実体に関する学問という性格を与えることに

なったのである。〉（淡野、四八―四九頁）

この配置の順番に注目してください。自然学の次に置いてあります。「メタ」には、with, across, or after といった意味があります。「meta+hodos」の hodos は way（道）です。それが知識を追求する道、「方法（method）」の意味になるわけです。だからメタフィジックとは「超越的なるもの」となります。ただし、プラトンがメタフィジックスを外部の世界に置くのに対して、アリストテレスは内在的な形に置く構成になるわけです。

〈種から芽が出て花が咲く植物の成長をモデルに考えるアリストテレースの目的論的世界観は、いわば下から上への道を歩む世界観である。質料はつねにその目的たる形相をめざして動き、形相は質料を自己の方向へ引き寄せて動かせるというふうに考えるならば、形相と質料との関係は動かすものと動かされるものとの関係であり、動かされるものから動かすものへの連鎖を辿ってどこまでも上昇して行くならば、遂にはもはやそれ以上何物によっても動かされることのない・しかもそれ以下のすべてのものを動かすものに到達するであろう。この何物にも動かされることのない最初の動かすもの（the unmoved first mover）こそ、一切万有の根元たる神にほかならない。〉（淡野、四九頁）

アリストテレスにおいては、「第一質料＝神」になってしまいます。このアリストテレスの考えをトマス・アクィナス（一二二五頃―一二七四）の神学体系が用い、神が静的な概念になったわけです。その静的な概念の神を動的なものとして取り返すことが、宗教改革の大きなテーマでした。

カトリックの神概念が静的になりやすいのに対して、プロテスタンティズムは動的に捉える、という特徴があります。

カール・バルトの弟子で、エーベルハルト・ユンゲル（一九三四—二〇二一）という人がいますが、彼は、神の存在は生成においてある「Gottes Sein ist im Werden」と言いました。Being でなく becoming の中に神があるという、生成の概念を使って示しました。この生成という概念は、神の存在ということに関して重要です。

バルト神学の系譜だけでなく、イギリスの数学者、哲学者のホワイトヘッド（一八六一—一九四七）などのプロセス神学（世界と人間経験を動的・創造的過程と見る。神はプロセスのうちにあるものとして有限であると同時に、プロセスに対して確定を与える無限なる者と捉える）においてもこの考え方が示されます。「生成」は、一つの鍵になる概念です。

〈プラトーンによって二つの世界に分離せられた宇宙は、かくしてアリストテレースによって再び一つに統一せられることとなった。しかしその統一の根元たる神は、アリストテレースにおいては、ただ下から上への連鎖の最後に単に想定されたものにすぎない。下から上への道を歩む現実主義者は、単に神を想定するだけでも十分であろう。しかし単に想定されただけの神は、未だ万物の真の根元ではない。それは下からの一元論の限界を示すものといわねばならぬ。真の根元は、万物から出発して上へ溯って行くことによってその最後に見出さるべきものではなくして、逆に一挙に根元そのものを把握しそこから漸次下降することによって、はじめて万物の真相が正当に理解せられるといったふうなものなのであろう。かくして、われわれは下からの一元論を去って、上からの一元論に移らねばならないのである。〉（淡野、四九—五〇頁）

下から上に行くという、アリストテレスのこの考え方・問題意識を生かしながら、もう一度考えようとしたのが、プロティノスたち、新プラトン学派（ネオプラトニズム）です。プラトン的に上から下に持ってくる。

ネオプラトニズムは、思想的な直接の連関はないのですが、グノーシス主義（宗教思想運動。キリスト教と同時期に地中海世界で後一世紀から三世紀に興った。グノーシスは知識を意味するギリシア語。キリスト教グノーシス派も存在するが、固有の運動。宇宙的二元論で、魂のグノーシスの獲得による神への還帰を説く）と構えが近いことによって、キリスト教にとっては大いなる脅威になりました。神学は現在も、ネオプラトニズムやグノーシス主義の影響を受けやすいのです。

ロゴス——哲学と神学との関係

マクグラスの方に移ります。神学から見ると、どうなるでしょうか。一行アキの所までがマクグラスの概要説明で、その後がユスティノスのテキストです。

〈1・1　殉教者ユスティノス——哲学と神学について

一四八年から一六一年の間にローマでギリシア語によって書かれたキリスト教信仰の二つの『弁明』においてユスティノス（一〇〇頃—一六五頃）は、キリスト教を力強く擁護し、そこで福音と世俗の知恵とを関係づけようと努めている。ユスティノスは、キリスト教の福音と、当時の東地中海世界で影響力を持っていたプラトン主義の形式とを関係づけようという特別な関心を持っており、そのため、キリスト教とプラトン主義とは重要な多くの点で一つに結び合わされるということを強調している。とりわけユスティノスは、「ロゴス」（「ことば」を意味するギリシア語）という重要な概念へと引き寄せられており、それは、プラトン主義哲学とキリスト教神学、例えばヨハネによる福音書一章一四節には、「言は肉となって、わたしたちの間に宿られた」とあるが、その両方で鍵となる役割を担うものである。（中略）

私たちは、キリストが神の初子であると教えられてきたのであり、彼は全人類が関与しているところのロゴスであると述べてきたのである。そして、ロゴスに従って生活している人々は、たとえ無神論者に数えられていても、キリスト者なのである。例えば、ギリシア人の中ではソクラテス、ヘラクレイトス、また彼らと同じような他の人々である。〉（マクグラス『キリスト教神学資料集』上六八—六九頁。以下、マクグラス、○頁で引用部は示す）

キリストはロゴスであるということですが、そのロゴスが、この世界に偏在しているということです。種のように存在している。これは、一種の創造の秩序の神学です。ロゴスについて知ると、イエス・キリストを迂回《うかい》する形でも、キリストについて知ることができます。ロゴスに従って生きているならば、「ロゴス＝キリスト」、「キリスト＝神」なのだから、神について知っていることになるでしょう、という論理展開です。

しかし、こうして展開していくとキリスト論的な集中ができなくなり、汎神論《はんしん》に解消される危険性が出てきます。マクグラスの「解説」を読みましょう。

〈【解説】
注目したいことは、ユスティノスが、キリストはロゴスであると論じていることである。言い換えるなら、ユスティノスによれば、プラトン主義の基本的な哲学的原理は、人間の理性によって発見されることを必要とするような抽象的な観念ではなく、特別な形式において人間に知られるようになる何かなのである。哲学者が探し求めていたものは、キリストにおいて知られることになったのである。〉（マクグラス上、六九頁）

ユスティノスがキリスト教とプラトン主義が一つに結び合わされることを強調したがっているのは、恐らく救済論に関係するからです。

ユスティノスの時代である二世紀半ばは、キリスト教は迫害されていました。キリスト教としてはすべての人を救いたいわけだから、キリスト教徒でない人たちも救わないといけない。愛のリアリティとはそういうものだと考えると、救済論的な観点から、プラトン主義を採用したのだと思います。ロゴスというものの中に神がいるのだから、それを分有している人はすべて救済されるという方向に、ユスティノスは持っていったわけです。

この考えは、フィリオクエ（聖霊の発出問題。西方教会では聖霊が父と子の両者から発出するとした）のない形でニカイア・コンスタンティノポリス信条（三八一年のコンスタンティノープル公会議で確定した、神は父と子と聖霊、三つのペルソナを有すが、本質は一つの実体を持つとする三位一体論。現在のカトリック、プロテスタント、東方正教会が一致する教義の基本）を解釈する——東方教会の、あるいは一九世紀後半以降のペンテコステ教会（アメリカのプロテスタント系福音派。聖霊の洗礼、宗教体験を追求し、歌やダンスを用いる点にも特徴がある）などの、聖霊の自由な働きを認める——というのちの流れと親和性があります。

ユスティノスの考えは哲学的な関心からではなく、あくまでも救済論的な関心から生まれている、そこを押さえておいてほしいわけです。

ユスティノスのように理解すると、世俗の世界に対して、どのようなキリスト教的な態度が生まれるでしょうか？　世俗世界に対しては肯定的になります。それは、この世俗世界の中においてロゴスは種のように分有されているからです。イエス・キリストを知らない人の中にも、キリストの真理はあるのだと考えるからです。そのため、世俗的な世界には積極的に関与していくことになり、肯定的になります。

ただ、異教の哲学者であるソクラテスやヘラクレイトスもキリスト教徒と見なすことができるという主張からは、難点が複数生じます。まず、普遍的な原理としてのロゴスがあちこちに分有されていることになると、一回性が担保されなくなり、汎神論的な構成になってしまいます。

もう一つは、断絶性が生じます。すなわち神が神であることをやめて人となり（受肉）、十字架上でイエス・キリストとして死に（十字架の死）、さらに死者が甦る《よみがえ》る（復活）という栄光が、ソクラテスやヘラクレイトスからは見出されません。キリスト教の核心的な部分である、十字架と復活が、二義的な意味しか持たないことになってしまうのです。言い換えると、キリスト教の特徴はキリスト論的に集中していくことにあるので、キリスト論が不在のままで救済が得られることになれば、それは神学的には大問題になります。これは淡野のテキストには書いてない事柄ですが、（合宿は）今まで勉強してきた論理をどうやって追っていくかという練習でもあるので、付け加えます。

マクグラスでクレメンスを読みましょう。「しかし、主が〜」の段落がクレメンスのテキストです。

〈1・2　アレクサンドリアのクレメンス――哲学と神学について

アレクサンドリアのクレメンスの『ストロマテイス』（文字どおりの意味は「じゅうたん」）全八巻は、キリスト教信仰とギリシア哲学の関係を詳細に扱っている。三世紀の初めにギリシア語で書かれた『ストロマテイス』からのこの抜粋においてクレメンス（一五〇頃―二一五頃）は、神がユダヤ人にモーセの律法を与えたのと同じように、キリストの到来に備える方法としてギリシア人には哲学を与えたと論じている。哲学が神的な啓示と同じ地位を占めていると認めるわけではないが、クレメンスは、ロゴスのわずかな種子がギリシア哲学の中に見出されるという殉教者ユスティノスが示唆したところを超えて進んでいる。（中略）

（中略）しかし、主がギリシア人をも呼ばれる時までは、哲学が直接的にギリシア人に与えられたということなのであろう。なぜなら、律法がヘブライ人をキリストへと導いたように、哲学はギリシア人をキリストへと導くための「養育係」（*epaidagogei*）の役割を果たしたからである。したがって、哲学は、キリストにある完成の道を用意した準備であった。

【解説】
（中略）クレメンスは明らかに哲学を、キリスト者にとって継続的で積極的な役割を持つものと見なしている。それはキリストの到来によって無意味なものとはされていない。それは、正直で真実を愛する人々が信仰に至るための方法であり続けているのである。キリストは、哲学の完成であり成就であると見られており、それはちょうど、キリストが旧約の完成であり成就であるとも見られているのと同じである。〉（マクグラス上、七一―七二頁）

この旧約と新約の関係、キリストが旧約の完成であるという考え方を、「予型論」「タイポロジー」と言います。神学と哲学とのあいだで、一種の予型論が成立している、という考え方のことです。

律法の役割と、哲学の役割

〈【研究のための問い】

1　パウロがガラテヤの信徒に宛てた手紙の次の箇所を読みなさい。「信仰が現れる前には、わたしたちは律法の下で監視され、この信仰が啓示されるようになるまで閉じ込められていました。こうして律法は、わたしたちをキリストのもとへ導く養育係となったのです。わたしたちが信仰によって義とされるためです」（ガラ三・二三―二四）。ここで「養育係」と訳されたギリシア語は、クレメンスが哲学の役割に言及する時に用いる言葉と同じものである。読者がこの類比に気づくようにとクレメンスが意図していることは疑いない。クレメンスが主張したかったポイントは何であろうか。パウロがこのガラテヤの信徒への手紙の箇所において、律法に割り当てようとした役割とは何かを問うことから始め、そしてこれを、クレメンスによって

哲学に割り当てられた役割と比べてみることが助けとなるであろう。〉（マクグラス上、七二―七三頁）

パウロ（B.C.一〇頃―六五頃）が、ガラテヤの信徒への手紙のこの箇所で、律法に割り当てた役割とは何でしょうか？

ユダヤ教の時代において律法とは、救済への道を示しました。ところがキリストが登場したことによって律法は完成しました。キリストによって完成する、という構成です。ゆえに律法とはイエス・キリスト（B.C.四頃―後三〇頃）のこと、キリストが律法を完成させた、ということになります。

これに対して、律法とキリストが完全に対立している、ユダヤ教とキリスト教は異質だと考え、自分たちの聖書をまとめたのが、マルキオン（八五頃―一六〇頃。異端者とされる）です。ここで意識されているのは、マルキオンです。マルキオンは、パウロ書簡の一部とルカによる福音書をまとめ、旧約に関する部分は全部削除した聖書をつくるわけです。

それに対抗して正典派が起こり、そのときに旧約と新約を一体にする形で、キリスト教の聖書はできています。新約だけではできていないわけです。なぜ正典が、ユダヤ教の教典であり、読み方によっては誤解するような旧約教典を含める形でできたかというと、マルキオンに対する危機感が原因にあります。

それでは、クレメンスによって、哲学に割り当てられた役割とはどういうものとなるでしょうか。律法と同じです。すなわち「神は神だ」だけだと、われわれは神について把握できません。神がイエス・キリストに受肉するからこそ、それを描くことができるのです。神であるということは、概念によっても表すことはできないけれども、それが受肉したことによって、概念によって表すことが可能になるわけです。

概念で表すことが可能になったから、その概念を信仰につなげることができた。つまり、律法によってわれわれは罪を知ることができた（「律法は、わたしたちをキリストのもとへ導く養育係となった」）が、罪から解放されるためにはキリストが必要だった。これと同じように哲学、概念によって神を理解する備えがされているという意味で、「養育係」という同じ言葉が使われているのです。イエス・キリストに受肉したことで、神の人性を描くことは可能になったものの、神性はまだ描けない。ただ、われわれがイエスを通して、目に見えない神を想起することができるように、概念を通して、われわれは神を把握することができるのだ、ということです。概念自体ではなく、概念の背後にあるものとしての神を把握できる。そうすると、律法と哲学は相似的な地位にあることになります。こういう形で行った整理の背景にあるのは、受肉論です。

〈2　「キリストはロゴスでありノモスである」。キリストとギリシア哲学ならびに旧約聖書との関係についてのこの要約はしばしば文学に見出されるが、最初に提示されたのは、ドイツのキリスト教思想史家アドルフ・フォン・ハルナックによってであった。すでに見たように、「ロゴス」は「ことば」という意味のギリシア語で、プラトン哲学では重要な意味を持っている。「ノモス」は「法律」を意味するギリシア語で、キリスト教信仰においてはパウロによって律法に割り当てられる重要な役割を持っている。それでは、「キリストはロゴスでありノモスである」という言い方によってどういう論点が提示されているのだろうか。また、なぜクレメンスやユスティノスのような著作家は、そもそもそのような論点を提示したかったのだろう

か。〉（マクグラス上、七三頁）

「キリストはロゴスでありノモスである」と、ノモスを強調したのは、イエス・キリストが律法の完成者であると言いたかったからです。

〈3　新約聖書は多くの場合、福音に対する二つの広範な聴衆の存在を明らかにしている。すなわち、「ユダヤ人とギリシア人」である。パウロがコリントの信徒に宛てた第一の手紙における次の短い抜粋を読みなさい。「ユダヤ人はしるしを求め、ギリシア人は知恵を探しますが、わたしたちは、十字架につけられたキリストを宣べ伝えています。すなわち、ユダヤ人にはつまずかせるもの、異邦人には愚かなものですが、ユダヤ人であろうがギリシア人であろうが、召された者には、神の力、神の知恵であるキリストを宣べ伝えているのです」（一コリ一・二二―二四）。クレメンスはどのようにパウロの関心を展開し、広げているか。〉（マクグラス上、七三頁）

ユダヤ人はしるしを求める、この「しるし」とは何でしょうか？　割礼です。割礼とは、オチンチンの皮を切ることですが、オチンチンの皮を切ることによって神さまと特別な結びつきがあることを示すための象徴的な「しるし」になる、ということです。ところが「しるし」がなくても、神さまと結びついていると、キリスト教徒の場合は考えるわけです。それは洗礼によって結びつく。だからオチンチンの皮は切らないでいいことになります。

割礼は律法に基づいており、その律法はキリストによって完成されています。だから、もはや

「しるし」(割礼)にこだわらないということは、律法にはこだわらない、ということになります。

それと同じように、ギリシア人が持っているところの知恵——哲学のことです——は十字架にかかって死に、復活したキリストによって完成されている。だからキリスト者は、もはや哲学にもこだわらないのだ、ということになります。

異端と世俗、哲学と神学

〈1・3　テルトゥリアヌス——哲学と異端の関係について

ローマの神学者テルトゥリアヌス(一六〇頃—二二五頃)は、神学に哲学が不当に侵入してくることに対する敵意によって注目を集めた。〉(マクグラス上、七四頁)

テルトゥリアヌスの考えは、キリスト教においてはメインストリームです。ユスティノスやクレメンスは、哲学と神学の関係を調和的に理解していきます。この方向性に対してテルトゥリアヌスは、これらを対立的に理解していくわけです。

ユスティノスやクレメンスの考え方は、シュライエルマッハーや自由主義神学者、あるいはドイツのプロテスタント神学者ティリッヒ(一八八六—一九六五)に近い。それに対してテルトゥリアヌスの考え方は、バルトやチェコのプロテスタント神学者フロマートカ(一八八九—一九六九)に近いのです。両者にはこのような違いがあります。すなわちテルトゥリアヌスは反哲学的で、反知性主義的です。ただ、こちらのほうが、キリスト教においてはメインストリームなのです。

説明の続きを読みましょう。「なぜなら、哲学は、〜」からがテルトゥリアヌスのテキストです。

〈哲学はその外観から異教的であり、神学におけるその使用は教会内の異端へと導くだけであると彼は主張した。彼の『異端者への抗弁』は三世紀の初めにラテン語で書かれ、異教の哲学とキリスト教信仰の啓示との間の緊張を象徴的に示して、アテネとエルサレムの間の有名な対照を提示した。テルトゥリアヌスの基本的な問いは、キリスト教神学と世俗の哲学との関係、特にプラトン主義との関係に関わっていた。ギリシアの都市アテネは、紀元前三八七年にプラトンによって設立された世俗の学習機関アカデメイアの町であった。テルトゥリアヌスにとってキリスト教の神学者は、異教の対照物とは全く異なる心の世界に住む者であった。それらの間ではどのように対話が可能であっただろうか。(中略)

なぜなら、哲学は、自らを神の本質と摂理の解釈者であると大胆に主張することで、この世の知恵の材料を与えるからである。異端自身が、哲学から武器を受け取っている。プラトンの弟子であったヴァレンティノスが「霊的存在」や「人間の三重の区分」についての思想を得たのは、この源泉である哲学からであった。また、マルキオンの神(その平静さのゆえにはるかに好ましいが)が来たのも哲学からで、マルキオンはストア派の出身であった。魂は死に従属していると言うことは、エピクロスの道を行くことである。身体のよみがえりの否定は、すべての哲学者たちの著作に見出されるものである。物質を神と同等であると言うことは、ゼノンの教えに従うことになる。火なる神について語ることは、ヘラクレイトスに依存することである。異端者と哲学者の心を奪っているのは、どちらも同じ問題である。つまり、悪はどこから、なぜ来るのか、人間の本質はどこから、どのように来るのか。……アテネとエルサレムに何の関係があろうか。アカデメイアと教会に何の関係があろうか。〉（マクグラス上、七四—七五頁）

これは反語法だから、（神学と哲学は）関係がないと言いたいわけです。

誤解しないでほしいのは、「魂は死に従属していると言うことは、エピクロスの道を行くことである」のところです。キリスト教でも肉体と魂があり、死ぬと同時に肉体は滅びます。ただし復活する。エピクロスにおいては復活がなく、滅びておしまいです。エピクロスはグノーシスや他のプラトン主義者のように、魂だけ永遠に生きるとは考えません。復活は信じないから、魂も死ぬと考えている。魂と肉体が両方滅びるという点では、キリスト教とエピクロス派は一緒です。ただし、魂と肉体が再び復活するところが、キリスト教とエピクロス派の違いです。

キリスト教では、肉体は滅びるけれど魂は永遠に生きると思うのが、よくある誤解です。これはキリスト教ではなく、グノーシス、もしくはネオプラトニズムの考えです。ただ、グノーシスやネオプラトニズムとキリスト教は絶縁したはずなのですが、時どき入ってくるのは事実です。ゲーテ（一七四九—一八三二）の『ファウスト』（手塚富雄訳、中公文庫プレミアム、二〇一九年）の魂はずっと生きて、そのまま彷徨《さまよ》っている、という見方などは、当時のカトリシズムの標準的な見方を示していると思います。

現在のカトリシズムにおいても、そのような発想は時どき出てくるし、プロテスタンティズムにおいてもあります。同志社大学出身の牧師で、学園紛争の時代に学生だったからか、あまり神学を勉強しなかった人が葬式を執り行うと「〇〇さんは体の苦しみから解き放たれ、今魂が自由になって天に上がりました」などと言ったりします。グノーシス教団の集会にでも出席しているのではないか、と思えるメチャクチャな説教です。キリスト教では、魂も滅びるのです。ただし復活する。これが神学的には正しい考え方です。

〈【解説】

ここでアテネとエルサレムが対照的に描かれている。アテネは異教の哲学の中心地であり、エルサレムはキリストにおいて頂点に達する神的啓示の中心地である。「アカデメイア」〔Academy〕は、アテネにおけるプラトンの哲学の学校を指す特別な言葉であり、今日「学問的な」〔academic〕世界として知られているものを指す一般的な言葉ではない（もっとも、この現代英語の単語はプラトンの学校から来ているのではあるが）。注目すべきことは、異端が世俗の哲学から考えを得ていることは端的に歴史的事実であるとテルトゥリアヌスが論じていることである。彼の見解によれば、このことは、神学における哲学の使用に関してとても重大な問いを生じさせるのに十分である。

テルトゥリアヌスが言及している異端の多くは、グノーシス主義の形態をとっている。テルトゥリアヌスは特に、二世紀の著作家で一四四年に教会から除名されたマルキオンに言及している。マルキオンによれば、キリスト教は愛の宗教であり、律法に対してはどのような余地も持たないものであった。旧約聖書は、新約とは異なる神に関係しており、旧約の神はただ世界を造っただけで、律法という考えに取りつかれていた。しかし、新約の神は世界を贖い、愛に関係していた。マルキオンにとってキリストの目的は、旧約の神（この神は、グノーシス主義の「デミウルゴス」、すなわち、世界を形づくるのに責任を持った半神的な姿のものと非常に類似性を帯びている）を退け、そこに恵み深い真実の神への礼拝を置き換えることであった。

テルトゥリアヌスの基本的な論点は、世俗の哲学は究極的にはキリスト教信仰と一致しない中核的な考えを含んでいるということである。もしそれらの哲学的な体系がキリスト教神学の基礎として用いられるなら、キリスト教の完全性を浸食する重大な緊張が結果としてもたらされるであろう。〉（マクグラス上、七五―七六頁）

旧約の神のことを「ヤーウェ」と言いますが、「ヤーウェ」はキリスト教の神とは違う、と言っているわけです。ギリシア語で「テオース」と言うところの神と、ヘブライ語「ヤーウェ」は違う神だ、「ヤーウェ」はテオースがつくった霊や神の一つで、悪神の一つだ、と。そこから悪いものをつくったのがユダヤ人であり、律法なのだ、とも言っています。だから旧約聖書は、一夫多妻を認めたり、暴力（「ペリシテ人を殺せ」）が溢《あふ》れていたりする。旧約はわれわれの信じる神ではなく、悪神のつくったものだ、という二項対立があります。

だからマルキオン主義の背後には、反ユダヤ主義が隠れています。ナチスドイツ時代に「ドイツキリスト者」という、ヒトラーを崇《あが》めたてるプロテスタント教会の主流派がありましたが、ここは旧約聖書とパウロ書簡を外しました。そのように聖書を再編したということは、当時のナチスの考え方では、ガリラヤは実は移住民の住む地で、イエス・キリストはユダヤ人ではなかったことになります。イエスはヨーロッパ大陸から移住してきたアーリア人だ、アーリア人であるイエスが、ユダヤ人たちによって殺されたのだ、という神話になっている。こういう形に組み立て、反ユダヤ主義に逆にキリスト教を吸収しました。イエスはユダヤ人だったのではないかという根っこの部分は面倒になるので、イエスは移住民でアーリア人だった、という組み立てにしたのです。

「テルトゥリアヌスの基本的な論点は」以下の最後の一文からも、テルトゥリアヌスはバルトであり、フロマートカであり、（前二人と比べると程度は薄れるが）スイスのプロテスタント神学者ブルンナー（一八八九―一九六六）であることがわかります。それに対して、哲学とキリスト教の共通性を強調するのは、ティリッヒです。彼――一九世紀のシュライエルマッハーからドイツの神学者のハルナック（一八五一―一九三〇）やトレルチも含めて――は、哲学は現代神学だと言います。

死活的に重要な、東方に関する知識

〈【研究のための問い】

1　テルトゥリアヌスと殉教者ユスティノス（1・1）はどちらも異教の哲学者ヘラクレイトスに言及している。ヘラクレイトスに対する彼らの異なる態度を要約せよ。この違いをどのように説明するか。〉（マクグラス上、七六頁）

殉教者ユスティノスは、ヘラクレイトスについては肯定的に捉えました。なぜかと言ったら、ロゴスを分有しているからです。ユスティノスにとっては、ヘラクレイトスもソクラテスもキリスト教徒です。

それに対して、テルトゥリアヌスはヘラクレイトスを否定的に捉えました。とんでもないという話です。キリスト論の違いが背景にあります。

キリスト論的に集中させていくと考えるのか、そうではなく、自然の中に神の啓示が分有されていると考えるのか、の違いです。ユスティノスは、一種の自然神学の立場を取っています。恩寵《おんちょう》・恩恵と自然が神だと考えるなら、ユスティノスに親和性を持つわけです。

カトリックや正教の場合は、ユスティノスに近くなります。反対にテルトゥリアヌスは、反知性主義的でエキセントリックなのですが、それはプロテスタント的だとも言えます。

〈2　次の問いによってテルトゥリアヌスは何を意味しているか。「アテネとエルサレムに何の関係があろうか。アカデメイアと教会に何の関係があろうか。」〉（マクグラス上、七六頁）

これはどういう意味でしょうか？　哲学と神学は関係がない、そして学術機関と教会は関係がない、という意味です。学術を否定しているわけではないし、学問機関を否定しているわけではありません。それらと、キリスト教で得られる救済とは違う、両者は独立している、ということです。

ただ、キリスト教の流れの中では、学術的なことや学問機関は信仰を阻害するから破壊しないといけないという考え方もありました。例えば、ボヘミア、チェコの宗教改革で出てきたターボル派の考えです。ターボル派は、私有財産制度を否定して、ターボル山に都市国家をつくり、高度軍事都市にしました。学術は信仰を堕落させるといって教育を否定し、一切の学術機関を破壊しました。しかし結果的に、その運動は継承されませんでした。人材をつくらないし、テキストを破壊するから、そういう機関は必然的に、その一代で終わるわけです。

なぜ、学問自体を否定し、教育機関を破壊して、強力な反知性主義を発揮したのでしょうか？　それは、終末が近いと思ったからです。きわめて強力な終末論によって裏付けられている教団だから、そういうことになりました。われわれが生きているうちにキリストが再臨して、最後の審判が行われるなら、学校をつくったり教育をするより、悔い改めることのほうが先ではないか、という考えになるわけです。

〈3　テルトゥリアヌスは、地中海西部を拠点とした、ラテン語を用いる神学者である。ユスティノスとクレメンスは、地中海東部を拠点とした、ギリシア語を用いる神学者であった。このことは、彼らの哲学に対する態度に何らかの関係があるか。〉（マクグラス上、七七頁）

関係があるとしたら、どのような関係があると思いますか？　平たく言うと、テルトゥリアヌスにとってギリシア語は難しいから、よくわからなかったわけです。テルトゥリアヌスは、信仰心は篤《あつ》いけれど頭のほうは今一つというところがあった。これはラテン神学者の特徴です。ギリシアやビザンティンの精緻《せいち》な議論は、救済と関係ない空理空論のように思われたのです。

ただし、ラテン語の神学では法的な考えが強くなりました。そのため、秩序立った世界において救われていくという、救いの確実性が、ローマ法的な形態で整理されていきました。教会法が整備される方向に向かったわけです。東方教会では神学的な議論が深化されていったのに対して、西方教会は法、ローマ法によって整備して救いの確実性を担保していきました。だから西方は、東方と比べると知的にはだいぶ弱いわけです。

われわれプロテスタンティズムは西方教会の系譜に属するので、残念ながら神学的な思考力の弱さを継承しています。なおかつカトリックの精緻なスコラ神学に対する反発から宗教改革が起きたので、なおさらです。

その後、ドイツの神学者ヨハン・ゲルハルト（一五八二―一六三七）によるプロテスタント・スコラ（プロテスタント正統主義）はあるものの、日本にはほとんど入っていません。そこに新プロテスタンティズムの自由主義神学（正統主義に対し、聖書、教会、伝統といったものによらず、信仰の実存、人間の主体的な判断によって神学を探究する。近代神学とも。シュライエルマッハーが代表的）、さらに弁証法神学（危機神学とも。神の絶対的超越性、そして人との断絶を主張し、両者の弁証法的関係から信仰が始まると説く、カール・バルトらによる神学運動）が入ってきているため、スコラ的なものをそもそも知らない。

ましてやそれ以前の東方教会の精緻な新カルケドン派（四五一年のカルケドン公会議で決定された、キリストは神であり、同時に人であるというカルケドン信条を掲げる一方、神性だけを認める非カルケドン派との調停を目指した）のさまざまな議論、あるいは東方教会の著名な神学者ダマスコのヨハネ（六七五頃—七四九）によって集大成された受肉論（受肉とは、子であるキリストという歴史的人間性をとったことを指す。この一回性と逆説ゆえに真理と捉える）などは知らないわけです。

そのため、神学的な議論になると弱いのです。神学的な議論が進化していくのは、実は二〇世紀です。

それは、第一次世界大戦の結果として、ロシア革命が起きたことがきっかけです。ロシア革命によって、ボリシェヴィキ政権、共産党政権が宗教弾圧政策を取り、神学者たちは強制追放されました。あるいは自発的に神学者たちが亡命しました。それによって、パリやニューヨークを中心に、東方神学が西方神学の人たちの言語に翻訳されました。だから二〇世紀になって、ロシア革命のインパクトから、急速に西方における神学的な研究のレベルが上がったのです。

宗教哲学は、そもそも西側には無かったわけです。ところがベルジャーエフ（一八七四—一九四八）やブルガーコフ（一八九一—一九四〇）らの著作が翻訳され、さらに神学においては、ロースキイ（一九〇三—一九五八）やメイエンドルフ（一九二六—一九九二）という人たちの影響が出てきたのです。

エキュメニカル（世界教会主義）についても、ロシア革命の影響を受け、東方教会のエキュメニズム（教会一致運動。分裂した全キリスト教会を再び一致させようとした運動）が入ってきたことで、真の意味でのエキュメニズムが始まっていきます。だから東方教会に関する知識は、キリスト教をトータルに理解するうえにおいて、死活的に重要です。ただし東方教会は難しい。だから、キリスト教のメインストリームの信仰を知らずに東方教会だけを専門で勉強してしまうと、グノーシスの変形のような、変な成果が出てしまいます。

東方について学ぶことは、重要になってくる。現在のギリシア正教にはすでに知的なエリアや基盤はないので、大事なのはロシア、ルーマニアです。日本で翻訳は出ていませんが、スタニロアエ（一九〇三―一九九三）という、ルーマニア正教会の有名な神学者がいます。私もルーマニア語はできないので英語でしか読んでいませんが、彼などはとても優秀な神学者です。

二日目

Day 2

第三章　現代につながる古代――第一章第三節、第四節を読む

一日目のおさらい――自然哲学

人それぞれの価値観によって、歴史や学問の組み立ては変わってきます。どこに価値を置くかが、それぞれ違うからです。ただ、哲学思想史や神学を勉強するとき、どのようにそれぞれのテーマを超えていくかという組み立てが、この授業で身につくはずです。ここで行う授業は神学ですが、哲学も、神学の中で見ていくことになります。哲学以外にも応用可能なテーマがあるはずです。

今日もお祈りをしましょう。天にましますわれらの神さま、われわれの学びも二日目に入りました。どうぞ、今日もあなたの送られる聖霊の力によって、われわれの学びが順調に進むようお願いします。このひと言の願いを、われらが尊き主イエス・キリストの御名《みな》を通して御前にお伝えします。アーメン。

昨日の流れを整理します。

人類史がある段階になったところで、人間は、食物を口に入れる以外の余裕が出てきて、観察をするようになります。これが哲学の起源です。その場合、最初は自然を観察します。これがイオニ

アの自然哲学、あるいはソクラテス前哲学です。大枠で言うと、その中でさまざまな文化の哲学が出てきました。

次の段階で登場したのが、ソクラテスです。ソクラテスは、自然から人間へというベクトルを持つ存在なので、ソクラテス以降の哲学は、基本的には人間に関心が向きますが、そのベースは対話にありました。だから哲学の基礎は話し言葉、話すことです。そうであるがゆえに、ソクラテスにおいては著作がありません。特にソクラテスが言ったことは、プラトンが記録することによって固定化していきました。ただ、そこでは、プラトンが自らの考えを師のソクラテスに仮託して述べている可能性は排除されません。

プラトンの考え方は、二元論です。目には見えないけれど、確実に存在しているイデア界と、この世界の現象界がある、と言います。イデアと現象の間には対応関係があります。プラトンの発想から、近代数学においては写像という考え方が出てくるわけです。

この二元論に対して、それでは根源が探求できないと言ったのが、アリストテレスです。彼は、質料・形相関係をベースとして、第一質料という組み立てを行います。それで、ここまではギリシアの思想の歴史です。

一世紀になると、そこに外側から、まったく異質の考え方であるキリスト教が入ってきます。これはユダヤ教の伝統を持っています。天地のつくり主である神というものがあると、ユダヤ教は言います。神は全知全能だという考え方をするのですが、それは第一質料のように静的なものではなく、動的なものであるわけです。

キリスト教では、人間の救済が基本的な目的なので、学知の構成には関心が向きませんでした。ところが終末が遅延していくことによって、キリスト教とはどういうものか、他者に対して説明せざるを得なくなりました。そのときにギリシア哲学の形式を借りるわけです。そのときに起きたのがキリスト教と哲学の結婚であり、これが神学の誕生です。テオース、神とロゴスがつながって――結婚なのですが、この結婚には根源的な問題がありました。動的なる神と静的なるロゴスを両方合わせて、テオロギア、テオロジーをつくることになったため、そこは木に竹を接ぐ不釣り合い、不調和があったのです。

哲学と結びついている神学は、完成しないわけです。神が変容していくに従って歴史も変化するので、服の流行が変わるように、それとともに哲学も変わっていきます。すなわち、その時代、時代の服である、時代の哲学の形で神学を表現しないといけなくなります。ゆえに、われわれ神学者にとって、哲学の知識は不可欠です。なぜなら、哲学の衣を着ないとならないという宿命があるからです。だいたいの流れを押さえておいてください。

少し、知識の確認をします。

対象とはどういう意味でしょうか？　対象は、向こう側に立っているという意味で、自分とは違うもののことです。相手の場所に立って見ることによって、主体と客体というダイコトミーをつくり出すわけです。これがギリシア哲学、西洋的な思考の根本です。主体と客体の基本が、対象という考え方です。よく「対象化する」という言葉を使いますが、それは混沌《こんとん》としているものを主体と客体に分ける作業のことです。

ただ、「対象」は東洋的ではありません。合掌をしてみてください。右手と左手の、どちらが主体でどちらが客体ですか？　どちらが押して、どちらが押されているかわかりますか？　その説明はできないから、主客は同一化する。不二の関係にあるわけです。合掌という形でシンボリックに表されるのは対象という考え方の否定で、これは思考の鋳型の根本に関わってくる話です。

次に、「テオリア」とはどういうことでしょうか？　観想という訳語が当てられる、つまり観ること、眺めることです。これは英語「theory」の語源ですから、理論です。眺める、見ることから理論が生まれる、これが重要です。

それでは、タレス（B.C.六二四頃―五四六頃）は宇宙の根源を何だと考えたでしょうか？　水です。アナクシマンドロス（B.C.六一〇頃―五四〇頃）は、万物の根源を何だと考えたでしょうか？　ト・アペイロン。無規定なもの。規定できないものだと考えました。アナクシメネス（B.C.五八五頃―五二八頃）は、万物の根源を何と考えたでしょうか？　コスモスです。コスモスは普通「宇宙」と訳されますが、本来の意味は「秩序」です。だから宇宙には秩序があるという考え方です。

次に、ピタゴラス（B.C.五七〇頃―四九七）とピタゴラス学派の考え方は、どういうものだったのでしょうか？　彼らは、万物の根源は数であると考えました。ピタゴラス学派は、数を崇拝するという神秘主義学派です。彼らは宗教結社で、秘密結社でした。

パルメニデス（B.C.五一五頃―四五〇頃）はどのように物事を説明したでしょうか？　パルメニデスは、あるものはあるだけであり、ないものはないだけであると主張しました。

「ゼノンのパラドクス」とは何でしょうか？　「アキレスとカメ」は、どういう話ですか？　カメが少し先にスタートすると、カメが到達している地点にアキレスが着いたときには、カメはそれより少し先に行っています。つぎに、そのカメが到達した地点に行くと、カメはもう少し先に進んでいる。だから無限にカメに近づくことはできても、カメを追い抜くことはできないという話です。それはどうしてでしょうか？　現実では、アキレスはカメを簡単に追い越せるわけです。つまりゼノンがここで言いたかったのは、背理法です。運動というものを仮定したためにこういう背理になるので、すべてのものは静止しているのだという考え方があります。

次に、仮象（ドイツ語でシャイン）とは何でしょうか？　見せかけの姿で、本質と異なるということ、それがシャイン、仮象です。例えばスライドで一万円を映し出すと、スクリーンに映ってそこに一万円があるように見えます。しかしそれは、一万円が実際にあるわけではありません。だからその映っている一万円は仮象です。だから人間のあり方における仮象とは、例えば「今の私は仮の姿だ」とか「俺はまだ実力を出していないんだ」という考え方になります。

パルメニデスはエレア出身で、エレア学派の創始者ですが、エレアは静かな土地で、人がほとんど来ないところでした。それに対してエフェソスは交通の要衝でした。そこから出てきたのが、ヘラクレイトス（B.C.五三五―四七五）です。ヘラクレイトスは、万物の特徴についてどのように言ったでしょうか？　「万物は流転する」と言いました。あるいは「人は二度、同じ流れに足を入れることはできない」とも。川の中に一度足を入れて、次に足を入れたときは、川の流れはもう変わっているから、それは同じものではないという意味です。ヘラクレイトスは「争いは万物の父である」とも言いましたが、すなわち動的なのです。

プロタゴラス（B.C.四八一―四一一）は、この変化について考える人でしたが、この変化を人間に適用して、どのように言ったでしょうか？　「人間は万物の尺度である」と言いました。だからすべては相対的であることになるわけですが、そうなると、その言説自体が自己言及命題になってしまいます。そのため隘路《あいろ》に入ってしまいます。自己言及命題は、ほかにも「クレタ人はみんな嘘つきであるとクレタ人が言った」というものがあります。言っている本人が嘘つきがどうかがわからないから隘路に入る。ラッセルのパラドクス（ある村の男を、ヒゲを床屋で剃《そ》る人と自分で剃る人に分けたとき、床屋はどちらに入るのか、という話）も同様です。

この自己言及問題がなぜ今重要になるのかというと、ＡＩが判断できない問題だからです。人間は自己言及問題を適宜、論理とは違うところで判断するけれども、ＡＩはそこの判断ができないからです。これは例えば中世の「ビュリダンのロバ」の発想と似ています。

「ビュリダンのロバ」というのは、このような話です。まったく同じ餌が二つロバの近くにあります。前に置くと、ロバはその同じ二つのどちらを選択していいかがわからない。それで結局、飢え死にしてしまう。実際には、ロバはどちらかを選択します。それは、どちらのほうがマシだという判断が働くからです。ということは、まったく同じものは二つ存在しないということになります。これは中世哲学の重要な命題になりました。

自然から人間に関心の的を変えたのは、ソクラテスでした。それについて伝えるプラトンの有名な格言が、次のものです。

〈「野原と樹木とは自分に何事も教えようとはしないが、しかしこの町に住む人々は教えてくれる。」〉（淡野、三三頁）

これは重要な格言なので、覚えてください。こうして自然から人間へと、哲学の関心がシフトしたわけです。

一日目のおさらい――ソクラテス以降

ディアレクティケーとは「対話」という意味ですが、これは通常哲学用語ではどう訳されるでしょうか？　それは「弁証法」です。アレーテーとは、巧みであることですが、技術上のアレーテーと道徳上のアレーテーとは同じものでしょうか？　あるいは違うものでしょうか？

〈ソークラテースはアレーテー（aretē）すなわちたくみであることに——技術上のアレーテーと道徳上のアレーテーとの——二つの種類があることを決して見逃してはいない。例えば、弓術にたくみな人、すなわちアレーテーのある人は故意に的を外すことができる。すなわちアレーテーのない人は当っても当らなくても何れも偶然であるが、アレーテーのある人はたくみに射当てるばかりでなく、また、たくみに的を外すことができる。これで見れば、故意にあやまち得る人はその道にたくみな人すなわちその道のアレーテーを有する人である、といわねばならぬ。ソークラテースは相手にこのことを承認させた上で、そこから、知らずして悪をなす人よりも知りつつ故意に悪をなす人の方がアレーテーのある人すなわち徳のある人である、という結論を導き出し、これでも承知するか、と相手に迫る。すると相手は、「そりゃそうなんだが、」しかしここに到っては同意することができない、と答える。プラトーンの対話篇『小ヒピアス』はここで終っているのであるが、案ずるにかような背理的な結果に到達したのは、技術上のたくみを意味するアレーテーと道徳上の徳を意味するアレーテーとの相異を無視したためであり、それは同時にまた、技術における知と道徳における知とが別種のものであることを示すことにもなるのである。すなわち、ソークラテースが道徳の基礎に考える知すなわち正邪善悪の意識は、技術における知とは異り——知れば知るだけ故意にあやまちを犯し得るような知識ではなく——悪と知れば行い得ず善と知れば行わざるを得ないような・そういう実現への努力を伴う洞見であった。〉（淡野、三五—三七頁）

陽明学《ようめいがく》（中国、明《みん》代の学派）の知行合一（心即理。聖人にも凡人にも良知を認め、それを実現する方法として知識と実践を一体化すること）のようなことを言っています。この論理の組み立てを、よく押さえておいてください。

プラトンのアカデミアの入り口には、「幾何学を解せざる者は入るべからず」という言葉が掲げられていました。すなわち、幾何学がすべてのベースにある、ということです。ただ、この考えはやはりピタゴラスの神秘主義的な宗教の延長線上にあることを示します。数学と哲学は隣接しているので、哲学をやる人で数学がまったくわからないというのはありえないことになります。

次の箇所では、イデアとは何か？　について述べています。イデアとは、目には見えないけれど、確実にあるものです。また、イデアの文脈における「想起」も、ポイントとなります。不完全な形ではあっても、その影を見て、われわれはイデアを「想起」するわけです。だから「想起」とは、不完全なものを見て完全なものを思う能力のことです。

〈この世において知覚せられる事物はいずれもそのイデアの面影を不完全ながらも宿しているが故に、これを機縁として眠れる記憶がよびさまされ、この地上においても、ありしイデアの姿が想い起され得るのである。例えば、美しいものを見てエロース（愛あるいは憧れ）を感じるのは、われわれの霊魂が不完全な世界にとらわれていながらもなお全きものを思慕してやまぬ・止み難き熱情にほかならぬのである。――これをプラトーンの想起説という。〉（淡野、四三―四四頁）

記憶が「想起」される、ということです。

「to on」と「me on」とは存在と非存在という意味ですが、質料・形相関係とはどういう関係のことでしょうか？　例えばメガネが形相だとすると、レンズが質料です。レンズを形相とすると、ガラスが質料となります。ちなみに「レンズは形相か、質料か」という問いは、解答不能です。それは質量・形相関係とは関係概念だからです。

質料・形相関係は、必ず目的論とパッケージになっています。質料・形相関係を取ると、必ず目的論に達するわけです。だからアリストテレス哲学はキリスト教と結合しやすいのです。キリスト教的な終末論の構成と、質料・形相関係が結びつきやすいからです。その内在的な関係を理解しておくことが重要です。

事象的ではない、思想的概念を扱う学問が、形而上学です。そして現実的なるものの背後にある、目に見えないものを扱うのが形而上学ですが、例えばイデアなどは形而上学の一つです。

〈アリストテレースによれば、限られた認識能力しかもっていないわれわれ人間は、まずわれわれの身近かに見出されるもの・すなわち「われわれにとってより先なるもの」からはじめて、事物の本質・すなわち「それ自体にとってより先なるもの」へと迫って行かねばならぬ。これを「アリストテレース的方法」という。かくして運動変化する自然物を対象とする自然学のほかに、存在そのものの根本原理を探求するいま一つの学問がなければならないことになる。しかもそれこそ真の学問であるという意味で、アリストテレースは――自然学を「第二哲学」と呼ぶのに対して――「第一哲学」と名づける。彼はこの第一哲学に関してもいくつかの論文あるいは講義案を書いたのであるが、約三百年後『アリストテレース全典』が編集されたとき、それらのものが整理されて『自然学書』（ta physica）のつぎに配置されたところから、『自然学書の次の書』（ta meta ta physica）と呼ばれるようになった。それが今日の「形而上学」

(metaphysics) の語源にほかならない。しかしその場合の“meta”は、単に編集の順序の上での「つぎの」というだけのことではなくして、内容的に次第に「奥の」「背後の」あるいは「超絶した」というような意味に変って行って、自然界の奥にひそむ超自然的な永遠不変の実体に関する学問という性格を与えることになったのである。〉(淡野、四八―四九頁)

ここにある「奥の」「背後の」、あるいは「超絶した」という言葉が鍵《かぎ》です。形而上学という考え方は、欧米人には本当によく染みついています。ただ、日本人にはわかりにくい考え方の一つです。だから常識ではよくわからない、「形而上」などというおかしな訳を当てたわけです。

次に、プロティノスに入ります。この教科書にない話ですが、ネオプラトニズムが伝播《でんぱ》されたイスラム世界では、プロティノスとアリストテレスが混同されてしまいました。そのため、プロティノスがアリストテレスとなって伝わり、イスラム世界では哲学者と言うとアリストテレスを指すようになったのです。そうしてさらに、それがアラビアを経由して、カロリング朝ルネサンスのトマス・アクィナスらに移入されます。アラビア半島経由で、イスラムから来た結果、西洋におけるアリストテレス理解のかなりの部分が、実はプロティノスが言った内容なのです。「一者」や「流出」などの言葉が重要ですが、これらプロティノスの言葉が神学部の授業でも不十分にしか教えられていません。あるいは一般の哲学史でも、ネオプラトニズムにはあまりウエイトが置かれないため、結局キリスト教と哲学の結合がわからなくなるわけです。しかし鍵になっているのはプロティノスだということを、しっかり押さえてください。

〈エジプト生れの特色ある思想家プロティノス(Plotinos, 204―270)は、彼自身その両親・故郷の町および誕生の時を語ることを欲しなかった。主著『エンネアデス』の編者である弟子ポルフィリオス（Porphyrios，232―305）の伝えるところによれば、プロティノスは「あたかも自分が一つの肉体の中にいることを恥じているかのように見えた」という。そしてこのことは彼の思想傾向からいって、決して偶然ではないのである。すなわち彼の哲学は、普通の哲学が終るところの世界の根元たる一者（das Eine）あるいは原一者（das Ur-Eine）からはじまる。一者は彼においては、あらゆる差別を超越せる太初（das Ur-Erste）であり、また「善」あるいは「神」と呼ばれるところのものである。〉（淡野、五〇―五一頁）

こういう概念を持つキリスト教の神は、イスラムのアッラーが結びつきやすくなります。

〈一者はその無限の豊かさとその満ち足れる力の結果として、あたかも太陽から絶えず光線が発出するように、みずからは少しも減じることなくして「多」を放射する。そしてまた、光が距離の遠ざかると共に次第に薄らいで暗黒の度を増すように、一者からおのずから流出する多も漸次完全さの度を失うもろもろの段階を形づくる。これを発出論あるいは流出説という(Emanationstheorie)。〉（淡野、五一頁）

この「太陽から絶えず光線が発出するように」、「発出」がキーワードになってきます。「これを発出論あるいは流出説という」。ここもきわめて重要です。

〈ところで人間の霊魂は、最初その物理的必然性に打ち克つことができなかったために、天上から堕落してこの地上的肉体に宿り、その罰として肉体の束縛を受けて苦しんでいるのであるから、この束縛から脱してその最初の故郷たる一者に還ることこそ、その最高目的でなければならぬ。それならば、かような目的は如何にして達せられるであろうか。
その第一歩はいうまでもなく、意志および思惟の力によって肉体との関係を離れること、すなわち一方においては禁慾に精進すると共に、他方においては概念的思惟に専念することによって、霊魂の浄化を図らねばならぬ〉（淡野、五二―五三頁）

このような考え方が修道院と結びつきやすいのがわかるでしょう。ところで、「禁欲」とは何でしょうか？　どういう欲望から離れる必要があるのでしょうか？　まずは、お金です。ほかには地位や名誉、そして性欲、食欲です。例えばダンテ（一二六五―一三二一）の「地獄篇」にも性欲に溺《おぼ》れている人が出てきますが、もっと悪いのは食欲です。だから大食漢は好色漢よりも厳しい地獄に落ちるわけです。

カトリック教会とプロテスタント教会は一六世紀、お互いに非難し合っていましたが、カトリック教会はルター（一四八三―一五四六）の姿をものすごい太った人物として描いています。プロテスタントのほうも、カトリックの神父をものすごい太った人として描いています。だから私のような体形は欲望の固まりということで、とても悪いことになります。なぜでしょうか？　それは、食糧生産が乏しい時代だからです。人より多く食べることは、人の命を奪うことにつながるため、大食は悪とされました。

ただ、二〇世紀前半までの漫画を見ても、資本家は太って描かれています。ということは、肥満は富のシンボルでもあったわけです。北朝鮮もそうです。金正恩《キムジョンウン》（一九八四―）は太りたくて太っているわけではない。食糧不足のあの国では、肥満であることが権力と富の象徴なのです。あの国では太っている必要がある。北朝鮮の食糧問題が解決すれば、痩《や》せることができます。

マッピングできない思想の価値

〈プロティノスの思想の中には、プラトーンのイデア説が宗教的欲求をみたすために改造せられた形において含まれていることは一見して明らかであり、これすなわちその思想が新プラトーン主義と名づけられるゆえんである。

卑近な現実の中に身を置きながら高い理想を画いて憧れる理想主義は、必然的に理想と現実、本体と現象、価値と存在などの二元論をその思想的地盤とする。しかし二元論は、人間精神の帰一的欲求をみたすことができないという意味において、結局最後の立場となり得るものではない。二元論において残された問題を解決するためには、離れ離れの二元を一つに結びつける途が見出されなければならぬ。（中略）ところで、現実の事物の中にあってそれを動かすものは、言葉を換えていえば、まさに実現さるべき事物の向うべき事物の本質であり、それらの事物の向うべき目標すなわち目的にほかならない。すべての事物はその目的を実現するために存在し動いて行くものであるという物の見方・考え方を一般に目的論と呼ぶならば、現実から出発する一元論すなわち下からの一元論は必然的に目的論の形をとらねばならぬ。（中略）「目的論はさかさまにされた機械論である」（ベルグソン）といわねばならないであろう。〉（淡野、五四—五六頁）

この意味がわかりますか？　これは、システム制御論になっています。要するにカルヴァン（一五〇九―一五六四）の予定説と同じつくりになっているのです。カルヴァンについては最終日に解説します。目的論とは、そこに至る連鎖が必然的に生じます。例えば飛行機でニューヨークへ向かう時、その目的地へのプログラムが機体にはすでに組み込まれているので、嵐を避けたり高度を多少変えたりしても、必ずニューヨークに到着します。これは、いくら自由に行先を選択しているつもりでも、きわめて機械論的で、メカニカルな世界観です。だから「目的論はさかさまにされた機械論である」という言い方になり、それはシステム制御論と一緒だということです。

その思考の鋳型において、一見、全然違うようなものが実は同じ組み立てなのだということを、瞬時に読み取れる読み方を身につけてください。字面だけを読むのでなく、どういう構造なのかという視線で読む訓練をしてください。そうしないと、神学的な思考力は育っていきません。「これはどこかで聞いたことがある」「どこかで読んだことがある」ということを常に考えながら、思考の鋳型として見ていくのです。

裏返して言うと、システム制御論を考えている人たちは、別にプロティノスのことなど考えていません。ところが、似た考えが出てくるわけです。独創的だと思うもののほとんどは、過去において鋳型があり、議論され尽くしています。思考の問題も、だいたい過去に出ているわけです。だから、ポストモダン以降の思想に時間をいたずらに費やさないようにするためにも、哲学史の基本的な知識が必要になるわけです。

〈すべてのものはその発出の流れに乗って、ひたすら拡散し去るのほかはないのである。もしその流れにさからって上昇するところに人間の品位があるというならば、それを主張する限り一元論は内部から崩壊して二元論に席を譲らねばならないであろう。

かくして二元論は人間精神の帰一的欲求をみたすことができずかつその中に未解決の問題を包蔵するの故に必然的に一元論に移らねばならず、しかもその一元論は理想を追求する自由意志の自覚的な活動に十分な舞台を提供するためには再び二元論に戻らねばならぬ。有限の中にありながら無限を憧れる人間の理想主義的欲求と帰一的欲求とは、互に屈することなく優劣を争いながら二元論から一元論へ、一元論から二元論へ、両者を真に綜合する高次の体系が生れるまで螺旋形的精進をつづけて行かなければならないのである。〉（淡野、五七頁）

西洋哲学の原動力は一元論と二元論のあいだを振り子のように揺れ、螺旋《らせん》を描いていくというのは、淡野安太郎《だんのやすたろう》さん独自の考えです。その二つの流れの中で弁証法的な発展を遂げるというのが、彼の基本的な西洋哲学の見方です。彼独自ではありますが、それなりに説得力があります。

やはり教育者としてすぐれています。自分の頭で考えているから、こうやってわかりやすく、しかも実態から外れない組み立てができるのです。この点で、本書はすぐれた教科書です。座標軸上で各思想家をマッピングだけして終わる教科書が多いため、淡野さんの本の復刻には意味があります。マッピング以外のこと――どういう継承関係か、ポイントがどこにあるのか――を示せない、あるいはマッピングになじまない思想を無視してしまう教科書が今は多すぎます。

例えば編集工学研究所の松岡正剛《まつおかせいごう》（一九四四―）さんは、思想マップに出てきません。マップに載せると、どの領域にも入るため真っ黒になってしまうからです。私もマッピングされないでしょう。というのは、マッピングは思考のごく一部しか表せないからです。そもそも、マッピングできるような思想は本当の思想ではないのです。だからマルクスもキリスト教もマッピングできない。

現代思想が、マッピングで各々を定めることができるのは、ごく一部の思想にしか適用できないものを普遍化してしまうからです。それは方法論的な錯認です。

AIの世界観、新自由主義の鋳型はすでにある

「第三節　古代の唯物論」に入ります。この本が書かれた時代は、マルクス主義の影響が強くありました。淡野自身はマルクス主義者ではないので、敵としてのマルクス主義を知らないといけないということで、マルクス主義が依拠する唯物論について丁寧に記述しています。

今のAIの考え方は、基本的に全部、唯物論です。もう少し言うと「物活論」といって、物質の中に生命が宿っているという考え方です。だから唯物論についての勉強は、現代的な意味を持ちます。

〈われわれは先きにギリシャにおいて学問が生れたのは、対象が——実際生活との結びつきから一応きりはなされて——主観の向う側に対立するものとして眺められ、そして純粋に理論的な見地からその「もとのもの」すなわち原質は何であるかが問われた時にはじまることを述べた。しかしその場合対象として眺められたものは、ギリシャ人がその生活の周囲に見出したもの、換言すればギリシャ人の生活をとりめぐっているものであり、元来ギリシャ人と共に活きているものであった。従ってそれは決して生命のないものではなく、それ自身叡智をすら有するものと考えられたのである。（中略）それ故に、原質の問題を掲げることによってギリシャの学問の先駆者となった人たちの思想は、決して未だ唯物論（Materialism）ではなく、物質そのものに生命が具わっていて活きているものであると観た点からいって物活論（Hylozoism）であった〉（淡野、五八—五九頁）

ここに「物活論」という語が出てきます。ヒュレー（Hyle）に由来するので「ヒロゾイズム」です。データ至上主義も「物活論」です。データにある揺れのような部分から生命が生まれていく、と考えられるからです。生命、生き物はアルゴリズムだ、命はデータに還元できるという考え方は、そのまま物活論が現代に蘇《よみがえ》ってきたようなものです。AI、人工頭脳の考え方――物質そのものに生命が備わって、生きていると考える――は、基本的に物活論です。ちょっとしたデータの結びつきの違いから動物と鉱物に分かれるというデータ至上主義は、すべて物活論なのです。だから現代は、とても古い考え方が蘇っているわけです。

〈アナクサゴラス（Anaxagoras, B. C. 500―428）（中略）は一つ一つの元素の性質的差異を認めるのであるから、その考え方は今日から見れば、性質的原子論（qualitative atomism）とも称すべきものであろう。われわれが知覚するもろもろの物体は、彼によれば右の種子が種々の比例をもって結合するものにほかならず、その性質の変化は混合せる種子の中の或る物が去りあるいは新たなるものがこれに加わることにもとづくのである。しかし、本来不生不滅にしてそれ自身活動力を具えない種子に、活動・秩序・生命を与えるものは何であろうか。それは「理性」（nous）である、とアナクサゴラスはいう。〉（淡野、六〇―六一頁）

人間は理性を持っているでしょう。理性が「ヌース（nous）」です。これに対してアポリナリオス（三一〇頃―三九〇頃）は、キリストは通常の人間が持つヌースを持たずにロゴスを持っている、としました。このように考えるアポリナリオス主義を押さえておきましょう。まことの神で、まことの人であるキリストにおいても、ヌースはあるとするのか。「ヌースはある」と言うのが正統派ですが、アポリナリオスのような考え方が出てくる場合があるのです。鍵は「ヌース」です。

〈それ故に結果から見れば「理性《ヌース》」は――アリストテレースが非難しているように――世界の一切を機械論的に説明しようとしたアナクサゴラスが、最初の運動の起原の説明に行詰ってその解決者として突然舞台に天降らせた「機械仕掛の神」(Deus ex machina) たるのそしりを免れることはできないのである。〉(淡野、六二頁)

とくに線を引いておいてほしいのは、「世界の一切を機械論的に」以降の箇所です。最後に出て来るデウス・エクス・マキナ (Deus ex machina) とは、中世の宗教劇によく出てくる、このような話です。Z県出身のAさん (男性) は、Y県出身のBさん (女性) と結婚したいと思っている。ところがAさんの両親は、Y県出身者とは息子を結婚させたくないと言っている。Bさんの両親も、Z県出身とは結婚させないと言う。七三〇年前にZ県とY県の間で戦争があって、それ以降両県の間に交流は一切ないからです。そこでAさんとBさんは思い詰め「このままなら死んだほうがいい」と言って、二人で心中しようとしてある森に向かう。そのとき、舞台上をコロコロと、機械仕掛けの神さまが出てきて「皆の者、よく聞け。この二人の愛はまことのものだから成就させろ」と言って、終わる。

古代ギリシアの劇は、行き詰って大変なことになると、ハッピーエンドにするために、機械仕掛けのキリストがコロコロと天上から出てきてお告げを下す筋になっていました。ハッピーエンドに終わる劇のことをコメディと言います。トラジェディ、トラゲディに対してコメディと言う。コメディはもともと、ハッピーエンドストーリーという意味です。それがいつの間にか喜劇になりました。だから喜劇はハッピーエンドでないといけないのです。ゲットリッヒエ・コメディエ（Göttliche Komödie）は、ダンテの『神曲』（三浦逸雄訳、角川ソフィア文庫、二〇一三年）のことです。『神曲』は、直訳すると神聖喜劇になります。なぜ喜劇になるかというと、最後にダンテが天国に行けるからです。

〈レウキッポス（Leukippos, 前五世紀頃）がこの道を歩んで行ったとき、われわれはより高められた姿においてのタレースの「水」からアナクシマンドロスの「無規定的なるもの」への発展を見る。ただ両者の著しい相異は、アナクシマンドロスの根本思想が一元論的であったのに対して、レウキッポスの方は多元論的であって彼の考える無性質的な元素は連続せる一体をなさず無数に分割されて存在することである。レウキッポスはこれをアトム（atoma）と呼んだ。アトムとは「分解されないもの」という意味である。〉（淡野、六二頁）

ここにある「アトム」の社会観が実現すると、どうなるでしょうか？　新自由主義（ネオリベラリズム。一九八〇年代以降、支配的となっている経済思想・政策の潮流を指す。フリードリヒ・ハイエク、ミルトン・フリードマンが代表的論者。所得の再分配といった福祉国家路線を批判し、規制緩和、福祉削減、緊縮財政、自己責任などを旗印に台頭した。自由放任の古典的自由主義とは違い、新保守主義と両輪となって強い国家の再編成を促す傾向と、公教育、福祉、犯罪政策等にまで市場の論理を徹底して拡大しようという傾向を持つのが特徴）の社会になります。新自由主義は、アトム的な世界観を持っています。新自由主義は、すごく古くからある思考の鋳型であり、この時代のレウキッポスが考えたことなのです。それが現代に入ってくると、新自由主義になるわけです。

〈かようなアトム（原子）を単位として、レウキッポスはその離合集散によってあらゆる現象を説明しようとした。しかし、原子が無数に不連続的に存在し、かつそれらが離合集散するものと考える限り、かような原子の動く場所としての空間が必須的条件（conditio sine qua non）として要求されねばならないことはいうまでもないが、もしエレア学派のように空間は空虚であり非存在であるが故に存在しないというふうに解するならば、原子論は根本から崩壊するのほかはないであろう。これに対してレウキッポスは、空間はなるほど空虚でありあらぬものである、しかし変化・運動は現に存在する経験的事実である、しかも空間が存在しなければ運動も不可能であるから、空間はあらぬものではあるが存在せねばならぬ、という。レウキッポスの弟子デーモクリトス（Dēmokritos, B. C. 460—360）はさらにこの思想を「非存在は存在に劣らず存在する」という奇抜な形でいい表わしているのである。〉（淡野、六二—六三頁）

この箇所の最後の一文は、覚えてください。

マルクスは一九世紀に、デモクリトスとエピクロスの自然哲学の違いについて、というテーマで学位論文を書きました。ここは現代における量子力学につながる、揺れの問題のことを言っていて重要です。デモクリトスは、量子力学の文脈において先駆的だったわけです。

〈それならば、空間が非存在であるのにも拘らず存在する、というのはどういう意味なのであろうか。空間が非存在であるというのは、それが物質的形体的性質をもっていない、ということを意味する。いい換えるならば、空間があらぬものであるというのは、空間が物質的形体的なものではない、という意味に過ぎない。それ故に、空間があらぬものでありながら存在するというのは、空間の物体的存在を否定すると共に、その反面において、物質的形体的存在とは全く違った意味において存在することを主張しているのである。〉（淡野、六三頁）

これは簡単な話で、非存在は存在する、ないというものが存在する、ということです。つまり「無」です。それに対して、「無」という概念すら存在しない場合に、東洋では「空」の概念を用います。有と無より、さらに根源的な形で「ない」ことを表すのが、「空」です。西洋の思想は根源的な「空」は想定せず、その代わり根源有を想定するわけです。これが「存在」です。ギリシア語ではなかなかうまく表せないので、これをヘーゲルは「ザイン（Sein）」として表現しました。「現存在」の意味です。それに対して、この目の前にある存在が「ダーザイン（Dasein）」です。それと「ない」＝「非存在、ニヒト（Nicht）」に分かれていきます。構成は東洋と似ています。

有と無が出る前の段階に根源有を置くのか、根源無を置くのかという構えの違いです。根源有を置くと神さまに近くなり、根源無を置くとすべては因果律ということになってしまいます。これは両方とも反証主義的な手続きが取れない命題なので、どちらが正しいのか説明できません。だから立場設定の問題になる。立場設定の問題は、議論からは解決しません。

エントロピーの考え方の原型も古代に

〈運動の原因はあくまで運動であって、どんなにその原因を辿って行っても原子みずからの運動以外には原因は見出されない。かように考えることによってレウキッポスは、機械仕掛の神としての神秘的原因に逃避するの愚におちず、よく機械論の立場を徹底させることができたのである。

右に述べたようなレウキッポスの原子論と機械論とは、しかしながら、デーモクリトスによっていっそう純化せられた。彼によれば、すべての原子は性質上平等であって、ただその大きさおよび形状のみを異にする。しかして性質上平等であるが故にその硬度は皆同一であって、その重さは厳密にその大きさに比例する。すべての原子はそれぞれの重さをもって初めは皆上から下へ向って無限の空間を落下しつつあったのであるが、大きな原子は小さな原子よりも重いからいっそう速い速度をもって落下してその間に衝突が起こり、相互にはじき返す結果としてそこに原子の旋回運動がはじまる。〉（淡野、六五頁）

重いものと軽いものは、どちらのほうが速く落ちますか？　どちらも一緒です。ただし、経験的には違います。ピサの斜塔から重い鉄の玉と羽毛を落とした場合には、落ちるまでの時間は羽毛のほうが遅くなります。それは空気抵抗があるからですが、当時はまだ空気抵抗という発想はありません。そのためこのような書き方、発想になります。この話は、パラダイムがもとにあるので、簡単に間違っているとか正しいとかは言えません。

例えば、ピサの斜塔からガリレオが大きい玉と小さい玉を落とした、という話がありますが、あれは弟子が広めたものです。その弟子も目撃していません。ただし、別の人が思考実験として説明したり、実際に行ったことはあったそうです。羽毛を鉄の玉に結びつけた場合はどうなるんだ、より速く落ちるのではないか、などという議論はさんざんされます。しかしこの議論は当時の人たちにとっては、まったく説得力がありませんでした。結合すること自体が、まったく異質な話で、論理が違ってくることになるからです。パラダイムが違うところで議論をしても、あまり意味がないわけです。

この後、「集合」「離散」という言葉が出てきます。これは数学の数列で出てくる級数での発散と集束とは異なります。アナロジカルに見ていくなら、エントロピー概念（熱力学的な状態の変化を特徴づけるものとして、ドイツの物理学者クラウジウスが一八六五年に導入したもの。エントロピーはどのような不可逆変化、元に戻れない変化の場合でも一般的に増加すると考えられ、これをエントロピー増大の法則という）を頭に置くといいでしょう。社会哲学でも現在、熱力学の概念を援用しながらエントロピー概念を使っています。（ある物質に）急激な変化が起きてエントロピー構造を持つと、一気に拡散し、雲散霧消していきます。人間も、本来エントロピー構造を持っています。しかし耐エントロピー構造、エントロピーレジストの構造があるから、われわれは肉体を維持しているわけです。耐エントロピー構造がなくなったら、どうなるでしょうか？　死んで、腐敗し、土に、自然に還《かえ》っていきます。だから耐エントロピー構造があるものは形を維持できるし、あるいは形が変容していく。それに対して、エントロピー構造に入っていくと、離散し消えていってしまう。

デモクリトスはこのような考え方で（原子の性質を）評価したわけですから、デモクリトスのモデルは、実はのちの熱力学の中で使われているものなのです。デモクリトスの、これから読む部分は、エントロピーの考え方の原型になっています。自然哲学の、この唯物論は、現代の科学哲学との親和性が高いわけです。

〈この旋回運動は虚空に散在する多数の原子の集中を惹き起こして、天体内に種々様々な物体を形成する。われわれが「生」と称するのは離散している原子が集合するの意、「滅」と称するのは集合していた原子が離散するの意、「変」と称するのは一つの集合が他の集合になるの意である。こういうふうにしていっさいの物事は原子の離合集散の結果であって、しかもその離合集散は皆原子の直接の衝突あるいは接触に由るものであるから、この世界には機械的因果関係よりほかに如何なる変動の原因も存在し得ないことが明らかにせられたのである。

かくして原子論と機械論とはその行くところまで一応徹底せられたのであるが、単なる機械論的原子論はそれだけならば未だ唯物論ではない。単に物を物で説明するだけでは、唯物論とはいえないのである。自然科学が必ずしも唯物論と結びつかないゆえんである。〉（淡野、六五―六六頁）

この次の文も大事です。

〈物のみならず心までも、すなわち、いっさいのものをただ物だけで説明しようとするときに、はじめて唯物論が成立する。〉（淡野、六六頁）

つまりＡＩ技術とは、きわめて唯物論的なのです。ＡＩだけだと、唯物論にはなりません。ＡＩとバイオテクノロジーが結びつくことによって、唯物論は完成するわけです。そうすると、合成生物学によって生命をつくり出すことも可能だ、という考えになってきます。このような考えは、唯物論に基づく世界観から出ています。

自由の三つの立場――ストア主義、エピクロス主義、懐疑主義

「第四節　自由の問題」から、ヘレニズム文化の時代に入ります。これ以降、哲学の通俗化、大衆化が起こります。

〈さて、人間の生活にゆとりがなくなり、しかも激変して行く世相に際会して如何に身を処すべきかという問題に直面した場合、その中心的な関心事をなすものは、人間は如何にすればかくも窮屈な状態の中にあってなおかつ外界の有為転変から自由になることができるか、という問題であろう。（中略）アリストテレースの目的論的世界観によれば、質料―形相の発展的あるいは上昇的段階において質料はつねにそれより一段高い形相によって動かされつつ形成され、もって本来その内に含んでいる目的を一歩一歩実現して行くものである、と考えられる。いま、形相がすべての質料を形成しつくした時の状態を考えるならば、いっさいの目的はすでにその実現を完了したのであるから、なんら他にまつこともなくそれは全く自足自在の状態でなければならぬ。これすなわち純粋な精神となったものであって、あるいはこれを神と呼ぶこともできるであろう。いわゆる外界から自由になるとは、かような状態を意味するのではあるまいか。そうであるとするならば、かような神の状態を自己の心の中に実現することこそ、われわれ人間が自由を得るゆえんでなければならぬ。これすなわち当時の賢者の理想であって、哲学はまさにかくの如き理想への道を明らかにすべきものと考えられたのである。

ところで、右に述べたような意味においての自由は、人が外界の事物に執着して心を動かされている間は、とうてい得られない。（中略）故に自由を得ようと思うならば、まず欲望・感情を殺して、外界の事物に少しも動かされないようになることが必要である。この心の不動あ

るいは無激情（apatheia）すなわち感情のはたらかない状態において、はじめて自由が得られると主張するのがストア主義（Stoicism）であって〉（淡野、六八―七〇頁）

ここです。ストアについて述べるところに、感情、アパテイア（apatheia）という単語が出てきます。現在は、アパシー（apathy）と言うと無気力を意味しますが、もともとは、感情が動かされない状態を指します。これが重要で、ストア派の博愛という考え方は、そこから出てくるのです。ストア派の博愛と、キリスト教の愛は違います。キリスト教の愛とは、感情が動くものであり、万物に対してではなく個別の具体的な人に対して向く感情です。

〈ストア主義の説くところによれば、この宇宙は根本的な精神力たる理性（logos）によって支配されているものであって、人間各自の理性もひっきょうその宇宙理性の種子（logoi spermatikoi）が人間の中に宿ったものにほかならない。（中略）

つぎに、われわれが自由を得るにはできるだけ苦しみを減じて心の平静すなわち「乱されない状態」（ataraxia）を保つべきであると主張するのが第二の立場であって、創始者エピクロス（Epikouros, B. C. 341—270）の名をとってエピクロス主義（Epicureanism）という。各自優美に自己の安静快適な生活を求めるのがこの派の眼目であるから、——第一のストア主義が克己主義と呼ばれるのと対照して、——善き意味における快楽主義と称せられる。〉（淡野、七〇—七一頁）

よくエピクロスは快楽主義だと言われますが、これは、いわゆる欲望に身をゆだねることではない、と言っています。そこを押さえましょう。「各自優美に自己の安静快適な」とあるように、要するに欲望追求とは、楽しいこととは違う。哲学者の「楽しい」は、エロ雑誌を見て「楽しい」というのとは違っていて、快楽の意味合いが違うのです。

〈第三に、われわれが外界の事物に動かされる根本の原因は外界の事物そのものにあるのではなくして、外界の事物に関する不確実な知識を盲信すること換言すればわれわれにはそう見えるというだけで簡単に独断を下すことにもとづくのであるから、外界の事物から独立して心の自由を得るためには、人智をもってはその真相を究め尽すことのできないそれらの事物に関して、いっさいの真偽・善悪の判断を差控えること（判断中止 epochē）によって、自己自身の中に内心の平和を求むべきである、と説く立場がある。創唱者ピュロン（Pyrrhon, B. C. 365—275）の名をとってピュロン主義（Pyrrhonism）といい、知識の可能を疑う点から懐疑主義の祖と称せられる。〉（淡野、七一頁）

「判断中止」という意味のエポケー（epochē）が出てきました。これで自由に関しては、三つの立場が揃いました。

一つは「アパテイア apatheia」（無激情、無感動、不動心などと訳す）を持つことで自由を得る、つまり何事に対しても動ぜず、博愛を行うという一つの禁欲主義。ストア主義です。

二つ目は、快楽——ただし学問や芸術による知的快楽——を追求することで自由を得るという、エピクロス主義です。ただし堕落態になると、性欲や食欲を追求するようになります。

三つ目が、考えない、いいことか悪いことか判断せず、すべてを疑えという相対主義、懐疑主義です。「あれもあれば、これもある。本当のことは何か誰も知らないのだから」という、ピュロニズムで、敢えて判断を停止することをエポケーと言います。ただ、判断を停止するため、学派としてなかなか続きません。

ストア主義は、キリスト教を通じてずっと影響を与えるし、エピクロス主義もそれなりに続きますが、「考えるのを一切やめよう」となると、学派としては続きません。だからこそピュロニズムのエポケーという考え方は重要です。ポストモダンの考え方の基本だからです。価値相対主義で、小さな差異を見て、人それぞれだからと考えるのがポストモダンです。

アポリナリオス主義の特徴

マクグラスでアポリナリオスをおさえましょう。「われわれは告白する。」の段落がアポリナリオスのテキストです。

〈4・9　ラオデキアのアポリナリオス――キリストの人格について

ディオカイザリアの監督たちに宛てた手紙から抜粋されたこのテキストは、ラオデキアのアポリナリオス（三一〇頃―三九〇頃）のキリスト論の顕著な特徴をよく示している。中でも最も重要なのは、御言葉は受肉において「可変的な」人間の精神を引き受けたのではなかった、さもなくば御言葉は人間の罪の罠に引っかかってしまったであろうという無比の主張である。むしろ御言葉は、「不変で天来の神的精神」を引き受けたのであるという。結果として、キリストは全き人であるとは言えなくなるのである。

われわれは告白する。神の言葉は、預言者たちの場合に起きたように、聖なる人に降ったのではなかった。むしろ御言葉自身が、人間の精神——すなわち、汚れた思想に隷属している可変的な精神——を引き受けることなく肉体となったのである。むしろ引き受けたのは、不変で天来の神的精神として存在しているものであった。

【解説】

ラオデキアのアポリナリオスは、ロゴスが人間本性を全く引き受けたという段々と広まる思想を心配していた。彼にとってこのことは、ロゴスが人間本性の弱さによって汚染されてしまうことを暗に示すもののようであった。アポリナリオスの見解では、もしキリストが純粋な人間の精神を持っていたとするなら、キリストの無罪性は値引きされてしまうであろう。〉（マクグラス上、六二一—六二二頁）

要するに人間は罪を持っている、という見方です。キリストもそれと同じような人間の精神を持っているのなら、キリストも罪に近づいてしまい、まことの神の要素は毀損《きそん》される。人間の理性は信頼に足りないのだから、それはキリストにはない。キリストは、ヌースでないもの、つまりロゴスを持っている、というわけです。ヌースとロゴスが入れ替わったと考えれば、整合的になるだろうと、アポリナリオスは考えたわけです。

〈人間の精神とは罪の源泉で、神に反抗するものではなかったのかということである。しかし、もし純粋に神的な動機づけと方向づけの力が人間の精神に取って代わりさえするなら、キリストの無罪性は保持されるであろう。この理由でアポリナリオスは、純粋な人間の精神と魂がキリストにおいては神的な精神と魂に取って代わられたのであると議論する。この見方は、次に言及されるナジアンゾスのグレゴリオス（4・10）によって厳しく批判される。また、この著作家の名前が「ラオデキアのアポリナリオス」として知られることにも留意せよ。というのは、彼の名前の異形がさまざまな資料の中に見られるからである。〉（マクグラス上、六二二頁）

人間的な精神と魂がヌースで、神的な精神と魂がロゴスだ、ということです。ヌースとロゴスが入れ替わったという考え方が、ここで示されています。

〈【研究のための問い】

1　アポリナリオスが本テキストで表している考えの背後にどんな関心があるであろうか。〉

（マクグラス上、六二二頁）

今ざっくり説明したことですが、どのような関心があると思いますか？　アポリナリオスの関心はすべて、救済に対して向けられています。もし救済されるということなら、イエス・キリストは媒介項であり、イエスがまことの神であるという要素は毀損されてしまう。

キリストの神人性における神性が担保されない、という考えが背後にあります。しかし、それは逆の側から見ると、イエス・キリストがまことの人ではないことになると、われわれと異質なものだから媒介項になりえない、救済論的に不十分だという議論も生まれてしまいます。

まことの神で、まことの人という、二つの要素がキリストには常にあり、どちらの要素をより強くするかという綱引きも常にあります。西方神学は粗雑なので、こういう問題は扱わないのですが、アンティオキア学派（シリアのアンティオキアを中心に形成された。ルキアノス、テオドロス、アポリナリウス、ネストリウスらが代表的論者。アリストテレスの影響を受け、キリスト論ではキリストの人間性、歴史性を重視し、聖書の比喩的解釈も退けた）のイエス・キリストとアレクサンドリア学派（エジプトのアレクサンドリアを中心に形成された。創始者がクレメンス。オリゲネス、アタナシウス、アポリナリオスらが代表的論者。新プラトン主義の系譜で聖書の比喩的解釈を特色とする）のイエス・キリストでは、アンティオキア学派のほうが、人の要素が強くあります。それに対してアレクサンドリア学派では、キリストにおける神の要素が強い。そのような潜在的な対立も、この問いの中にはあるわけです。

〈2「御言葉自身が人間の精神を引き受けることなく肉体となったのである」。これによってアポリナリオスは何を言っているのか。それは何を暗に示しているであろうか。〉（マクグラス上、六二二頁）

これはイエス・キリストのまことの神の要素を守るために言っていて、それはまことの人ではないということを暗に示しています。学説的にはドケティズム（Docetism）、「仮現説」――人間の姿を借り、人間に乗り移ったという考え方――への傾きが生まれます。

グレゴリオスに進みます。「これらの人々は〜」からがグレゴリオスのテキストです。

〈4・10　ナジアンゾスのグレゴリオス――アポリナリオス主義について

三八〇―三八一年頃、ギリシア語で記されたこの手紙でグレゴリオス（三二九―三八九）は、アポリナリオス主義の中心命題に真っ向から対立するような攻撃を仕掛けている。アポリナリオス主義とは、キリストは人間の精神を持つのではなく「不変で天来の神的精神」を持つゆえに全き人ではないと主張するものである。グレゴリオスにとってこの主張は、贖いの可能性の否定に等しい。御言葉が受肉において引き受けたもののみが贖われ得るのである。ゆえに、もしキリストが人間の精神を持っていないのなら、人間は贖われないことになってしまうのである。また、*Theotokos*（神の母）や「神を産んだ者」という語がマリアを指すものとして用いられていることにも留意せよ。

これらの人々は「主の人」と呼ぶが、むしろ「われわれの主にして神」と呼ぶべき方、その方をして人間の精神を持っていない方であると受け取ることで彼らが自らや他の人々を欺くことがないようにせよ。われわれは、キリストの人性から神性を分離しない。〉（マクグラス上、六二三頁）

「キリストの人性から神性を分離しない」ということです。人性があるのだから、ヌースも当然持っている、ということになるわけです。

〈むしろわれわれは、この方が唯一にして同一の方であるという教義について次のように主張しているのである。すなわち、この方は単なる人ではなく、独り子なる神として代々に先立っておいでになった方、そして肉体や肉体的なものと混ざることはなかったのに、この終わりの時にわれわれの救いのために人間の本性をも引き受けたもう方である。この方は、肉体においては受苦可能であるが、神性においては受苦不能。また、身体においては限界に服するが、霊においては限界はない。地的であると同時に天的である。可視的であると同時に不可視的である。理解可能であると同時に理解を超えている。こうした方となられた。それは、全き人であると同時に全き神であるこの方によって、罪に堕落した全人類が再創造されるためである。〉

（マクグラス上、六二三—六二四頁）

「全き人であると同時に全き神である」というのは、全きこの神のままで、何の割り引きもせずに（地上に）降りてくる。同時に、全き人でないと、われわれと同質でないことになるので、われわれを引き上げてくれることはできない、ということです。

通常の宗教の開祖は、どんどん上に祭り上げられていって、神聖さを増していきます。ブッダ（生没年不詳）も、本当は悟りを開いた人間であるわけです。ところが、いつの間にか仏像ができ、それが崇拝の対象になっていきます。宗教は普通こういう傾向にあるのですが、常に引き下ろして、同じ人間に持ってくるベクトルが働くのは、キリスト教のシステムの中に受肉論が含まれているからです。まったくわれわれと同じ人間でないと、媒介項でないと救われないわけです。受肉論がどうしても必要になるのは、原罪観があるからです。原罪観は洗えば取れる汚れのようなものではないので、神が完全にわれわれと同じ場所に降りてこないと救われない、ということです。

〈聖なるマリアが *Theotokos*（神の母）であることを信じない者は、神とは関わりがない。……人性が形成された後で、単に神性が入り込んだのだと主張する者も罪に定められる。……父なる神および母マリアの二人から出た息子という考えを持ち込む者は、正しく信じる人々に約束された神の子としての相続を失うであろう。実に、神性と人性とは魂と体のように二つの本性であるが、御子がお二方であることはないし、神がお二方であることもないからである。……というのは、神が人となったと言おうが、人性が神性を帯びたと言おうが、その正しい言い方が何であれ、神人両性はその結合によって一つとなったからである。……
人間の精神が欠落した者に希望を置く者は、その者自身の精神が欠落しており、救われるに値しない。というのは、引き受けられなかったものは、癒されることはなかったからである。〉（マクグラス上、六二四頁）

これは神が人を養子にした、という養子説です。そして「引き受けられなかったものは、癒されることはなかったからである」のところが、ポイントです。人間のヌースを外してしまうと、ヌースの部分が救われなくなるから、完全な人間のままで引き受けないといけない。（神と人との）たった一つの違いは、（神は）罪を持っていない、ということだからです。

なぜ神は罪を持たないのでしょうか？　神は全能のはずです。しかし罪を持たないなら、全能ではないのではないか。このことが中世スコラ学で重要な問題になりました。ただしこれは、「四角い三角形をつくれ」という命題自体が成り立たないのと同じで、「なぜ神は罪を持たないか」は命題自体に意味がない、瑕疵《かし》があるとスコラ学は考え、処理しました。

神の「全能」とは、何でもできるという意味での全能ではないのです。例えば神は死ぬことができませんし、無知になることもできません。スコラ学ではそのように考えます。

〈神性に結び合わされるものが救われるのである。……われわれの全的救いについて、彼らに欺かれてはならない。また、救い主に骨と神経と単なる人間の見かけ上の格好（*zōgraphia*）だけを着せてしまうことになってはならない。

【解説】

ここでグレゴリオスは、アポリナリオスのアプローチに関する根本的な疑念を吐露している。救済論的原則の基本は、堕落した人間の本性を癒し、刷新し、贖うために、キリスト御自身が人間の本性を引き受けなければならなかったということである。もしキリストが人間の本性を不完全なかたちで引き受けたとすれば、それは救われなかったということになるのである。この考えが、以下の有名かつ重要な発言の背後にあるのである。「引き受けられなかったものは、癒されることはなかったからである。神性に結び合わされるものが救われるのである」。

【研究のための問い】

（中略）

2　「全き人であると同時に全き神であるこの方によって、罪に堕落した全人類が再創造されるためである」。この発言によってグレゴリオスは何を理解しているか。この発言は、次の有名な命題とどう結びつくのか。「引き受けられなかったものは、癒されることはなかったからである。神性に結び合わされるものが救われるのである」。〉（マクグラス上、六二四―六二五頁）

これはどういうことでしょうか？　グレゴリオスはこの前段で、イエス・キリストには人間の本性と神の本性の二つがある、もし人間の本性が欠けていたら、それは救われなかったということになる、と言っていました。そして、「引き受けられなかったものは、癒されることはなかったからである。神性に結び合わされるものが救われるのである」の部分で論点になっているのは、ヌースです。従って、ここで問われているのは、ヌースのことです。

ところがアポリナリオスは、神が持つのはヌースではなく、ロゴスとしました。グレゴリオスはそれに対して、ヌースが引き受けられなかったら癒《いや》されることはない、と言ったわけです。

もしキリストがヌースを持たないとしたら、人間の精神に関しては救済の対象にならなくなる。だから「引き受けられなかったものは、癒されることはなかったからである」となった。これは、掛けていない保険は給付されませんよ、という保険の発想です。あなたは地震特約を掛けていなかったから、地震が起きたけれど保険金は出ませんよ、だから丸々全部掛けておかないとダメなのです、という発想です。この文脈からは離れますが、テオトコス（Theotokos　神の母）論争も問題の核心になるので、きちんと押さえておいてください。

第四章　思想における中世的世界――第二章第五～第七節を読む

終末論の構成とは

〈早くから政治的に他の民族に圧迫せられて幾多の辛酸をなめ、ひたすら民族の解放に憧れていたユダヤ人の間には、おのずから終末観的思想と救世主メシアに対する希望があまねく拡がっていた。すなわち、世の審判の時が到れば、ユダヤ人の神エホバはイスラエル国民の救主メシアを遣わして他の民族を亡ぼし、エルサレムを中心とする王国を建設してユダヤ人にその支配をゆだね、もって彼らに喜びの栄光と無上の幸福とを授けるであろうというユダヤ教的信仰が、それである。〉（淡野、七四頁）

「第五節　キリスト教思想」に入りました。このような信仰を、終末論と言います。ユダヤ教の終末論とキリスト教の終末論がありますが、互いにどう違うでしょうか。これはドイツの神学者モルトマン（一九二六―）を援用することで、よく説明できます。モルトマンの著書に『希望の神学』（高尾利数訳、新教出版社、二〇〇四年）があります。そこに書かれているホフヌング（Hoffnung、希望）とエアヴァルトゥング（Erwartung　待望）の違いが、ポイントになります。

キリスト教では、イエス・キリストが出現したことによって終末は既に始まっているから、救済は先取りされているわけです。救済のプロセスは既に始まっているが、いまだ終わっていないという所に、われわれはいる。それに対してユダヤ教では、救済は先取りされていません。だから終末救済を待望するという構成になります。

現実的なところで何が違ってくるかというと、歴史認識です。歴史認識において、キリスト教の場合は、一世紀にイエスがパレスチナに出現したときが、人類史のどん底、これより悲惨な状況はない状態だ、という認識になります。その最も悲惨な底辺にまでイエス・キリストが来たことが、人類が救われる根拠となったと考えます。

他方、ユダヤ教の場合はそのような認識になりません。現実的な問題として、広島・長崎の原爆やアウシュヴィッツの大量虐殺をわれわれは経験しているが、それが果たしてイエスがいた一世紀より悲惨でなかったと言えるのか、という問題があります。広島や長崎、アウシュヴィッツが最後ではなく、もっとひどいことが今後、あるかもしれません。だからキリスト教が、人類は最も悲惨な状況から救済されていると主張するのは根拠薄弱だと、ユダヤ教は考えるわけです。したがって、ユダヤ教では担保されている「希望」ではなく、ひたすら待ち望むという「待望」という言葉が使われるのです。

ユダヤ教とキリスト教の終末論構成の違いについては、よく覚えておいてください。

『哲学思想史』ではこの後にパウロの回心の記述が出てきますが、これは聖書の使徒言行録二六章の一二節から抜粋しています。

このとき委任された権限とは、キリスト教徒を捕まえる権限です。当時サウロと呼ばれていたパウロはパリサイ派の一員で、キリスト教徒の弾圧に従事していたわけです。だから「よっしゃ！捕まえてやろう」と思って、ダマスコに向かうわけです。

〈パウロ、自分の回心を語る

「こうして、私は祭司長たちから権限を委任されて、ダマスコへ向かったのですが、その途中、真昼のことです。王よ、私は天からの光を見たのです。それは太陽より明るく輝いて、私とまた同行していた者との周りを照らしました。私たちが皆地に倒れたとき、『サウル、サウル、なぜ、わたしを迫害するのか。とげの付いた棒をけると、ひどい目に遭う』と、私にヘブライ語で語りかける声を聞きました。私が、『主よ、あなたはどなたですか』と申しますと、主は言われました。『わたしは、あなたが迫害しているイエスである。起き上がれ。自分の足で立て。わたしがあなたに現れたのは、あなたがわたしを見たこと、そして、これからわたしが示そうとすることについて、あなたを奉仕者、また証人にするためである。わたしは、あなたをこの民と異邦人の中から救い出し、彼らのもとに遣わす。それは、彼らの目を開いて、闇から光に、サタンの支配から神に立ち帰らせ、こうして彼らがわたしへの信仰によって、罪の赦しを得、聖なる者とされた人々と共に恵みの分け前にあずかるようになるためである。』」〉（「使徒言行録」二六章一二節—一八節、共同訳聖書実行委員会『聖書　新共同訳』日本聖書協会、一九八七、八八年）

ここです。これによってパウロは使徒になるのですが、使徒とはイエスによって指名された直弟子です。パウロはその意味では生前のイエスを知らないので、つまり「自称」使徒でした。だから、ほかの使徒たちとの関係は緊張したものでした。直弟子でなく、なおかつ弾圧に従事していたのでなおさらです。しかも献身的な宣教をして、組織能力があったので、イエスの直弟子たちと対立するようになります。その対立が頂点に達したのが、エルサレムの宗教会議です。

そこでパウロは、割礼を受けていない人たちも教会のメンバーに入れるべきだ、と主張しました。それに対して、キリスト教は割礼を受けた人たちで維持すべきだと主張したのが、ヤコブ（生没年不詳）です。カトリックとプロテスタントで伝承が違いますが、プロテスタントの伝承では、ヤコブはイエスの弟です。つまりパウロはイエスの弟と対立をしている、という構成になっているわけです。

パウロとヤコブはお互いに別々の道を進むことになりますが、パウロ派以外のキリスト教はすべて絶滅してしまうため、現在残っているキリスト教は全部パウロ派なのです。その意味では、パウロがキリスト教のベースになります。とりわけパウロにウエイトを置くのがプロテスタンティズムで、パウロの回心、ローマ書を重視するのがプロテスタンティズムの特徴なのです。カトリシズムはシモン・ペトロ（生没年不詳）を重視します。カトリシズムは、岩の上に教会をつくれといわれ、天国の鍵《かぎ》を授けられたペトロが初代教皇になったという伝承に立ちます。それに対して正教会が重視するのは、ヨハネ（生没年不詳）です。正教会では、ロゴスがキリストになるというのは、それによって人が神になる道筋を整えてくださったから、という考えによります。さらにヨハネがパトモスで幻を見たことで、終末という考えが始まっているということで、ヨハネの黙示録、ヨハネ文書を重視します。

このようにキリスト教でも、それぞれに特徴があります。パウロをベースにしてキリスト教を解釈するのがプロテスタンティズムに強い傾向です。パウロは極度に反知性主義的です――パウロ自身は大変な知識人です――が、一方でシモン・ペトロは漁師です。人を捕る漁師にならないかと誘われて、キリスト教に入った人です。各使徒たちの性格を、聖書から読み解く必要があります。

〈キリストの死の意義はパウロにとって重大であった。彼はキリストの福音を「十字架の言葉」とさえ呼んだ。しかしながらわれわれは、彼の宗教的体験したがって思想の中心的内容が、あくまでもキリストの死ではなくむしろ生であったこと、十字架上のキリストではなくむしろ現在にまた永遠に生き歴史を支配し個人の魂に喜びと愛と力とを与え――かくて新しい人・新しい人類を創造する――活けるキリストであったことを忘れてはならない。キリストの死はキリストの生の光を反射しつつ、はじめて永遠の光として輝くことができるのである。〉（淡野、七八―七九頁）

このような考え方、すなわち歴史的なイエスの言説ではなく、イエスの伝えたい内容、実際の救済の内容を重視していく傾向が生まれたことで、キリスト教が成立しうるわけです。いつも言うように、キリスト教の開祖は誰かと問われた場合、イエス・キリストと答えるのは、中学入試、高校入試、大学入試では「○」ですが、神学部の定期試験や大学院入試では、大いに「×」です。なぜならば、イエス自身は自分をユダヤ教徒と考えていたことは間違いないからです。その意味で、ユダヤ教とは別であるキリスト教を確立したのは、パウロです。だからキリスト教というのは、パウロによってつくられた宗教です。その意味で次の箇所は重要です。

〈かくてパウロによって、キリストが説いたキリスト教ではなく、キリストを信じるという意

味においての新しいキリスト教が確立せられた。〉（淡野、七九頁）

哲学を学ぶ人は、この断絶性がよくわかるはずです。神学部の学生でもわかっていない人がいます。ちなみに聖書に出てくるときは「何々びと」で読んでください。ローマ人《びと》への手紙。コリント人《びと》への手紙。ヘブライ人《びと》への手紙です。「じん」ではありません。

原罪の意味とは？　スコラ哲学とは？

「第六節　中世思想の根本問題」に進みましょう。

〈新興の宗教が超民族的な世界的宗教としての自覚の下に異邦人伝道をはじめるためには、まず内部に対しては信徒の数が彪大となると共におのずからその間に生ずるもろもろの異論を統一して普遍的な教義を確立し、さらに外部に対しては――ことに古い学問の伝統をもっている民族の間に拡められるためには――その教義の内容が理智の要求をも満足させるように或る程度まで合理的に組織された「神学」になることが必要である。前者の目的を達成するために生れたものをカトリック教会（katholikos = universal）といい、後者の仕事に貢献した人々を教父（patres ecclesiae = church fathers）、そしてその哲学を教父哲学（patristic philosophy）という。

教父哲学の内容をなすものは、原始キリスト教につぐ二世紀の初から約八百年の間に、キリスト教に関係して現われた人々の思想であって、その期間に「神がキリストによって人類を救う」という教義を確立するために論義された問題は、おのずから神性論的問題（theological problem）とキリスト論的問題（christological problem）と人性論的問題（anthropological problem）の三つに大別することができるのであるが、教父哲学が――「キリスト教」を「ギリシャ哲学」によって合理的に組織しようとするものとして――本来異質的な二つの要素の混合である以上、議論が往々極端に走り、あるいは哲学を重んじて信仰を軽んじようとし、あるいは信仰のみを説いて哲学を排しようとするなど、種々様々な流派を生じたのもまた自然の勢であった。第一の立場によれば、知識が信仰にまさるのはちょうど樹木が根の上にあるようなものであって、信仰を単なる信仰にとどめないで知識（gnōsis）たらしめなければならないと主張したところから理智派（Gnostics）と呼ばれる。この派に属する人たちは、――世界が全智全能にしてしかも愛なる神によって創造せられたものであるのにも拘らず、この現実は偽・悪・醜にみちたものであり従って救済を必要とするという――宗教的二律背反（religious antinomy）を克服するために、神と物質、あるいは善と悪の二元論を説き、神からキリストを経て現世に至る段階を説明する方便として多神教的な神話まで構成したのである。しかし、そうなってはイエスのキリスト教はその本質的特性を甚だしく歪められて、その本来の面目を全く喪失するものといわねばならぬ。ここにおいて、かような思想を異端として排撃し、教会的キリスト教擁護のためにたったのがいわゆる護教派（apologetics ← apologesthai = defend）である。（中略）

やがて次第に、同じく教会的雰囲気の中において両者を結びつけようとする努力が試みられるようになり、さらに第四世紀に入ってキリスト教がローマのコンスタンティヌス大帝（在位三二三―三三七）によって国教と認められ、宗教と政治とが結びつくに至って、統一の必要上さきに掲げた三つの根本問題について一応正統派の教義を決定するために、ニカイア会議（三二五）、コンスタンティノポリス会議（三八一）、カルケドン会議（四五一）などが開催せられてつぎのような結論に到達したのである。

第一の神性論的問題については三位一体説

第二のキリスト論的問題については、キリストは神人両性を合一したものである、という神人説

第三の人性論的問題については原罪説

教父哲学を通じての最大の哲学者アウグスティヌス（Aurelius Augustinus, 354—430）によれば、人間は原人アダムが神から与えられた自由を濫用して禁断の実を食って以来、その罪によって必然的に罪を犯さねばならないような不自由な状態におかれているのであって、生れながらにしてかような原罪（original sin）をもっている人間である以上、救いは自力によってはなされずもっぱら神の恩寵にまたねばならぬ。〉（淡野、八〇—八三頁）

この原罪理解は間違っているのですが、どこが間違っていると思いますか？　それは、禁断の木の実を食べたから原罪を持った、というところです。食べる前から人間は原罪を持っています。この文脈からすると、食べたこと自体が原罪のようになってしまいますが、そうではない。人間にもともと罪があるから、自由意志を濫用するわけです。自由意志の濫用が原罪を生み出したのではなく、原罪があるから自由意志を濫用するのです。

〈曰く「教会の外に救いなし」と。——このアウグスティヌスの説は、当然彼の属していたラ

テン教会に喜び迎えられて教義として確立せられ、政治上の統一に伴う教会の勢力の増大と共に、いよいよ広く当時の思想界を支配するようになったのである。

こういうふうにして教会の採用する正統（orthodox = ortho+doxa = straight+opinion）の教義は教父哲学によって確立せられ、それ以後は、唯その教義にさらに説明解釈を加え、種々の教義の間に理論的関係をつけて統一を与えることが教会の学問の仕事であった。それ故に、この時期に哲学と呼ばれるものは真の意味において真理を求める哲学ではなくして、教会の命のままに既存の哲学的概念をもって教義の解釈・説明・理解を試みるものに過ぎず、紀元八百年から千四百年の間の西洋哲学はいわゆる「神学の奴隷」（ancilla theologiae = maid of theology）に堕してしまったのである。ところで、こういう哲学は教会に属する学院（schola）の人々によって研究されたから、これをスコラ哲学（scholastic philosophy）という。

スコラ哲学はかくして教会的信仰の真理性を根本において前提して、それが人間自然の理智とも一致するゆえんを証示することを本来の課題とし使命とするものであるから、信仰の内容を理智の立場においてすなわち概念的思弁によって証明することができたと考えた時がその隆盛期であり、かような企てが本来不可能なものであることすなわち信仰と理性の背馳が明白となり、両者の分離を承認せざるを得なくなった時期がその衰頽期である。〉（淡野、八四—八五頁）

今はこの図式では必ずしも納まりませんが、この鋳型は重要なので、便宜的に覚えておいてください。

〈さらにそれを思想内容の展開として見れば、プラトーン哲学の流れを汲んで「普遍」(universalia)を個物に先き立つ実在と見る実念論(Realism)が、アリストテレース哲学の流れを汲んで個物のみを実在とし普遍を単なる名目(nomen = name)と見る唯名論(Nominalism)によって次第に克服されて行った過程と見ることができるであろう。〉(淡野、八五頁)

実念論から唯名論になる流れのなかで、近代哲学ができてくるという、このフレームが重要です。

〈一、創立期(九世紀―十二世紀)　Platonic Realism
二、隆盛期(十三世紀)　Aristotelian Realism
三、衰頽期(十四世紀―十五世紀)　Aristotelian Nominalism〉(淡野、八五頁)

「衰頽《すいたい》期　ノミナリズム」は他称で、ノミナリストと自称した人たちはいません。しかもこれについては、今、考え方がだいぶ変わっているため、補充して学ぶべき重要な点になります。「Realism」は一般的には「実在論」、あるいは「現実主義」と訳します。けれども普遍論争考察の場合は、「概念実在論」の意味を表すために「実念論」と訳されるのが、ひと昔前までは通例になっていました。

実念論と唯名論

「第七節　普遍者論争」に入ります。

普通は「普遍論争」と言いますが、この本では「普遍者論争」になっています。注を見てみましょう。「アンセルム」とあるのは英語読みで、普通は「アンセルムス」です。

〈「普遍者論争」は、すでに前節の終りのところで述べたような特殊な問題意識を背景として展開されたのではあるが、しかし「個体」が先きか「普遍」が先きか、両者のいずれによりすぐれた実在性を認めるべきであろうか、という問題は人間が思索する限り、永遠の問題であるということもできる。（中略）

エリューゲナの流出論的思想は、しかしながら結局汎神論的色彩が濃厚であるの故をもって後には教会側から異端視せられた。そしてかような主知的傾向に対する反動として教会の教義の絶対性を信奉するアンセルム（Anselm of Canterbury, 1033―1109）は、まず信仰から出発して認識に到達すべき旨を主張し（Credo ut intelligam = I believe, in order to understand.）その著『対話録』（"Proslogium"…神に対し話しかける言葉）の中において、神の存在に関するかの有名な本体論的証明（ontological proof）を提唱したのである。曰く、最も普遍的なもの従って最も完全なものは、その属性の中に存在性（existentia = existence）をも含まねばならぬ。というのは、もし存在性を欠くならば、それはもはや最も完全なものとはいえないからである。ところで、神は最も完全なもの（ens perfectissimum = the most perfect being）である。それ故に神は存在せねばならぬ、と。〉（淡野、八八―八九頁）

この箇所は、「神は最も完全なもの」だからすべての概念を持ち、その中には存在という概念があるはずだ、だから神はいるのだ、という存在証明になっています。「最も完全な」という形容詞は、何を意味するのでしょうか。例えば「最も完全なアトランティック大陸」とは、「最も完全」

だから、アトランティック大陸には存在というものがないといけない。だからアトランティック大陸は存在するはずだ。「最も完全な化け猫」と言ったら、化け猫も存在しないといけない。次からは、「最も完全な」という形容詞を付すことですべてが（化け猫まで）存在することになってしまうから、それはおかしいのではないか、という議論になっていきます。

〈これに対しアンセルムは『ガウニロに対する自由な弁神論』において、彼の本体論的証明がただ最も大いなるものに対してのみ妥当し、アトランティス島というような一個物にあてはまるものではないことを強調しているのである。この神の存在の本体論的証明はトーマス・アキナスおよび他のスコラ学者によって排斥せられた後に、デカルトによって再び新たな形において生かされ、遂にカントの『純粋理性批判』によって徹底的に清算されたとはいえ、アンセルムがいわゆる実念論すなわち普遍者実在論を教会の教義に結びつけようとした歴史上の意義は没すべくもないであろう。

しかしながら実念論の困難な点は、実在すると考えられる普遍者が個物に対して如何なる意味において優越的な存在性を主張し得るか、という点に存する。（中略）

かような実念論に対して個物の実在を説く唯名論をはじめて唱えた人はロスケリヌス（Roscellinus, 1050—1120）である。彼によれば、普遍的なものは単なる音声あるいは名称にすぎない（Universalia sunt flatus vocis, vocalia, nomina = Universals are breaths of voice, uttering sounds, names.）。すなわち、実在するものは一つ一つの個物だけであって、もろもろの個物を包摂する一般的な名称は人間が思想伝達のために任意に与える符号にほかならない。（中略）ところがこの考え方を三位一体説に適用するならば、同じ神性の三つの具現と考えられる父と子と聖霊も結局別々の三つの実体であり、従って根本においては三つの神であるという三神論（Tritheism）に到達せざるを得ないことになる。かくして、唯名論は教義に反する異端邪説であるとして、一〇九二年のソアソン（Soissons）の教会会議において排斥せられたのであるが、しかし唯名論は極めて自然な常識の立場を味方とするものであるが故に軽々に否定し去るべきものでないことが認められると共に、実念論者の側から一種の調停案が提唱せられるに至ったのである。〉（淡野、八九—九一頁）

実念論については、果物を例に考えるとわかりやすいでしょう。果物という概念があります。その果物にはイチゴもあればメロンもあれば、クリもありカキもある、このような考え方が実念論です。

それに対して「いや、クリは木になるものだし、メロンは草だ。分類からすればメロンはキュウリの仲間だ。ということは、クリがあるのであり、カキがあるのであり、メロンがあるのであり、つまりそういった個物しかないわけだ。そこで便宜的に付けた名称が果物なのだ」。このような立場が唯名論の考え方です。雑駁《ざっぱく》に言えば、実念論と唯名論はそういう形で整理されます。

〈さらにアベラール（Pierre Abélard, 1079—1142）は、最初唯名論者のロスケリヌスに学びついで実念論者のギョームの弟子となって、普遍者論争の二大潮流にその源泉において触れたところから、宿命的に折衷的位置に立たしめられることとなり、その最初の著作 "Sic et Non." (Yes and No.) においてすでに彼は彼以前の重要な学者の意見を賛成と不賛成（pro et contra）とに分けて相互に対立する形においてこれを示し、彼自身読者と共にその矛盾対立を止揚する

途へ進むべきことを暗示しているのである。〉（淡野、九一―九二頁）

アベラールは「“Sic et Non.”（Yes and No.）」と、両論を併記していくわけです。「pro et contra、賛成と反対」というような形での図式は、構成として弁証法的になります。

アベラールは、エロイーズ（一一〇一頃―一一六四）という女性の家庭教師をしていた人ですが、エロイーズとの間に彼の子ができます。子どもを孤児院に入れ、エロイーズは女子修道院に閉じ込められます。アベラールは神学者で修道士ですが、エロイーズの親戚《しんせき》が彼のもとにやってきて、オチンチンを切り取ってしまう。「お前、うちの姪《めい》っ子によくも手を出してくれたな。悪いのはここだろう」と言われ、去勢されてしまう。去勢後に、修道院長になります。性欲が物理的になくなったため、学問にエネルギーを注ぐようになった、と言われていました（『アベラールとエロイーズ 愛の往復書簡』沓掛良彦、横山安由美訳、岩波文庫、二〇〇九年）。

最初はアベラールのほうが力を持っていましたが、だんだんエロイーズが追いつき、彼女は頭の回転も速いから、やがて立場が逆転した。そのうちエロイーズからの手紙がこなくなり、二人の関係は終わったと言われます。彼らの有名な往復書簡は残されています。

〈ロスケリヌスにおいては普遍者がものの後に（post res = after things）あると考えられ、ギヨームにおいてはものの前に（ante res = before things）あると考えられるのに対して、アベラールはものの中に（in rebus = in things）あると考えることによって両者を綜合しようと試みたのである。〉（淡野、九二頁）

「post res」、「ante res」、「in rebus」。つまり前、後、中という三分法で整理されていたわけです。

〈この場合、ものの中にあるものとしての普遍者が直ちにもの（res = things）そのものでないことは、いうまでもない。といって、普遍者は唯名論者たちのいうように単なる音声（vox = voice）ではなおさらない。音声はひっきょう単なる一個のものであって、普遍者ということはできないであろう。（中略）それ故に、普遍者は立言（sermo = talk）に存するといわねばならぬ（Sermonism = 立言論）。ところで、立言は概念的思惟の結果であるが故に、普遍者はまた概念の中に存するといわねばならないのである（Conceptualism = 概念論）。ところで、われわれの認識作用と称せられるものが、一定の主語に——普遍の意味を有する——概念をもって述語することであるとするならば、その普遍に相応するものが事物そのものに真実存在している筈であり、各個物相互間の相似あるいは一致（conformitas = conformity）はすなわちこれを物語るものにほかならない。〉（淡野、九二—九三頁）

「ポチはイヌである」とも、「エスはイヌである」とも言います。こういったものを現在の論理学では、「Xはイヌである」にします。Xにポチやエス、ブチなどいろいろなものを代入していけばいいわけです。すなわち、記号で通約できるようなものが、普遍的なるものです。現代の記号論の発展とともに、唯名論を含め、この箇所で述べられている中世哲学の見直しが進みました。

トマス、スコトゥス、オッカムの主張

〈かように、一見千差万別ともいうべき個々の物が、反面また驚くべき相似あるいは一致の相を具えているのは、普遍者がこの宇宙創造の前に神の精神の中の概念（conceptus mentis = mental concept）として予め存在していて、万物がそれを原型として造られたからである、とアベラールはいう。このアベラールの思想はよく当時の諸説を調和し得たばかりでなく、アラビヤの大学者であったアヴィケンナ（Avicenna, 980—1037）の説、すなわち普遍者は神の精神においては「ものの前に」、自然の事物においては「ものの中に」、われわれの概念的認識においては「ものの後に」存在すると説いたところとも一致して、広く一般に承認せられたのである。（中略）

スコラ哲学の代表者と称せられるトーマス・アキナス（Thomas Aquinas, 1227—1274）によれば、実在は一であり真であり善であるが、有限な個物は質料と形相とから成り立ち、最下級から最上級に至る段階的発展を形づくって、遂に神の恩寵の中における恵まれた信仰生活に至る。〉（淡野、九三—九四頁）

カトリックの中でもいろいろな流派がありますが、今のバチカンでは、トマス神学が正統とされています。つまりトマスの考え、トミズムが今のカトリック神学の基本になっています。

〈それ故に、神の存在は——アンセルムの本体論的証明のように——全く先天的にただ「最も完全な存在」という概念のみによって証明さるべきものではなく、神によって造られたこの世

界の事物によって――しかも結果から次第にその原因に溯るというふうにして――証明されなければならない。（中略）こういうふうに、神をも含めていっさいの万有がいわゆる「永遠的法則」に従うものとするならば、神であると人であるを問わず一般に自由意志のはたらきを容れる余地はなくなり、従って自由の濫用としての原罪も成り立たなければ、また、その苦悩から人間を救い出す神の恵みもはたらく術はなく、かくてはキリスト教の根本教義は全くその成立の地盤を失うものといわねばならぬ。

ここにおいて、トーマスのかような主知主義的決定論に反対して「意志の自由」を救護すべく主意主義的非決定論を唱えたのは、ドゥンス・スコートゥス（Johannes Duns Scotus, 1270―1308）である。（中略）スコートゥスに従えば、神の意志は何物にも拘束されず完全な自由をもってはたらくことをその本質とする。従って神の意志は、この世界を創造しようとまた、他の世界を創造しようとあるいはまた、全く何物をも創造しまいと、それは全く自由である。すなわち、意志は叡智によって規定されるものではなく、却ってその上に位する（Voluntas superior est intellectu.＝Will is superior to intellect.）。この考え方を徹底させるならば、善なるが故に神はそれを欲したのではなく、神が欲したが故にそれは善なのである、といわねばならないであろう。〉（淡野、九五―九七頁）

ここで言われていることには自由意志論や近代的な自己決定論の先駆的な役割があります。神学的に重要な人物はアンセルムス、イタリアのガウニロ（?―一〇八三）、トマス・アクィナス、ジョン・スコトゥスです。この後出てくるロジャー・ベーコン（一二一四／一九頃―一二九二頃／九四）はそれほど重要ではありませんが、オッカムのウィリアム（一二八五頃／一三〇〇―一三四九／

五〇）は重要です。ウィリアムによって、ほぼ近代の条件が整えられるからです。押さえておきましょう。

〈かくてスコートゥス自身は決して唯名論を採らず、むしろ「普遍者」を単なる概念的知識の産物と見る極端な唯名論に極力反対して来たのではあるが、しかし普遍者よりも個体をより完全なものとして重んじる点において、おのずから唯名論に傾く傾向を内に蔵していたことは、否むべくもないのである。

（中略）かような経験的思潮の増進とスコートゥスの個体尊重の精神とは相より相まって、再び大胆なる唯名論擡頭の気運を醸成せずには措かなかった。ところでこの傾向を鮮明に表出したものはオッカムのウィリヤム（William of Ockham, 1300—1350）である。（中略）かくしてオッカムによれば、真に存在するものは個物のみであって、普遍者は個物の前にもなければ個物の中にもなく、単に個物を示す記号（signa = sign）にすぎないのである。従って、われわれの確実な認識の源泉となり得るものは個々の知覚をほかにして何物もなく、概念から存在を導き出す神の存在の本体論的証明の如きは、もちろん承認さるべくもない。（中略）

かようにしていわゆる理性的神学（rational theology）の成立を否定したオッカムは、これらの超経験的な問題を全くの信仰問題であると考える。そして、ひとたび信仰の対象となれば、それは合理性というような拘束を全然超脱してどんなことでも不可能ということはない。〉（淡野、九七―九九頁）

「かようにしていわゆる～」以降が大事です。基本的に現代神学の主流派は、オッカムによるこのフレームに則《のっと》っています。

〈オッカムは神の絶対性を強調するのあまり、神は人間の性質をもって現われる代りに、驢馬の性質をとることもできたであろうし、あるいはまた石もしくは木の性質をもって現われたかも知れない、とさえ述べているのである。かくして、哲学者にとっては真理ならぬことも宗教家にとっては真理であることができ、哲学と宗教とは全く異る二つの領域としてそれぞれの真理をもつというわゆる「二重真理説」は、ここに判然と唱えられるに至ったのである。

以上、スコラ哲学思潮推移の跡を回顧するに、トーマスは教会の存立根拠を基礎づけようとして実念論を主張した結果、神の救済を否定する決定論に陥り、スコートゥスはその否定された神の救を生かそうとして意志の絶対自由を強調した結果、教会の存立を否定する唯名論に傾かざるを得なくなり、ここにスコラ哲学は自己の内部から崩壊の兆を暴露したのであるが、オッカムに至って哲学上の真理と宗教上の真理とが全く相異るものであることが明言せられるに及んで、スコラ哲学が最初にその課題として掲げたところの——宗教の内容を哲学をもって説明しようとすることが、ほんらい不可能な企てであることが明らかにされ、数世紀にわたるスコラ哲学の努力は遂に悲しむべき自殺に陥ったのである。〉（淡野、九九—一〇〇頁）

ロバにはどのようなイメージがありますか？　働き者ではあるが、バカで愚鈍のイメージがあります。その意味では、（哲学と神学の関係は）テルトゥリアヌスの言った通り（両者は対立的な関係にならざるをえない）だったわけです。この二つは調和せず、究極的なるものと究極以前のものだった、ということです。

唯名論をめぐる流動的な状況

〈【14世紀の論争】W・オッカムが、トマス・アクィナスとドゥンス・スコトゥスの実在論を批判しつつ、唯名論的立場（普遍を言語の側に帰属させる立場）を提示したことに端を発して、14世紀にも普遍を巡る論争が起こった。オッカムの唯名論は、概念を言語の核をなす自然的記号であるとしたうえで、規約による記号である音声言語ではなく、概念こそが普遍であって、普遍は精神の外にあるような〈もの〉ではないとした。ここから普遍は個物において存在し、個物から実在的にではなく形相的に区別されるというスコトゥス的考えを批判し、また、認識に関しては、普遍ではなく個物こそ認識の基礎的対象であり、そこに普遍的なものであるスペキエスの介在は必要ないとしてトマス的考えを退けた。オッカムは、神の内なるイデアも否定し、神が創造に先立って見た対象は将来存在する個物そのものであるとした（神に対しては未来の事物も現前する）。こうしたオッカムの主張は、その論理学的方法や明証的認識についての理解、伝統的形而上学および自然神学への懐疑などとともに、オッカム主義と言われる14世紀の思想傾向のなかで受け継がれたため、哲学史上でオッカム主義と14世紀的「唯名論」とはほぼ一致する。例えばビュリダンは急進的なオッカム主義には反対したが唯名論者ではあった。他方、ウィクリフは、教皇を批判し、国家権力の教皇からの独立を主張する点でオッカムと同様の思想傾向を示したが、普遍に関する実在論の立場からオッカム主義を批判した。〉（『岩波哲学・思想事典』岩波書店、一九九八年、一三九三頁）

先ほど、ロバの話が出ました。「ビュリダンのロバ」についてはすでに話しました（「一日目のおさらい」）。二つの餌のうち、どちらかを選ぶのは、そちらのほうが良いものだから選ぶのだ、つまりまったく同じである二つがないことを示すために使った話です。この話は、個別がすべてであることを表しています。だからビュリダンは、神学史上重要な人なのです。

カトリックの改革派であるフス派は、一五世紀にボヘミアでは「ウィクリフテン（ウィクリフ主義者）」と呼ばれました。宗教改革の先駆者である、イギリスの神学者ウィクリフ（一三二〇／三〇—一三八四）が持っていた実念論が、そのままフスに継承されたわけです。基本的に実念論を主張したフス派は、その意味ではカトリックとはいえ、違う系譜なのです。

実念論と唯名論の関係は、実はものすごく複雑に入り組んでいるため、辞書を見てもほとんどわからないはずです。辞書のこの項目を書いたのは清水哲郎《しみずてつろう》さんという、この分野の第一人者ですが、最近の学説を整理するので一杯いっぱい、といった様子です。両者の関係は、今ようやく整理されつつある、という状況です。

〈【概念論】なお実在論と唯名論を調停する第3の立場として概念論が挙げられ、アベラルドゥスが代表者とされることがあるが、歴史的にいって、彼こそ唯名論派の祖である点で誤りであり、理論的にも「概念が普遍である」とは彼が否定する立場である。またこの限りではオッカムが概念論でもあることになってしまう。そういうわけで概念論を他の二つと明確に差異化して定義した上でなければ、哲学史の記述にこの立場を持ち込むことは危険である。〉（岩波、一三九三頁）

ここに書かれたような事情から、今、概念論は唯名論と実念論の関係のあいだに持ち込まないほうがいいというのが、主流の考え方になっています。ここで押さえてほしいのは、唯名論をめぐる問題はとにかく流動的になっているということです。

〈**唯名論**〔英〕nominalism　普遍論争において、普遍という性格を事物の側にではなく、言語の側にのみ帰属させる主張をいう。歴史的には、ペトルス・アベラルドゥスが、普遍（ただし「多くのものについて述べられ得るもの」と定義される限りでの普遍）であるのは、もの（res）でもまた単なる音声言語（vox）でもなく、規約によって成立した語（sermo）ないし名称（nomen）にほかならないと主張したため、その一派が〈唯名論派〉（nominales）と呼ばれるようになったのであって、12世紀後半には、普遍に限らず、アベラルドゥスの特徴的な各種の教説（「肯定から否定は帰結しない」など）が唯名論派の主張と目されていた。また、通常、最初の唯名論者としてロスケリヌスの名が挙げられ、定義からすれば彼を初期唯名論とすることも妥当であろうが、歴史的事実としては彼は唯名論派に先立つ〈音声言語論派〉（vocales）に属する。また、14世紀のオッカムは、事物は全て個体的存在であり、普遍は心的言語にして自然的記号である概念であると主張したため、唯名論の系譜に位置づけられている。〉（岩波、一六一九頁）

「音声言語論派」は、淡野《だんの》さんがこの本を書いた当時にはなかった概念です。それから概念論に関して、アベラールは否定している言説が、アベラールの言説であると誤解されていたことが、実証的に明らかになっています。それゆえ一つ前に紹介したように、この概念論を哲学史の記述に入れなくなってきた、ということです。

ここで話を、われわれの専門分野のほうに少し戻しましょう。

〈1・7　カンタベリーのアンセルムス——神の存在証明について

一〇七九年頃にラテン語で書かれた『プロスロギオン』において、カンタベリーのアンセルムス（一〇三三頃—一一〇九）は、「それよりも偉大なものが考えられないもの」（*aliquid quo maius cogitari non potest*）という神の定義を提示している。彼は、もしこの神についての定義が正しいのであれば、それは必然的に神が存在することを意味すると主張する。その理由は以下のとおりである。もし神が存在しないのであれば、神の観念は残るが神の実在がないということになる。しかし、神の実在は神の観念よりも偉大なものである。それゆえ、もし神が「それよりも偉大なものが考えられないもの」であるならば、神の観念は神の実在を受け入れることへと導かなければならない。というのは、そうでなければ、単なる神の観念が考えられる最も偉大なものとなってしまうからである。これはしかし、論証が依拠している神の定義に矛盾する。

それゆえアンセルムスは、神の観念が存在し、「それよりも偉大なものが考えられないもの」という神の定義を受け入れるのであれば、神が実在することは必然的であると論じる。注意しておいてほしいことは、*cogitare* というラテン語の動詞は時に「心に抱く」と訳されることがあり、その時、神の定義は「それよりも偉大なものが心に抱けないもの」となるということである。どちらの訳でも全く構わない。〉（マクグラス上、八九頁）

コギターレ（cogitare）というのは、「コギト・エルゴ・スム（Cogito ergo sum　我思う、ゆえに我あり）」と言うときのコギトです。次からがアンセルムスのテキストです。

〈これ（神の定義）は、存在しないとは考えられないほどに真実に存在する。なぜなら、存在しないとは考えられない何かについて考えることは可能だからである。それは、存在しないと考えられる何かよりも偉大なものに違いない。それゆえ、もしこれ（それよりも偉大なものが考えられないもの）が存在しないと考えられるならば、その時、それよりも偉大なものが考えられないというそのものは、それより偉大なものが考えられないものではなくなる。これは矛盾である。それゆえ、それより偉大なものが考えられない何かは、それが存在しないとは考えられないほどに真実に存在する。〉（マクグラス上、九〇頁）

きちんとトレースして読んでいきましょう。そうすればわかりますから。

〈そして、これこそ、あなたです。主よ、私たちの神よ！　それゆえ、あなたは真実に存在されます、主よ、私たちの神よ、あなたが存在しないとは考えられません。それは十分に根拠のあることです。なぜなら、もし人間の精神があなたより偉大な何かを考えることができるなら、被造物が創造者よりも上に立ち、あなたを裁くことになるからです。それは、明らかにおかしなことです。実際、あなたは別として、他のものは何でも存在しないと考えられます。したがって、あなただけが、すべてのものの中で最も真実に、それゆえ、最も大いに存在しているのです。なぜなら、他に存在しているものは何でも、あなたほどには真実に存在せず、それゆえ、よりわずかに存在しているにすぎないからです。

【解説】

このアプローチはしばしば「存在論的論証」と呼ばれる(「存在論的」という言葉は、「存在」の概念を扱う哲学の分野に関連している)。アンセルムス自身は自分の議論を「存在論的」論証とは呼んでいない。

『プロスロギオン』は実に黙想の書物であり、論理的論証の書物ではないということに注意することは重要である。〉(マクグラス上、九〇―九一頁)

つまり「存在論的論証」とは他称(人が付けた名)だということです。そして黙想の書物だから、読んでいると時どき神懸かってきて「これこそ、あなたです。主よ、私たちの神よ!」というようなテンションになるわけです。

近代の散文法が成立する以前の言葉、テキストは読みにくい。現在は、小説や新聞の文章の文体である散文法が成立しているため、われわれは散文法に慣れています。『プロスロギオン』(長沢信寿訳、岩波文庫、一九四二年)の文章は韻文ともまた別で、思考が現代とは全然違う文章だから、わかりにくいわけです。

〈アンセルムスの論点の急所はこうである。すなわち、何かについての観念は、その実在より劣っている。それゆえ、アンセルムスによれば、「それよりも偉大なものが心に抱けないもの」という神の観念は矛盾を含んでいることになる。なぜなら、神の実在はこの観念よりもまさっているからである。言い換えるならば、もしこの神の定義が正しく、またこれが人間の精神に存在するのであれば、これに対応する実在もまた存在しなければならないのである。〉（マクグラス上、九一頁）

アンセルムスの黙想と意図

〈【研究のための問い】
1　アンセルムスは、彼の論証の基礎として、とても独特な神の定義を提示している。しかし、この定義はどこから来たものであるか。〉（マクグラス上、九一頁）

この答えは、同テキスト内からは導き出せません。しかし、今日の講義の中に答えはあります。それは、第一質料です。存在しているものは、存在というものであるのだ、ということ。そのギリシアの存在論的な了解があるから、第一質料がある。その根拠は、キリスト教の文脈ではなく、むしろギリシア哲学の文脈——「ある」ということ——から来ています。

〈2　何かについての観念は、それが存在することを意味するのか。この問いはさらに1・8で考えることになる。〉（マクグラス上、九一頁）

例えば一万円札について考えることは、一万円があるということにはなりません。「何かについての観念」とは、それが存在することとは別だ、ということです。常識からすれば存在しないような化け物でも考えることはできるわけですから、観念と存在は切り離されています。

〈3　アンセルムスの論証は、神存在の本質についての論理的な分析というよりも、神の本質についての継続的な黙想という文脈の中に置かれている。このアンセルムスの論証の文脈は、論証の形式にとってどのような重要性を持っているか。〉（マクグラス上、九一頁）

少し難しいですが、考えてみましょう。アンセルムスの論証の根っこには、神さまを見たいという強い思いがある、ということになります。中世の人は、神さまを見たいから「おお、神さま」と叫び、トランス状態になり、「やはりあなたはいない」などと言う人がいます。そういう偉大なあなたは、すべての概念、黙想、祈りの中にこそ生じる。だから学術的な話、学術的な文脈ではない、ということです。現代的に言うと、アンセルムスの文脈は一種のスピリチュアルな言語だ、ということです。ただしこの問い3は、少し難しい問題です。

先に進みましょう。「例を挙げよう～」からがアンセルムスに反論したガウニロのテキストです。

〈1・8　アンセルムスの論証に対するガウニロの反論について

アンセルムスによる神存在の論証（1・7を参照）に対して、一一世紀の後半に書かれたこの応答においてベネディクト会修道士のガウニロは、あるものについての単なる観念は、完全な島であろうと神であろうと、その存在を保証するものではないと論じている。

あるものを心に抱くことができるということは、それが本当にそこにあるということを意味しないのである。この文章は『愚かな者に代わっての返答』と呼ばれることもあり、聖書において神の存在を否定した愚かな者（詩一四・一）に関連づけられている。（中略）

例を挙げよう。大洋のどこかに島があり、それは、存在しないものを発見することは難しい（むしろ不可能）ゆえに、「失われた島」と呼ばれているという。話によると、それは幸福な島々よりはるかにあらゆる種類の貴重な富と楽しみに満ちており、所有者も住民もいないために、その富の豊かさという点では、人が住んでいる他のすべての島々にまさっている。さて、もし誰かが私にこのことを話したとしたら、それについて難しいことは何もないので、私は言われたことを容易に理解するであろう。しかし、このことの直接的な結論であるかのように次のように言われたらどうであろうか。「あなたはもはや、他のすべての島々よりもすぐれているこの島が、精神の内にあることを疑うことができないのと同じように、実在としてどこかに真実に存在するということを疑うことができない。ただ精神の内に存在するというだけでなく、実在において存在するということのほうがすぐれているゆえに、それは存在するに違いない。なぜなら、もしそれが存在しなかったなら、実在として存在している他のどんな島もそれよりすぐれていることになり、したがって、他よりもすぐれているとあなたの心にすでに抱かれているこの島は、よりすぐれていないことになるからである」。私は次のように答える。もし誰かがこのような仕方でこの島が全く疑いなく真実に存在すると説得したいと願うなら、私はその人が冗談を言っていると考えることになるか、あるいは、私たちのうちのどちらを愚か者と考えるべきか決めるのに苦労することになるだろう。もし私が彼らに同意したなら、私自身が愚か者である。あるいは、もし彼らが、単に実在しないか、あるいは実在しないかもしれないものとしてではなく、真に、そして間違いなく存在するものとして、初めに私の頭の中にまさにその優越性が存在するということを説得したのでない限り、もし彼らが、何かの確かさをもってこの島の存在を証明したと考えるなら、彼らが愚か者である。〉（マクグラス上、九二—九三頁）

これは、最初から議論として成り立っていないわけです。なぜかというと、アンセルムスは存在を証明していたわけではないからです。スピリチュアルに、自分が神と会いたいというところで、「おお、あなたは確かにおられます」と祈りの言葉を述べていた。これがテキストとして独り歩きしたのです。それにたいして反論が生じてきた、という文脈です。「解説」を読んでみましょう。

〈【解説】

ガウニロによれば、アンセルムスの「論証」には明らかな論理的弱点がある（実際にはアンセルムスは、そもそもそれを論証と見なしていないということが強調されなければならないのであるが）。その弱点は以下のように理解されることができる。ガウニロは言う。とても美しく、それよりも完全な島を心に抱けないような島を想像してみなさい。アンセルムスの論証によれば、その島は存在しなければならない。というのは、島の実在は単なる観念よりも必然的に完全だからである。

さらに同じように、百ドル札の観念は、アンセルムスによれば、そのお札を手にしていることを意味するようなものであると論じる者があるかもしれない。あるものについての単なる観念は、完全な島であろうと神であろうと、その存在を保証するものではないのである。

ガウニロによって示された応答は、アンセルムスの論証の深刻な弱点を暴露するものと広く見なされている。しかし、アンセルムスをそれほど簡単に退けることはできないということも指摘されてよい。彼の論証の中には、神は「それよりも偉大なものを心に抱けないもの」ということが、神の定義の本質的な要素としてある。それゆえに、神は島や百ドル札とは全く異なるカテゴリーに属している。他の一切を超越するということが神の本質にはある。ひとたび信仰者が「神」という言葉の意味するところを理解するようになるなら、神はその人にとって真実に存在するのである。〉（マクグラス上、九三―九四頁）

この「ひとたび」以降の最後の一文が重要です。神の問題は、実存的問題だということです。だから宇宙論的な存在の証明とは違うのです。私にとって神が存在するというのは、救済論的な関心から来ています。島やお札とはカテゴリーが違う。完全にずれた場所でスコラの教科書的な議論はなされているわけです。互いの文脈が違ってしまっています。

〈これが、『プロスロギオン』におけるアンセルムスの黙想の意図であり、そのようにして神の本質についてのキリスト教的な理解がいかに神の実在への信仰を強めるかを考察しているのである。「論証」は実際、この信仰という文脈の外では力を持たないし、また、アンセルムスは論証がこのような一般的な哲学の仕方で用いられるということを全く意図していなかった。アンセルムスにとって問題は信仰の内的な一貫性についてであり、公の場においてその観念を論証する可能性についてではなかった。〉（マクグラス上、九四頁）

通説的な理解と、実体であるテキストに即した内在的な理解が、これぐらいずれていることは、神学の世界ではよくあります。

「だからアンセルムスの神の存在証明は誤解されている」と、哲学者や一般人の人に言っても通用しません。神学の狭い言葉が正しかったとしても、通説が違うものになっている場合は、通説が優先されるからです。例えばスターリンの『弁証法的唯物論と史的唯物論』のような、かなり乱暴なテキストを引き合いに出して、「マルクスはこんなことを言っていない」と批判しても意味がないのと同じです。唯物論やマルクス主義は、マルクスの『経済学・哲学草稿』をもとに理解すべきだと言っても、『弁証法的唯物論と史的唯物論』には圧倒的大多数のサーキュレーションがある（通説のもとになっている）のです。政治的なスターリン批判だけがなされ、哲学者としてのスターリン批判がなされていない状況では、『弁証法的唯物論と史的唯物論』で使われた一語一語をきちんと吟味しなければいけない。

神学に関して、われわれはプロです。アンセルムスが行った神の存在論的な証明を、一般史や一般哲学を学ぶ人たちと同じように考えるなら、プロとしては恥ずかしいことです。アンセルムスの話は実存的な、信仰の問題であり、スピリチュアルな問題です。一般論的な証明と同じように説明されたら、アンセルムス自身が一番驚くでしょう。それはカテゴリーが違うのだということを、われわれは知っておかないといけません。

それでは、「失われた島」という概念でガウニロが示した論点は、どういうことでしょうか？「失われた島」というのは、アトランティスのことです。つまり、失われた素晴らしいもののことですが、これを自分の言葉で言い換えて説明すればいいのです。島の話から離れて、例えば「最も完全な火星人」についての話をすればいい。「最も完全な」という概念に存在することが入るなら、火星人も存在することになる。架空のもののすべては「最も完全な」という形容詞を付けることで、すべて存在することになるわけですが、それは違う、ということをガウニロは言いたいのです。

自分が、それがあると考える。考えることで、それが「ある」ことになるなら、自分が例えばこの会社に就職すると考えたら、それが実現すると言うのと同じです。この大学に合格すると考えたら、合格する。まるで、必勝の信念があればそれが実現するというような話になってしまいます。それは違うよ、ということです。

〈**研究のための問い**（中略）

2　アンセルムスは、ガウニロは自分のことを全く理解していないと論じた。彼の主張によれば、『プロスロギオン』において提示した論証は、他のいかなる存在よりも偉大な存在が事実としてあるという観念に関わるものではなかった。むしろアンセルムスは、あまりに偉大なためにそれ以上に偉大なものは心に抱くことさえできないような存在について論じてきたのである。アンセルムスの再反論にどのように応答するか。〉（マクグラス上、九四―九五頁）

あなたがガウニロだったら、どう応答しますか？　「そういう考え方をしているなら、哲学の話はできないですね」と答えましょう。「あなたは哲学者ではない、ということですね」と。

あえて現代的に議論するなら、これは私の信念体系について述べた話であり、反証主義的な手続きを取る命題ではないということです。アンセルムスの論は「私がそう信じている」ということでとやかく言われる筋合いはない、という独断論なのです。反証主義的な手続きに対しては開かれていないので、「あなたとは哲学の議論はできません」という答えになるわけです。

では、問い3の「ガウニロの批判を踏まえた上で、神存在についてのアンセルムスの考察をさらに用いること」は、どうしたら可能でしょうか？　ガウニロとはカテゴリーが違うわけですが、神の実存について、実存的な議論における神との出会いについて考える場合には、アンセルムスの考察が使えます。神学者の場合は、自分自身が神の存在を「確信する」ことなしには、神の議論はありえません。信仰的良心の問題になってきます。神がいるかもしれない、いないかもしれない、などと言う人間が議論する神学など、救済についての説得力がまったくなくなります。そのように、カテゴリーが違うので、神学のカテゴリーのほうで引き受けて実存の問題として語ることができるでしょう。

実はアンセルムスとガウニロの議論は噛《か》み合わなかった、ということです。アンセルムスは右のような反論をしていますが、それ自体きちんと調べた上での話ではないので、やはりちぐはぐになっているのです。

トマス・アクィナスによる、五つの神の存在証明

〈1・9　トマス・アクィナス——神の存在証明について

この有名な議論において偉大なスコラ学者アクィナス（一二二五頃—七四）は、神の存在が立証されるであろう五つの道を提示している。これらは、言葉の厳密な意味での「証明」と見なすことはできないが、アクィナスはそれらを、世界に知られているものでキリ

スト教神学の一貫性を立証するものと見なしている。その「五つの道」は、先にアンセルムスによって提示された論証は含んでいない。なお、そのアンセルムスの論証については1・7、1・8で考察した。アクィナスが一二六五年にラテン語で書き始め、その死の時には未完成であった『神学大全』は、中世の神学の金字塔と広く見なされている。注意したいことは、ラテン語の *motus* が「運動」とも「変化」とも訳され得ることである。アクィナスの第一の証明は、通常、「運動からの論証」と呼ばれている。しかし、問題の *motus* が現実にはより一般的な仕方で理解されているのは明らかであり、それゆえ、「変化」という言葉のほうが翻訳としてはより適切である。〉(マクグラス上、九六頁)

トマス・アクィナスは、たいへんな量の本を書きました。どうしてそんなたくさん書けたかというと、二四時間、三人から四人の筆記係の人間がそばに常駐し、口述筆記できたからです。夜中に突然気がついて口述をしても、近くには筆記係がいる。そのような体制が整えられたのに、なぜ『神学大全』(創文社オンデマンド叢書から全三九冊が入手できる)が未完だったかというと、最後は「私にはできない。私がこれまで書いたものはすべてわらくずのように見える」と言ったからです。つまりこれについて考えることに、アクィナス自身が疲れたのです。『神学大全』は、カール・バルトの『教会教義学』(新教出版社よりオンデマンド版が入手できる)と同様に、部分だけ読んでも、そこで働いている思考を読みとることができます。だからその先がどのように展開するかも、よくわかるわけです。ここからがアクィナスのテキストです。

〈神の存在は論証することができるか

二つのタイプの論証がある。一つは、原因を通しての論証であり、原因から結果へと論証する「根拠から」と呼ぶところのものである。もう一つは、結果による論証であり、私たちが物事を経験するところの秩序をたどりながら、結果から原因へと論証するものである。〉（マクグラス上、九六—九七頁）

結果から原因へ論証していくというのは、数学で言う逆問題のことです。例えばカレーを調理するとき、材料を用意してレシピに即して作ろうとするのが、順問題における考え方です。これに対して逆問題では、先にカレーを見ます。カレーを見て、大きいニンジンがたくさん入っていると、このニンジンは修学院《しゅがくいん》周辺で収穫した京都地産だな、それならジャガイモもタマネギも地産なのではないか、と関数体の中で推定していくわけです。これが逆問題の考え方です。

トマス・アクィナスは逆問題的な組み立てをしました。神がいるのは自明なのだから、ということで、そこから遡《さかのぼ》っていった。自分の確信はこういう形で丁寧に説明できるというように、一種の信仰告白の形態をとりました。その意味では、いわゆる数学的な証明ではありません。

〈さて、結果のほうがその原因よりも私たちに明らかな時は、私たちはその結果を通して原因を知るようになる。たとえ、結果がもっとよく私たちに知られるべきであるとしても、私たちはどのような結果からもその原因が存在することを論証することができる。なぜなら、結果はいつもいくつかの原因に依存しており、もし結果が存在するなら、その原因も存在するに違いないからである。私たちはそれゆえ、神が存在するという私たちにとって自明ではないことを、私たちに自明の結果を基礎として論証することができるのである。〉（マクグラス上、九七頁）

結論、結果があるなら、それは原因に依存しているという考えは、ギリシアのアリストテレスの影響を受けた考えです。トマスは、アリストテレスの体系の中で考える人になります。以下の「五つの道」は覚えてください。

〈神は存在するか〉

神の存在は五つの道によって証明することができる。第一の最も明らかな道は、変化から（*ex parte motus*）の論証である。この世界にある事物は変化のプロセスの中にあるということは明らかである。さて、変化のプロセスの中にあるものはすべて、他の何かによって変化させられている。なぜなら、どのようなものも、変化させられるところへと向かう可能態としてあるのでない限り、変化させられないからである。それに対して、変化をもたらすものは現実態である。何かを変化させるということは、それを可能態から現実態へともたらすこと以外の何ものでもなく、また、事物は現実態である何かによってのみ可能態から現実態へともたらされることができる。そのようにして、現実的に熱いものである火は、可能性として熱いものである木を、現実に熱くし、そのようにして木を変化し、作り変えている。さて、同じ事物が同じ局面において現実態であり可能態であるということは、異なる局面においてはそうであり得るとしても、不可能である。現実に熱いものは、それが可能性として冷たいとしても、同時に可能性として熱いものであるということはできない。それゆえ、同じ観点また同じ方法において、あるものが、一方では変化をもたらし、他方では変化させられるという一つのものであり、そうして自らを変えるということは不可能である。それゆえ、変化させられるものは何でも、他の何かによって変化させられるのである。その時、もし変化をもたらしているものが何でも自ら変化させられているなら、それも他の何かによって変化させられているに違いなく、このことは他の何かによって繰り返されていく。しかし、このことは永遠に続くことはできない。なぜなら、この変化のプロセスに最初の原因がなくなってしまい、したがって変化の遂行者もいないことになってしまうからである。また、変化をもたらす二次的なものは、第一の原因によって変化させられない限り、変化をもたらすことはできないからである。ちょうど、杖は手によって動かされない限り、動くことができないのと同様である。私たちはそれゆえ、何かによって変化させられることのない変化の第一原因に到達しなければならず、これが神であるとすべての人は理解する。〉（マクグラス上、九七—九八頁）

神は第一質料そのものだ、と言っています。ここに「現実態」という言葉が出てきます。これはギリシア語で言うと「エネルゲイア」（エネルギーの語源）です。「可能態」は「デュナミス（ダイナミックな）」です。デュナミスのときは潜在していて、形になるとエネルゲイアとなる。そして、完成して動かない状態になったものが、「エンテレケイア」です。このデュナミス、エネルゲイア、エンテレケイアの三つは、アリストテレスにおける議論で重要です。

〈第二の道は、作動原因という性質に基づくものである。私たちは、この観察できる世界に作動原因の連鎖があることを見出す。しかし、何かがそれ自体の作動原因であるということは見出さない。また、それはあり得ないことである。なぜなら、事物がそれ自体よりも先になるということは不可能だからである。しかしまた、作動原因の連鎖が無限に続くということもでき中間の原因であり、中間の原因は、どれだけ多くあろうと一つであろうと、最後の原因の原因であるからである。さて、原因が取り去られると、その結果もまた取り去られる。したがって、もし最初の作動原因がなかったなら、最後の原因も中間の原因もないことになる。しかし、もし作動原因を無限に遡ることができるなら、最初の作動原因はないことになる。結果として、最後の結果と中間の原因はないことになる。しかし、これは明らかに間違いである。それゆえ私たちは、最初の作動原因があると考えなくてはならない。そして、すべての人はこれを「神」と呼ぶ。

第三の道は、可能性と必然性という性質からのものである。存在するかもしれず存在しないかもしれないある事物がある。というのは、ある事物は生じてきては消え去っていくゆえに、存在するかもしれず存在しないかもしれないのである。さて、これらのすべてがあらゆる時に存在するということは不可能である。なぜなら、存在しないかもしれないものが存在しない時が少なくともあるからである。したがって、もしすべての事物が存在しなかったかもしれないのなら、ある時には何もなかったということになるであろう。しかし、もしこのことが真実なら、存在しないものは、存在している何かを通してでない限り、存在し始めることができないので、今や何も存在しないことになる。もし何も存在しなかったなら、何かが存在し始めるということは不可能であり、今や全く何も存在しないことになる。しかし、このことは明らかに誤りであり、したがって、すべての存在が単に可能であるということなのではない。事物の中のあるものは必然的でなければならない。さて、必然的であるものはすべて、その必然性をどこか他から得ているか、得ていないかである。しかし、私たちは、すでに証明した作動原因と同じように、必然的なものはまた自らの必然的な原因を持っているということを無限に進むことはできない。私たちはそれゆえ、それ自体で必然的なものを考えなければならない。それは、その必然性を他の何かに依存しておらず、他の事物の必然性の原因である。そして、すべての人はこれを「神」と呼ぶ。〉（マクグラス上、九八—九九頁）

ここの議論を、丁寧に、きちんとトレースしておいてください。

〈第四の道は、事物の中にある段階からのものであり、すなわち、ある事物はより善であり、真実であり、高貴であるなどと見出され、他の事物はより少なくそうであると見出されるということである。事物は、最も偉大なものへと異なる程度で近づくために、多いとか少ないとか言われる。ある事物が最も熱いものに近づくと、それはよりいっそう熱くなるのである。それゆえ、最も真実で、最も善良で、最も高貴である何かがあり、結果としてそれが最も偉大な存在となる。なぜなら、最も偉大な真実を持っているものは最も偉大な存在でもあるからである。……さて、何かの種類における性質を最も徹底して持つものは、その種類の中のすべてのものの原因である。したがって、最も完全に熱いものである火は、あらゆる熱いものの原因である。……それゆえ、善やあらゆる完全性の原因であるのと同様に、存在するすべての事物の原因である何かがあるのである。これを私たちは「神」と呼ぶ。

第五の道は、事物の統治に基づくものである。私たちは、自然の体のようなあるものが、たとえ知識を持っていなくても、いかに目的に向かって働いているかということを知っている。それらが最善のものを得るようにほとんどいつも同じ仕方で働いているという事実は、このことを明らかにし、また、それらが偶然ではなく、計画によって目的を達成しているということを示している。さて、知識を持っていない事物は、知識と理解もある何かの作用を通してだけ目的へと向かう。ちょうど、弓矢が射手を求めるようなものである。それゆえ、それによってすべての自然的な事物が目的へと方向づけられるような知的な存在がある。これを私たちは「神」と呼ぶ。〉（マクグラス上、九九―一〇〇頁）

アクィナスの立場について

マクグラスによる「解説」には、こう書かれています。

〈第一の道は、世界の事物は運動あるいは変化の中にあるという観察から始まっている。世界は静的ではなく動的である。このことの例を挙げるのは簡単である。空から雨が降る。石は谷を転がり落ちる。地球は太陽の周りを回っている（ちなみにこの事実はアクィナスには知られていなかった）。このアクィナスの第一の論証は通常、「運動からの論証」と呼ばれている。しかし、問題の「運動」が現実にはより一般的な仕方で理解されているのは明らかであり、それゆえ、「変化」という言葉のほうがところによっては翻訳としてより適切である。アクィナスは、運動するものはすべて他の何かによって運動させられていると論じている。すべての運動には原因がある。事物はただ運動するのではなく、他の何かによって運動させられているのである。ところで、運動のそれぞれの原因は、それ自体、原因を持たなければならない。そして、その原因もまた原因を持たなければならない。こうしてアクィナスは、私たちの知る世界の背後には運動の原因の大きな連鎖が存在すると論じる。次に、アクィナスによれば、そうした原因が無限の数だけあるのでないならば、一連の原因の最初に一つの原因が存在するのでなければならない。この最初の運動の原因から、他のあらゆる運動は究極的には出てくる。これが因果関係の大きな連鎖の起源であり、私たちはそれが世界の動き方に反映しているのを見るのである。こうして、事物は運動の中にあるという事実からアクィナスは、このあらゆる運動の一つの起源である原因の存在を論証する。そして彼は、これが神にほかならないと結論づけるのである。

第二の道は、因果関係という考えから始まる。言い換えるなら、アクィナスは世界における原因と結果の存在に注目する。一つの出来事（結果）は他のものの影響（原因）によって説明される。先に簡単に見た運動という考えは、この原因と結果の連鎖のよい例である。こうして、先に用いられたのと同様の推論の道筋をたどることで、アクィナスは、すべての結果は一つの最初の原因に遡るのであり、それが神であると論じるのである。

第三の道は、偶然的なものが存在するということに関わっている。言い換えるなら、世界には必然的なものとしてそこに存在するのではない（人間のような）ものがあるということである。アクィナスは、このタイプの存在を必然的な存在（必然的なものとしてそこにあるもの）と対比させる。アクィナスによれば、神は必然的な存在であるが、人間は偶然的な存在である。私たちがここにいるという事実は説明を必要とする。なぜ私たちはここにいるのか。私たちを存在させるために何が起こったのか。アクィナスは、あるものが存在するようになるのは、すでに存在している何かがそれを存在させるからであると論じる。言い換えるなら、私たちの存在は他の存在によってもたらされているのである。私たちは因果関係の連鎖の結果なのである。この連鎖を起源へと遡っていくことでアクィナスは、存在をめぐるこの最初の原因だけが、その存在が必然的である何かであり得るのであり、言い換えるなら神なのであると宣言する。

第四の道は、真理や善や高貴さといった人間の価値から始まる。こうした価値はいったいどこから来るのか。その原因は何か。アクィナスは、それ自体で真理や善や高貴さである何かがなければならず、このことが真理や善や高貴さについての私たちの観念を生み出すと論じている。アクィナスによれば、そうした観念の起源が神であり、神はそれらの最初の原因なのである。

第五の、そして最後の道は、「目的論的」論証と呼ばれることのあるものである。アクィナスは、世界が知的な設計図の明らかな痕跡を残していることに注目する。自然の成り行きや物体は、理性で捉えられるある明確な目標に合致しているように見える。それらは目的を持っているように見える。それらは計画されていたように見える。しかし、事物は自分自身を設計することはない。それらは他の誰か、あるいは他の何かによってもたらされ、設計されているのである。この観察から論証してアクィナスは、この自然の秩序づけの源が神であると認めざるを得ないと結論するのである。

【研究のための問い】

1　アクィナスは果たして、これら五つの思考の筋道を「論証」と見なすだろうか。もしそうでないなら、それらはどう評されるだろうか。〉（マクグラス上、一〇〇―一〇二頁）

アクィナスはこれらを「論証」ではなく「弁明」と見なしています。「弁明」はアポロジーで、一種の弁証であり、自分の神に対する信仰告白です。

〈2　原因を無限に遡るという考えはなぜ不可能なのか。アクィナスは、それが不可能であると決め込んでおり、彼の論証は仮説の妥当性に依拠しているように見える。したがって、原因と結果の連鎖がどこかで終わるということを示せる時にだけ、運動からの論証は実際には機能する。アクィナスによれば、第一の不動の動者がいなければならない。アクィナスはこの点を立証できているか。〉（マクグラス上、一〇二―一〇三頁）

立証できていません。では、なぜ無限連鎖ということにしないのでしょうか？　無限連鎖にすると、仏教で言う須弥山《しゅみせん》と極楽のような世界（つまり無常）になるわけです。そのような世界は、始まりがあり終わりがあるという、キリスト教の公理系の考え方とは相容《あいい》れません。キリスト教的な時間理解がもとにあり、自明になっているわけです。つまり立場設定の問題なのです。立場設定の問題は、論証には馴染《なじ》みません。数学問題でも、公理系は論証できないのですから。

〈3　この論証は、ただひとりの神への信仰へと導くものであるだろうか。運動からの論証は、例えば、多くの第一の不動の動者への信仰に導くことも可能である。ただひとりのそのような神が事実としているという原理的なキリスト教の主張を除けば、ただ一つのそのような原因だけがあり得ると主張する差し迫った理由は特にないように見える。アクィナスはどのように答えるだろうか。また彼の批判者であるオッカムのウィリアム（1・11）ならどう答えるであろうか。〉（マクグラス上、一〇三頁）

「ただひとりのそのような神が事実としている」というのが、アクィナスの立場です。そのことについての信仰は揺るぎがない。運動からの論証は、その立場から出ているので、「多くの第一の不動の動者への信仰に導くこと」にはならないわけです。アクィナスにおいては、そもそも前提がそうなっていない、というのが答えです。

〈4　注目したいことは、アクィナスがしばしば彼の議論を、「そして、すべての人はこれが『神』であると認める」という言葉で結論づけることである。しかし、彼は正しいだろうか。例えば、「第一の不動の動者」をただちにキリスト教の神と同一視することができるだろうか。〉（マクグラス上、一〇三頁）

「「すべての人はこれが『神』であると認める」という言葉で結論づけ」ているというのは、アクィナスの観念の世界のことなので、この判断が正しいとは言えません。さらに「第一の不動の動者」はアリストテレス哲学における第一質料と同様に、静的なものです。キリスト教の神は動的なので、従って同一視することはできません。

アクィナスの「類比」の考え方

アクィナスを続けて読みましょう。「神と被造物について～」の段落からがアクィナスのテキストです。

〈1・10　トマス・アクィナス――類比の原理について

トマス・アクィナスが『神学大全』（1・9を参照）で議論している問題の一つは、神についての言語が機能する方法についてである。「神は正しい」とか「神は賢い」という言い方のように、神への言及に用いられる言語は、例えば「ソクラテスは賢い」という言い方のように、人間への言及に用いられた時の同じ言葉と釣り合うものなのかという批判的な問いがある。アクィナスが探求した基本的な考えは、これらの言葉は異なる文脈において類比的に用いられるということである。それらは異なる意味で用いられているのであるが、被造秩序には創造者との類似性があるという事実をいくらか反映することで、それらの間には明らかな結びつきがあるのである。（中略）

神と被造物についての言葉は一義的に用いられるか、多義的に用いられるか

神と被造物について何かを一義的に述べることは不可能である。その理由は、原因とは異なるあらゆる結果は、それを十分に表現することがないからである。というのは、結果は原因と同じ種類のものではないからである。それゆえ、結果においては多様に分けられた形式で存在しているものも、原因においては単純に単一化された仕方で存在しているのである。ちょうど、太陽の単純な力が多くの異なる種類のより弱いものを作り出すようなものである。前に述べたとおり、これと同じような仕方で、被造物における多くのさまざまな完全性が、神においては一つにされた形式で先在しているのである。

したがって、私たちが被造物について語る時に用いる完全性についての言葉は異なる意味を持ち、それらの各々はすべての他のものから区別された完全性を指し示す。例えば、私たちが人間は賢いと言う時、私たちは彼についての他のもの、例えば、彼の本質、力、存在というものからは区別された何かとしての賢さを指し示している。しかし、私たちがこの言葉を神に関

して用いる時、神の本質、力、存在から区別された何かを指し示そうとはしない。「賢い」という言葉が人間に関して用いられる時、それはいわば、それが指し示す人間性の側面を限定的に設定し、そこを捉えている（*quodammodo circumscribit et comprehendit rem significatum*）のであるが、しかし、それが神について用いられる時はそうではない。それが神において指し示すものは、その言葉について私たちが持っている意味によっては限定されず、それを超えていく。したがって、「賢い」という言葉が、神と人間に関して同じ意味で用いられることはなく、同じことは他のすべての言葉についても真実である。それゆえ、言葉は神と被造物に関して一義的に用いられることはできない。〉（マクグラス上、一〇四―一〇五頁）

神に配偶者はいないので、「父なる神」と言う場合も、これは類比的な物言いになるわけです。

〈しかしまた、ある人たちはこれをただ多義的であると言ったが、そうではない。もしそうならば、私たちは、被造物について語ることから神について語ることへと論じていくことができないことになる。多義性の誤った解釈は、何かそのような説得力のない論じ方となってしまう。しかし、私たちは、神について多くのことを論証した哲学者たちの教えからも、またパウロの記した「目に見えない神の性質……は被造物に現れており、これを通して神を知ることができます」（ロマ一・二〇）という教えからも、そのようなことにはならないと知っている。それゆえ私たちは、神と被造物についての言葉は、類比に従って、つまりそれらの間でのある対比に従って用いられると言わなければならない（*nomina dicuntur de Deo et creaturis secundum analogiam, id est, proportionem*）。

私たちは、言葉の類比的な使用を二種類に分けることができる。第一に、一つの言葉がいくつかの事物について用いられる場合がある。なぜなら、それらの各々が別のものに対してある対比を持っているからである。例えば私たちは、「健康的な」という言葉を食事と顔色の両方に関して使う。なぜなら、これらの各々は、動物における「健康」に対してある秩序と対比を持っているからである。前者は原因として、後者は症状としてである。第二に、ある対比のゆえに同じ言葉が用いられる場合がある。ちょうど、「健康的な」が、食事と動物の両方に関して用いられるようなものである。なぜなら、食事は動物において健康の原因だからである。

このようにして、いくつかの言葉は、神と被造物に関して、一義的にでも純粋に多義的にでもなく、類比的に用いられる（*analogice, et non aequivoce pure neque pure univoce*）。私たちは被造物を基礎とすることなしに神について語ることは全くできない。それゆえ、神と被造物の両方について言われることは何でも、被造物が神との関係において持っているある秩序（*ordo creaturae ad Deum*）のゆえに言われているのである。神は、被造物のすべての完全性が先在しているところの源泉または（「は」は引用者による補記）原因だからである。

このように言葉を用いる方法は、純粋な多義性と単純な一義性の間のどこかにある。言葉は、一義性の場合のように同じ意味で用いられないし、多義性のように全く異なる意味でも用いられない。類比的に用いられる言葉のいくつかの意味が、あるものへの異なる関係を指し示す。ちょうど、顔色についての「健康」が健康の症状を意味し、食事についての「健康」が健康の原因を意味するようなものである。……

言葉が第一に述べられるのは神についてか人間についてか

……神に関して比喩的に用いられるすべての言葉は、第一に被造物に、第二に神に適用される。神に関して用いられる時、それらはただ、神と人間との間のある類似性を指し示している（*nihil aliud significant quam similitudines ad tales creaturas*）。私たちが草原が「微笑んでいる」と語る時、私たちはただ、それが花の咲くのに最もよい時のようであるということを意味しているのである。ちょうど、人々が笑っている時が彼らの最もよい時であるようなもので、それらの間の類似性の対比（*secundum similitudinem proportionis*）に従っているのである。同じように、もし私たちが神を「獅子」として語るなら、私たちはただ、神が行為において獅子のように力強いということを意味しているのである。〉（マクグラス上、一〇五―一〇七頁）

つまりその「獅子」は、単なるライオンではない、ということです。

〈したがって、何かが神に関して語られる時、その意味は、それが被造物に関して用いられた時に持っていた意味を基礎として決定されるということは明らかである。

比喩的に用いられない言葉の場合もある。ある人たちが言うように、それらが単に神の因果関係を表現するために用いられる時である。例えば、もし「神は善い」という言葉が、「神は被造物における善の原因である」ということと同じことを意味するなら、神に適用された「善い」という言葉は、その意味の中に被造物の善を含んでいるであろう。したがって、「善い」は第一に被造物に適用され、第二に神に適用されたことになる。

しかし、すでに示したように、この種の言葉は神について、原因的にだけでなく本質的に（*causaliter, sed etiam essentialiter*）語られる。私たちが、「神は善い」とか「神は賢い」と言う時、単に神が知恵と善の原因であるということは意味しておらず、これらの完全性が神において最高の仕方で先在しているということを意味しているのである。それゆえ、次のように結論する。言葉が意味しているものという視点からは、それは第一には神について、派生的には被造物について用いられる。なぜなら、言葉が意味しているもの、つまりそれが指し示す完全性は、神から被造物へと流れていくからである。しかし、言葉の私たちの使用という視点からは、私たちは第一にそれを被造物に適用する。なぜなら、私たちは被造物をまず知っているからである。そういうわけで、すでに述べたとおり、言葉は被造物に適合するものを指し示す方法を持っているのである。

【解説】

被造秩序が創造者を映し出す仕方についてのこの有名な分析において、アクィナスは、神についての語りは日常世界の事柄にふつうに適用される言葉の使用を含んでいると指摘している。これら二つの異なる使用は、互いにどのように関係しているのだろうか。アクィナスは、「一義的な」言葉の使用（そこでは言葉はどこで使われようと厳密に同じ事柄を意味する）と「多義的な」言葉の使用（そこでは同じ言葉が異なる意味で使われる）との間に区別を設けた。例えば、bat という言葉は、吸血こうもり〔a vampire bat〕や長い耳を持ったこうもり〔a long-eared bat〕への言及のために用いられる時には一義的に用いられる。というのは、その言葉はどちらの場合にも、羽を持った夜行性の飛行動物に言及するからである。しかし bat という言葉は、同じ言葉で、羽を持った夜行性の飛行動物と、野球やクリケットでボールを打つための木に言及される時には、多義的に用いられる。言葉は同じであるが、意味は異なるのである。

この重要な箇所において、アクィナスは、神と人間の両方に言及する言葉は一義的には用いられないと論じている。「賢い」という言葉は、「神は賢い」と「ソロモンは賢い」という文章において同じことを意味していない。神と人間との間の隔たりはあまりに大きいので、言葉は同じことを意味することができないのである。しかし、その言葉は、まるで全く異なる何かに言及しているかのように多義的に用いられるのでもない。神への言及のための使用と、人間の文脈での使用との間には関係がある。「賢い」という言葉は類比的に用いられるのであり、それは、神の知恵は人間の知恵と同じではないが、全く異なるのでもないということを意味している。「それらの間には、類比、すなわちある調和」があるのである。〉（マクグラス上、一〇七―一〇八頁）

アクィナスは例えば、「神は獅子である」という言い方によって何を理解させたいのでしょうか？　それは、神は行為によって獅子のように力強いのだ、ということです。では「父なる神」はどうでしょうか？　それは、神が行為によって父のようにある、ということです。当時のユダヤ社会の状況を考えると、父親には家族を守り、食べ物を持ってくる義務がありました。だから「父」という言葉はそうした機能を表す、ということです。

こうした、父性的な表象を使っていることに対して、フェミニズム神学の側からは大きな批判があります。例えば今は英語の論文でも、人を指すのに「man」ではなく「person」や「human being」を使うべきだ、とされています。「man」や「woman」はジェンダー的な性を指すため、普通使いません。このように表現を変えるべきではないか、というフェミニズム神学からの批判です。

〈【研究のための問い】
（中略）
2 「神に関して用いられる時、それらはただ、神と人間の間のある類似性を指し示している」。テキストの中でこの箇所がどこにあるかを確認せよ。これによってアクィナスは何を意味しているか。そして、このことは彼の創造の教理とどのように関係しているか。〉（マクグラス上、一〇九頁）

この表現は、テキストの一〇六ページにあります。これは「類似性の対比」（一〇七ページ三行目）、すなわち存在の類比という観念のことです。人間も被造物ですが、その中に神の意思が反映されていることがアナロジカルに言える、という関係になっています。

〈3 「私たちが、『神は善い』とか『神は賢い』と言う時、単に神が知恵と善の原因であるということは意味しておらず、これらの完全性が神において最高の仕方で先在しているということを意味している」。テキストの中でこの箇所がどこにあるかを確認せよ。それによってアクィナスは何を意味しているか。そして、このことは、「神は賢い」と「ソロモンは賢い」という文章の間の関係を確立するのにどのように役立つか。〉（マクグラス上、一〇九頁）

「私たちが、『神は善い』とか〜」は、一〇七ページの第三段落にあります。そしてこの言葉は、「神は善い」という、その主語に対応しているところの「善い」の意味領域が違う、ということです。「人間は善い」というのは、人間の主語に対応しているところの「善い」を指します。つまり

「神は賢い」と「ソロモンは賢い」では、主語が違うことによりその内容も違う、ということです。

オッカムのウィリアムによる質問と応答

〈1・11 オッカムのウィリアム——神存在の証明について

中世後期の最も重要な神学者の一人であるオッカムのウィリアム（一二八五頃—一三四七）は、神の存在は証明され得るのかという長年の論争に対して重要な貢献をなした。彼の最も意味のある議論のいくつかは、神の唯一性（または独自性）に関わるものである。別の言葉で言えば、神々として知られるような種類のものではなく、単一の、独自の実在であるような神が存在するのかどうかということである。このことは、多様な神々ではなく唯一の神がおられるということは示され得るのか、また、この神はキリスト教会によって告白されてきた神と同じ神であると言えるのかということでもある。オッカムによる重要な答えは、神（あるいは多くの神々）は存在するという主張は理性によって支持され得るが、唯一の神が存在するという主張は信仰の事柄であるということである。〉（マクグラス上、一二〇頁）

「オッカムによる〜」以降の最後の一文は重要です。要するに人間の限定された理性において、無限なる神について捉《とら》えることはできないため、こう述べることになるわけです。「第一問　唯一の〜」からがウィリアムのテキストです。

〈伝統的なスコラ主義の方法に従って、オッカムは質問を提示することから始め、積極的な応答を示す議論を確認してから、これへの反論を行う。そうして、より詳細に自らの答えを提示している。（中略）

第一問　唯一の神がおられるということは、自然的な理性によって証明され得るのか。

証明され得るという答え

なぜなら、唯一の世界があるゆえに、一人の支配者がいるからである（アリストテレス『形而上学』第十二巻）。しかし、そのような唯一の世界があるということは、アリストテレスの『天体論』第一巻に従えば、自然的な理性によって証明され得ることである。それゆえ、自然的な理性によって、一人の支配者がいるということが証明され得るわけであるが、これが神なのである。それゆえ……。

これに対する反論

信仰箇条は証拠によっては証明され得ない。しかし、唯一の神がおられるということは信仰箇条なのである。それゆえ……。この質問について、まず「神」という名前によって何が意味されているのかを考察し、次に、その質問に答えていくことにしよう。

第一項

第一の点に関して、この「神」という名前についてはさまざまな説明がなされ得ると言える。

ある場合は、「神とは、それ以外の他のものよりも崇高で完全なもの」である。別の場合には、「神とは、それよりも崇高で完全なものがないようなもの」である。

第二項

結論一

第二の点に関して、もし第一の説明に従って「神」を受け入れるなら、唯一の神が存在するということは明らかには証明され得ないと言える。その理由は、このような意味において受け入れられる神が存在するということがはっきりとは認められ得ないからである。それゆえ、唯一の神がおられるということは、はっきりとは認められ得ない。その結論に疑問の余地はない。以上のことは次のように証明される。「神が存在する」という命題は、多くの者がそれを疑うゆえに、それ自体で明らかとなるものではない。また、すべての議論には、疑いに対して開かれている何か、あるいは信仰に基づいている何かが仮定されているゆえに、それら自体では自明な命題からも証明はされ得ない。そして、明らかなことであるが、それは経験によっても認められることはない。〉（マクグラス上、一一〇―一一二頁）

経験によっても認められないから外層的な形による一種の総合的判断が必要だ、と言っています。

〈結論二

第二に、もし神が存在するということが、神が受け入れられるようにはっきりと証明され得るなら、神の唯一性ははっきりと証明され得ることになる。その理由は次のようなものである。もし、AとBという二つの神がいるとして、私たちの説明に基づくと、Aという神は他のどのようなものよりも完全なものである。それゆえ、Aという神はBという神よりも完全なものとなり、Bという神はAという神よりも不完全なものということになる。しかし、Bという神も神であるという前提があるために、Bという神もAという神より完全である。したがって、Bという神はAという神よりも完全であり不完全であるということになり、Aという神もBという神よりも完全であり不完全であるということになる。これは明らかに矛盾である。それゆえ、もし神が存在するということが、神が受け入れられるようにはっきりと証明され得るなら、その時は神の唯一性ははっきりと証明され得ることになるのである。

結論三

第三に、もし第二の説明に従って「神」を受け入れるなら、神の唯一性ははっきりとは証明され得ないと言える。しかし、この否定的な命題「神の唯一性ははっきりとは証明され得ない」もまた、明らかには証明され得ない。なぜなら、神の唯一性ははっきりとは証明され得ないということは、その議論に反対しようと決めることによって以外には論証され得ないからである。それはちょうど、星が一定の数を備えていることが明らかには証明され得ないようなものであり、三位一体が論証され得ないようなものである。しかし、これらの否定的な命題、すなわち「星が一定の数を備えていることは明らかには証明され得ない」、「三位一体は論証され得ない」ということさえ、はっきりとは証明され得ない。

結論四

しかしながら、もし先に提示された第二の説明に従って「神」を受け入れるならば、神が存在することは論証され得ることが理解されなければならない。なぜなら、もし存在しているもののの中で、それよりも優先的で完全なものがないような何かがなかったなら、無限に（*ad infinitum*）進んでいってしまうことになるからである。しかし、このことから、唯一のそのような存在が論証され得るということにはならない。このことは、ただ信仰によって捉えられるのである。〉（マクグラス上、一一二―一一三頁）

要するに、論理では捕まえられないということです。立場設定の問題になるわけです。

〈【解説】

オッカムは、神存在を証明しようとした過去の試み（例えばアクィナスの「五つの道」）が、その結果を当然のことと思い込んでしまっているか、または、唯一の神の存在の論証に失敗しているということを明らかにしている。例えば、アクィナスの動力因からの論証が、なぜ複数の不動の動者がいるという結論を導かないのかということについて、唯一の神が存在するというキリスト教の伝統における特別な信仰に基づいた仮定がないならば、論理的な理由はないのである。オッカムは、唯一の神が存在すると信じる論理的な理由はないということを論証することで、議論を明確にすることに成功している。このことは信仰箇条であると認められねばならず、力ない人間の理性による合理的な結論とされてはならないとオッカムは結論づけている。

【研究のための問い】

1　オッカムの議論の第二の点を自分自身の言葉で要約しなさい。オッカムにあなたは同意す

るか。過去におけるこの種の議論に対してオッカムの議論が持つ意義は何か。〉（マクグラス上、一一三―一一四頁）

結論二のところです。甲と乙、二つの神がいると仮定して、甲の神が優越だとすると、乙の神は劣ることになります。そうなると、それは完全なものと言えません。従って複数の神があった場合には、両者を比べないといけなくなります。どちらかが優越したら、もう一つは完全でなくなるため、神ではないことになる、という組み立てです。

さらに、この種の議論に対する意義としては、こういう組み立てをいくつ行っても無駄である、ということです。しかもそれは信仰に関係しない。神の話として説明するからリアリティが薄くなるわけですが、例えば恋愛を例に考えればわかりやすいと思います。

例えば二人の男性が、恋愛対象の女性に対して「俺のほうがいい男だろ」と説得し合う場面を想像してください。「俺の学校は入学偏差値が七七で、生徒会長もしていた。お前は生徒会長もやっていないし、入学偏差値は六三ぐらいだろう」と一方が言う。男性が互いにスペックを比べ合って「俺のほうが優位だから、俺と付き合え」と言ったからといって、相手は付き合いますか？　それは厳しいでしょう。カテゴリーが違う場所での比べ合いだからです。

そういう意味で神の存在は、過去のこの種の議論とは位相が違う、ということをオッカムは言うのです。神のリアリティは信仰の事柄だから、実証する事柄ではない、ということです。

結論三で言いたいことは、どういうことでしょうか。星が一定数を備えているかどうか、明らかには証明されないということです。証明されないことを証明はできない、ということです。これもほかの命題に変えて説明できるといいでしょう。例えば「カラスは黒いということは、明らかには証明され得ない」ことを説明する。あるいは逆に「カラスが黒いということは証明できる」を説明するのでもいいでしょう。

つまりこれらの命題は、演繹《えんえき》的には証明できない、ということです。また、数学的帰納法でも証明できません。もし一羽でも白いカラスが出てきたら（アルビノの可能性があるから、どこかに白いカラスはいるでしょうが）、「カラスは黒い」とは言えないのと一緒です。

しかし、白いカラスが仮に一羽いても、おおむねカラスは黒いという事実は変わりません。いずれにせよこういった問題は、論証に持ち込むべきではなく、位相が違う問題なのだと言いたいわけです。そうすると神の定義は不可能だ、ということになります。そこから再びビザンティン神学の流れが生じます。すなわち敢《あ》えて定義しようとするなら、否定神学を使えばいいのです。「何々でない」「何々でもない」を繰り返し、残余の部分で証明する形が比較的無難だ、ということになります。ポストモダン以降に否定神学が注目されるのは、ここで述べてきたことと関係します。

〈3　キリスト教信仰と力ない人間の理性の関係について、オッカムは私たちにどのような結論を引き出させようとしているか。〉（マクグラス上、一一四頁）

唯一の神の存在はキリスト教信仰によって捉えるべきだということ、つまり「だから信じなさい」と言っています。信じるものは救われる、それは理屈ではなく信じることなのだ、という主張です。恋愛を例にとるなら「私と一緒に住んだほうがいいよ。それは理屈じゃない」という話です。

中世の神学については、通説的な考えの流れと実態の違いを、頭の中でよく理解しておいてください。現代の普遍論争を踏まえて中世の神学についての解説を書き直せ、ともし自分が言われても、恐らく無理です。それは、まだ夕暮れのミネルヴァのフクロウが飛んでいない（研究が進んで通説を生むところまで行っていない）からです。その場合は一昔前のものでも、通説を理解しておいて、通説と実態は違う、ということをしっかり押さえておけばいいのです。

第五章　近代文化の開花――第三章第八節、第九節を読む

スコラ哲学にはまだ大きい存在感があった

淡野《だんの》に戻り、「第三章　近世哲学　第八節　近代文化の誕生」を読み進めましょう。

〈ところで、一つの新たな精神が生まれるためには、その地盤としてそれ相応の状況を予想する。それならば、近代文化――その生命である近代精神――が生まれ出た際の状況は、如何なるものであったであろうか。

近世の初頭に立って遠く過去を振返ってみる時、そこにヨーロッパ文化の伝統的な遺産として「ギリシャの学問」と「ローマの国家」と「中世のキリスト教」とを見出す。〉（淡野、一〇二―一〇三頁）

「ギリシャの学問」とはギリシア古典哲学、すなわちヘレニズムのことです。「ローマの国家」とは、国家は法体系によって成り立つ、そのローマ法を指すから、ラティニズムのことです。そして「中世のキリスト教」ですが、これはユダヤ・キリスト教の一神教の伝統のこと、つまりヘブライ

ズムです。近世は、ヘブライズムとヘレニズムとラティニズムの文化総合体としてあります。それが世俗化していくのが、近代のプロセスです。

〈さらにそれぞれに対応するものとして「理論的人間」と「政治的人間」と「宗教的人間」との三つの人間の類型が見出されるであろう。しかして近代文化の真近き背景をなすものは、——中世文化の黄金時代には一時綜合統一されたかのように思われた——この三つの要素が、その本来の異質性のために薄暗闇の中にあって相互に矛盾反撥し合う姿である。（中略）かくして外的権威への盲従が判然と拒絶されたところに中世は終りを告げ、つぎに学問と国家と宗教がくらやみから明るみに出て、それぞれ他のものの奴隷となることなく自己に固有な権威と価値を主張するところに、いわゆる「近代的世界」は始まるのである。

ところで、理論的人間は真理を真理そのもののために求めることによってギリシャ精神に還り、政治的人間は国家を国家そのもののために守り立てて如何なる外部からの干渉にも従わぬ時おのずからローマ精神に結びつき、宗教的人間は神を神そのもののために求め・あらゆるおきての拘束を拒否することによって原始キリスト教に還って行く。こういうふうにしてあらゆる近代的精神運動は、その根本において、共通するものをもっているといわねばならぬ。〉（淡野、一〇三―一〇四頁）

「綜合《そうごう》統一」とはコルプス・クリスチアヌム、つまりキリスト教共同体を指します。この考えは、現代からすると少し古いです。この本では、ルネサンスと宗教改革を近代の分水嶺《れい》として見ていますが、今の主流派はこの考え方を採っていません。なぜなら、その前後のシステムにおいて国家、教会、コルプス・クリスチアヌムが崩れていないからです。現代においては、宗教の要素が著しく薄くなり、国家をベースに動くようになった三十年戦争後の一六四八年が、近代の一つの分水嶺になっています。

ただし、その分節化の基準が、淡野さんの頃とは変わっています。分節化自体を拒否する傾向がポストモダン同様に、歴史にも同じような考えが出てきましたが、それがポストモダン後には強くあります。ポストコロニアリズム（第二次世界大戦後も、西欧近代の思想と文化は植民地支配の暴力と深く結びついていると指摘するとともに、その状態を忘却していることを批判する思考と実践）やカルチュラルスタディーズ（一九六〇年代にイギリスで起きてから各国に広まった文化研究の総称。主に人種、民族、階級、ジェンダーが文化の生成に果たす役割を研究）です。

この二つは、歴史の時代区分自体が強者の、欧米からの見方である。だからその時代区分を拒否する、という考え方に立っています。強者による大きな物語を拒否して、各々の小さな差異を強調していくという組み立てになる。時代区分自体がなされないわけです。

そういうこともあって、われわれが通史を勉強するときには、岩波講座の「世界歴史」シリーズは必要ですが、テキストは一九六九〜七一年ぐらいまでに出た初版を使うほうがいいわけです。九〇年代の第二版になると、通史という考え方が稀薄《きはく》になっているからです。例えばフランス革命でも、フランス革命の経緯についての説明はなく、テーマごとの論文が並ぶ形――フランス革命におけるジェンダー、フランス革命とハイチの黒人革命等々の論集――になってくるわけです。哲学史においても、今は通史という考え方がやはり後退しています。そこで、言説のマッピングが流行《はや》るわけですが、それで思想は摑《つか》めません。

〈すなわち、そこでは如何なる意味においても「他律」というものはすべて否定せられて、ただ「自律」のみが是認せられる。〉（淡野、一〇四頁）

ただ近年、「自律」は、再び「他律」になりつつあります。具体的には、データ至上主義が広がっていることと関係します。例えば医療です。自分自身でこういう治療をしたいと選択したくても、「データ的にはこうなっているから、こうしてください」と説得される。大学入試も、偏差値で区別されています。「私は受けたい」と主張しても、「受けるのは勝手だけれど落ちますよ」と言われてしまう。こういう形で、自律性ではなく他律性が強まっています。

〈従って近代的人間は、学問の何たるかを学んだ後は潔くギリシャ精神に訣別して直接自然そのものに立ち向って、その客観的な連関を把握しようとしたのである。〉（淡野、一〇四頁）

自然と直接立ち向かう発想とは、イオニアの自然哲学、ソクラテス前哲学への回帰のことを言っています。人間から、再び自然に向かった、ということです。

〈しかして学問の世界において新しい道を示したものが新しく発見された“Nature”であったように、ヨーロッパの政治社会において本来の近代的国家を生んだものは“Nation”であった。しかもこのNatureとNationとが同じ語根（nasci = to be born）をもっているところに、われわれは一つの深い意味を見出すことができるであろう。それは「根源的に成長し来たったもの」あるいは「要素的なもの」ないしは「直接的なもの」を意味する。〉（淡野、一〇五頁）

大文字のナトゥーレ（Nature）とナッツィオン（Nation）は、ドイツ語です。ここは重要です。

〈かように自然の世界においても、また人間の世界においても、「本来あるがままのもの」を直視したことこそは、近代的精神の核心を形づくるものであり、やがてそれはまた――あらゆる概念的思惟と外面的組織から全く独立して――「ただ信仰のみによる」（Luther : sola fide = solely through belief）父と子との直接な交りの中に、宗教の根本的改革（Reformation）を要求せずには措かなかったのである。

（中略）かくして、さまざまな文化領域における独立性ないし自律性と全体的文化の統一性とが如何にして結びつけられ得るかが、近代文化の根本問題を提出することとなる。ところで、それぞれの部分の独立と全体の調和とが両立するためには、それぞれの精神能力が限界づけられ、おのおの文化価値はそれ自身固有の領域内においては確実に妥当しながら、しかもひとたびその限界を超えては全くの仮象（Schein）に陥るゆえんが明らかにされねばならぬ。しかして、こういう仕事がカントの批判主義哲学をまってはじめてなし得られたことはいうまでもない。この意味においてカントは確かに――リッケルトのいうように――「近代文化の哲人」と呼ばれ得るであろう（Rickert : Kant als Philosoph der modernen Kultur, 1924）。もちろん、カントによってはじめられたこの思想史上劃期的な仕事は、決してカントによって完成されたのではない。（中略）かくして、カント前の哲学はすべてカント哲学に流れ込み、カント後の哲学はその源をカントに発するという意味において「カント哲学は近世哲学史上の貯水池である」と称せられるのである。ここにおいてわれわれはまず、カント哲学に流れ込んだカント前の哲学思潮が如何なるものであるかを明らかにしなければならぬ。

第九節　唯理論

（中略）近世哲学の祖と称せられるデカルト（René Descartes, 1596—1650）は、幼年期から青年期への過渡期すなわち彼の自我意識が擡頭しはじめる頃型の如く教え込まれたスコラ哲学的論理に対する懐疑から出発する。〉（淡野、一〇五—一〇八頁）

ここで、哲学史の教科書だと間違えてしまうのですが、この時期のスコラ哲学は、デカルトらと同じぐらいの大きい存在です。スコラが本当に退潮していくのは一九世紀に入ってからで、それまでスコラ哲学は、正統化された学問でした。今も例えば上智大学の神学部は、スコラ学を基本としています（トマス・アクィナスが主流）。ドイツの神学部でも、正統主義の授業ではプロテスタント・スコラを学びます。その意味では、スコラ哲学は克服されておらず、別の公理系として今も続いています。スコラは克服されたのだという一般史の考え方は、実態からずれています。

〈デカルトに従えば、ちょうど東天に輝き初めた朝日の光が次第に全世界に拡がるように、一つの表象が完全に明らかになれば、やがてその光は他のもろもろの表象をも明らかにし、こういうふうにしてわれわれの思想の世界に夜が明けはじめるのである。「或る一つの問題について多くの漠然たる観念をもつことは、最もたやすい問題を本当のところまでつきつめて考えることよりも遥かに容易である」とデカルトが述べているのを見るとき、二千年昔にソフィスト的詭弁の無価値なことを強調して人々をはじめて真の哲学的自覚にまで導いたソークラテースの面影が想い起されるであろう。実に哲学の歴史の新しいエポックは、常にソークラテースのよみがえりをまってはじめて実現せられる、といわねばならないのである。〉（淡野、一一〇—一一一頁）

ここには演繹《えんえき》という考え方が示されています。それを先取りして理解しておいてください。

デカルトによる存在の証明

〈右に述べたように、最も簡単な洞察から出発して次第に複雑なものへ進んで行こうとするデカルトにおいては、当然認識の方法は綜合的でなければならなかった。彼のいわゆる「演繹」(déduction) なるものがすなわちそれである。（中略）演繹的方法は決して通常の意味においての推論的方法と混同されてはならない。彼によれば——すでに述べたように——単なる推論は、真実の認識にとっては全く無益なものである。というのは、予め真理の内容が知られていなければ、推論家は如何なる推論式をも構成することができないからである。それはせいぜい、認識の成果を他の人々に示しこれを説明することに役立つに過ぎないものであるから、哲学に属するものではなくして、むしろ「修辞法」に属すべきものであろう。〉（淡野、一一一—一一二頁）

推論だけできても、レトリックを身につけることにしかならないということです。しかし、そう言うと確実に言えることとしか言わないことになってしまうので、幾何学的な証明しかできなくなってしまいます。演繹は、それらを確実に説明する方法なので、演繹法になるわけです。

ここで重要なのは方法「meta ＋ hodos」、要するに道筋を付けないといけないということです。メソッドとは道筋をつけることです。例えば東京の日本橋から京都に行くとします。その場合、東海道《とうかいどう》を歩いても京都の三条大橋《さんじょう》に着く。北の埼玉のほうを回り、長野経由で中山道《なかせんどう》を通ってもいい。行き着く場所は一緒だから、方法としては同じです。ところが北といっても、奥羽《おうう》街道や日光《にっこう》街道を通るのは、どこまで行っても京都に着かないから、駄目です。つまり、結論は方向で決まるわけです。どの道を通るかで結論は決まる、このことが重要であることを明らかにしたところに、デカルトの大きい意味があります。

〈これに反し、一般に学問は既知のものから未知のものを展開させることによって、新しい真理を発見しなければならぬ。しかもそれは奇蹟的・飛躍的になさるべきではなくして、発見から発見へと進んで行く「方法的」(methodical) な途、すなわち順序正しい整然たる途によらねばならない。〉(淡野、一一二頁)

なぜ数学の証明をやるかというと、方法ということについてきちんと覚えてもらうためです。方法を身につける練習には、演繹法が一番いいのです。

〈直観とは——デカルトに従えば——継起的にではなく全体同時に成り立ち、しかも現前の明証 (praesens evidentia ＝ present evidence) を伴うところのものである。ところでデカルトにおいて、かような――疑うことのできない――直観的確実性を有する原理として掲げられたものは、かの有名な「我考う、故に我あり」ということであった。ここにおいてわれわれは、デカルトが如何なる過程を経てこのような根本原理に到達したか、またその根本原理を出発点として如何にもろもろの課題の解決を進めて行ったかを辿らねばならぬ。〉（淡野、一一三頁）

「コギト・エルゴ・スム」。「Cogito ergo」、ゆえに「sum　私は存在する」。普通、「我思う、ゆえに我あり」と訳されることが多いですが、淡野さんは「思う」でなく、「考う」としました。

幾何学的な方法、つまり演繹的な方法を使って、「我思う、ゆえに我あり」と述べ、自分というものは否定しきれないのだ、という考え方に立ったデカルトは、カトリックだったでしょうか？　プロテスタントだったでしょうか？　彼の近代的、合理的な発想の根っこには、実はカトリックがありました。しかもスウェーデン女王の家庭教師時代には、女王を改宗させたほどの、熱心なカトリックだったのです。

カトリックは、別に合理主義と矛盾しません。合理性というものは神から付与されたものだと考えるからです。そうして救いが確実であることを、合理的に組み立てていけばいい。神秘主義も合理的です。こういう組み立ての方法は、カトリック的なのです。

一方プロテスタントは、特にこのデカルトの時代にはきわめて復古主義的で、反知性主義的だったため、このような考え方には行き着きませんでした。ところがシュライエルマッハー以後、つまり神を内面の存在に留《とど》めた後は、プロテスタンティズムは合理的な思考をするようになります。古プロテスタンティズムと新プロテスタンティズムのあいだで、プロテスタントのメンタリティや学術に対する態度は違います。

〈もし与えられたものが与えられたものであるが故に真理であるというならば、あらゆる伝統は伝統であるの故をもって確実なものとして認められねばならないであろう。しかるにデカルトの懐疑はまず最初に伝統的な表象に対して向けられ、もろもろの表象はそれが過去から伝承されたものであるが故に、疑わしいものであると考えられたのである。もっともそれと同時に、伝統の不確実性は表象そのものに起原を有するというよりは、むしろそれを伝える人間に由来するものと考えられた。かくして不確実さが人間から由来するものとすれば、われわれに生れながらにして具わっている（innate＝生具的）かのように思われる何らか確実な表象の起原は、人間の世界を遥かに超えた彼方に——すなわちあらゆる存在の根拠でありこの世の創造主であるところの神そのものに求められねばならないこととなるであろう。しかし起原を神に求めることによって、果して直ちに真理性が保証せられ、あらゆる虚偽の可能性が排除せられるであろうか。まず第一に、神を完全なものすなわち全能なものと考えれば考えるほど、それはあらゆる能力を有するものであるが故に、ますますわれわれを誤謬に陥れる力を有するものとなるであろう。〉（淡野、一一四—一一五頁）

ただ、ここで言われている問題自体が、神学者の中では設定されません。人を陥れることは、善なる神というテーゼに反するため、神の属性としてありえないことになるからです。神学における神の全能には、神が悪をなすことは入りません。それは四角い三角形を描けという命題が成り立たないのと同じだ、というのがスコラの考え方です。

〈しかしてすでに陥れ得る力を有する以上、絶対に陥れることを意志しないと誰がいい得るであろうか。あるいは、神は善意であるからかようなことを意志しない、というかも知れない。しかし、もし神の方でわれわれが誤謬に陥ることを意志しないとするならば、何故にわれわれは誤謬に陥るのであろうか。（中略）

こういうふうに、表象の起原を神に求めてもなお真理性を保証することができないとするならば、われわれの表象の中には疑い得ないものは何物もないこととなるであろう。否、すべての表象は単に疑い得るものであるばかりでなく、もしもわれわれが根本的にあらゆる自己欺瞞から脱却しようとするならば、必ず疑われなければならないものなのである。（中略）かくしてデカルトは「遂に無思慮や軽卒《ママ》からではなく、しっかりした・熟慮された根拠から、かつては信じていたすべてのものが疑わしく思われることを、明からさまに告白せざるを得なかった」のである（『省察録』第一）。〉（淡野、一一五—一一六頁）

すべてのものを疑い得るのは確かですが、それでも疑えないのは何でしょうか？　それを疑っている自分です。疑っているところの自分自身というものを疑ってしまったら、そこで破綻《はたん》するからです。それが「コギト・エルゴ・スム」になっていきます。

〈ところで、疑うこと・思いなすこと・肯定すること・否定すること等は、すべてこれ「考えること」の一種にほかならない。従って、考えることはすべて疑わしきものを取除いたあとに残る我の本性である。実に「考えること」こそは我の真実在であるといわねばならず、こういうふうにして、ここにデカルトの根本原理が成り立つ。「我考う、故に我あり」（Cogito, ergo sum = I think, therefore I am.)。

しかしながら、この根本命題を一見して「それ故に」(ergo = therefore) という言葉が用いられているところから、その上またさきに引用した箇所において「……と結論しなければならない」(il faut conclure = it must be concluded) という表現がなされているところから、デカルトがこの根本命題において一つの推理の結果を表わしたものと解するならば、それは甚だしい誤解であろう。もし「我あり」(sum = I am) が「我考う」(cogito = I think) を前提とする結論であるとするならば、それは

思惟するものはすべて存在す
我は思惟す
それ故に我は存在す

という推論式の形をとらねばならないであろう。ところが、デカルトの場合にはむしろ逆に、大前提となっているところの「思惟するものはすべて存在す」という一般的命題が「我は思惟者として存在す」という特殊的命題から出て来るのである。(中略) そこにおいては「我あり」は「我考う」から推理されるのではなくして、両者は我の直接の自己意識において同時に識られるのである。それ故に「我考う、故に我あり」を厳密に言い直すならば、中間にある「故に」をとり除いて「我思惟し我あり」(Cogito, sum. = I think, I am.)、もしくは「我思惟しつつ在り」(Sum cogitans. = I am thinking.) とすべきであろう。〉(淡野、一一七—一一九頁)

先ほど、中世のアンセルムスの論争について述べた箇所にも「存在論的」論証は出てきました。考えているからあるということではなく、私は考えているし、私はあるのだ、と言っています。存在というものを独立させることが、恐らく淡野さんがここで言いたいことだと思います。「Cogito, ergo sum」ではなく、「Cogito, sum」と言えばいいのだ、という考えです。

〈先きに述べたように、われわれがすべてのものを疑いつつも、やはりどうしても疑うことのできないものとして残るのは、「我疑う」という根本的な事実であった。ところで、われわれが疑うのは真理を求めるが故であり、真理を求めるのは現在の自己が未だ真理をもってはおらず、従って完全ではないことを意識するのにもとづく。（中略）この完全者の表象すなわち神の表象はその中に無限に大きな実在性をもっているものであるから、有限で不完全なわれわれの精神がそれを生み出した原因であることは絶対に不可能であって、完全者としての神の表象の原因はそれ自身最も完全で無限な神そのものでなければならぬ。かくしてわれわれは、われわれの外に実在する神があってそれがわれわれの中に完全者の表象をよび起したのである、と考えるのほかはない。（中略）デカルトの神の存在の証明は、われわれ人間の不完全性の自覚をその基礎とするところから人性論的証明（anthropological proof）と称せられるのであるが、中世の本体論的証明が有限な人間存在とは全く何のつながりをももたないのと比較するとき、いかにも近代的な考え方であるといわねばならないであろう。〉（淡野、一二三—一二四頁）

「デカルトの神の存在の証明は、〜」以降に、線を引いてください。中世では、人間には限定、限界があるものだということが前提になっているため、そんなことは証明する必要がないわけです。

中世ではそこから逆に、人間に限定、限界があることは、その背後にもっと絶対的なものがあるだろうという方向に向かっていきます。主と従の関係が逆になっているわけです。神が主で、そこに人間が上がっていくのが中世だとすると、人間が主になり、そこに従として神が出てくるのが近代です。主が人間か、神かということが逆転しているため、デカルトの考えも一見中世の本体論的証明のように思えますが、本質は異なる、ということです。

デカルトの二元論

〈かくしてデカルトの懐疑は、すべてを疑うことから出発して真実一路をめざしてひたすらに進み、遂に最も確実な神の表象とその原因としての神自身の存在にまで到達したのである。その懐疑は、ただ疑わんがための懐疑ではなくして、却って反対に、最も確実なものに到達せんがための途すなわち方法としての懐疑であるが故に、方法的懐疑と称せられるのである(method = methodos = meta+hodos = after+Way = following the way)。(中略)それならば「我」以外の被造物とは、いったいどういうものなのであろうか。われわれの表象が示すところによれば、それは物体である。しかし物体というものが、果して、真実存在するのであろうか。もちろん、物体そのものはあるいは単なる仮象に過ぎないとして一応疑うことができるかも知れない。しかし、われわれの精神に物体の表象が存在することは、疑うことのできない事実である。〉(淡野、一二四—一二五頁)

「方法的懐疑」にも印をつけておきましょう。すべては疑い得る、というところから出てくるということです。ここにポテトチップスがある、水があるというのは疑い得ない。でも、脳のシナプス間には何らかの電流が流れているから、どこかの環境で何らかの操作によって、ここに、今流れている状態と同じ電流を流せば、ポテトチップスは見えるはずだ。その意味で、外に実在しているかどうかを客観的にどう捉《とら》えるかという問題は、結構難しいのです。

例えば脚があって、膝《ひざ》や踵《かかと》もあると気づく。ところが実際には、膝から下を切断しても、踵がそこにあるように感じる幻肢という事象があります。このような事実からすると、人間の身体性は、実際にその部位が備わっているかどうかに関係なくなることになります。視覚障害者が持つ白い杖《つえ》も、われわれの手と同じように、その触覚で世界を摑むことができます。その杖は、身体と同じ意味を持つ。身体の感覚はこうして延長もするし、実際になくても感じることがあります。

だからモノがあると見えていても、現実にモノがあることを証明するのは、哲学的、観念論的にはかなりの難問なのです。結論から言うと、解けません。

〈もしそれが真実でないということになれば、神はわれわれを欺いているという責をどうしても免れることができないであろう。そういうことは「神の誠実」(veracitas Dei = faithfulness of God) にもとり神の完全性に矛盾するが故に、あり得ないことである。* かくしてわれわれは物体の存在を結論しなければならないのである、とデカルトはいう(『省察録』第六)。

＊　最も完全なものとしての神は、われわれを欺かず・また欺こうとする意図すらも有しないものであって、この誠実な神によってわれわれに与えられた認識の仕方が虚妄である筈はない、という考え方である。

それならばつぎに、こういう物体とはどういうものなのであろうか。（中略）デカルトはこの物体の本性を考査するに当って、カント前の近世哲学を通じて極めて重要な位置を占めるようになった三つの概念を導入し、これを明晰判明に規定したのである。——その第一は実体（substantia = substance）の概念である。デカルトによれば実体とはそれ自身で存在し得るもの（quae per se apta est existere《引用者補記》 = a thing which is capable of existing of itself）すなわちその存在のために他の如何なる助けをも必要としないものである。〉（淡野、一二六—一二七頁）

神は悪事をしないということだから、ここで言われていることは、中世的です。「実体」も鍵《かぎ》になる概念です。

〈かような意味において真に実体と称し得るものは「神」のほかにはなく、デカルトはこれを無限実体（substantia infinita = infinite substance）と呼ぶ。（中略）デカルトは物体と精神の両者を——真の唯一の実体たる神とは区別して——有限実体（substantia finita = finite substance）と呼ぶ。しかし、こういうふうに「無限」「有限」という形容詞によって一応区別はされるものの、ほんらい全く次元を異にするものが同じ「実体」という名で呼ばれるところに根本的な問題が伏在しているのであって、デカルト後の哲学は——後に述べるように——この根本問題を如何に解きほぐすかによって展開されたとも見ることができるのである。

つぎにデカルトが実体の概念と共に導入した他の二つの概念は、属性（attributum = attribute）および様態（modus = mode）の概念である。一般に「基底に横たわるもの」としての実体（substance ←— substare = to lie under）は、それが外に現われた性質によって知られるのであるが、その中でも特に本質的で必然的な性質すなわちそれなくしてはその実体が考え得られず、また、存在し得ない性質を属性といい、それが種々様々な形で現われたものを様態あるいは変態（modificatio = modification）と呼ぶ。〉（淡野、一二七―一二八頁）

椅子で言えば、座れる状態にあることが属性、椅子の脚が三本か、四本か、六本かというのは様態です。このように具体的な事物や事柄に落としながら考えていってください。

〈ここにおいて、精神と物体の両有限実体を――無限実体である神に対して――被造物（res = thing）という概念で総括するならば、デカルトの体系はまず第一に神と被造物との二元論であり、さらに第二に――その被造物に関しても――精神と物体との二元論であるというふうに、二重の意味において二元論であるといわねばならないであろう。しかして二元論が決して最後の立場ではなく、むしろそこから問題がはじまることは、われわれがすでに古代思想において見て来た通りである。〉（淡野、一二九―一三〇頁）

「デカルトの体系はまず第一に～二重の意味において二元論であるといわねばならないであろう。」ここは重要です。

哲学・思想史は、一元論と二元論のあいだを振り子のように振幅する。これがデカルトの基本テーゼです。そのことが、ここでも表れています。

〈デカルトによれば、精神と身体とが共に実体としてその本性上直接合体し得ないものである以上、両者は或る特殊な器管《ママ》を通じて相互に交渉すると考えるのほかはない。デカルトはかような器管《ママ》を脳髄の内に探し求め、それは脳髄の最も中心にあって最もよく保護され、しかも対をなしていない唯一の器管《ママ》である松果腺（glans pinealis = pineral gland）であるとしたのである。しかしいかに窮余の仮説であるとはいえ、ひとたび心身間の交互作用（influxus physicus = physical influx）を承認する以上、それがデカルトの根本思想である二元論と調和し得ないことは、いうまでもない。従って、いやしくもデカルト学派をもって任じるほどの者が、まずこの問題の解決に腐心したことは誠に当然である、といわねばならないのである。〉（淡野、一三〇—一三一頁）

デカルトは、イコール近代そのものです。デカルトなくして、啓蒙《けいもう》主義的な理性など絶対に出てこないし、座標軸をつくって代数学と幾何学を結び付けたのもデカルトです。それまでは代数学と幾何学は別々に発展していました。デカルトの議論は細かいですが、細かい議論と難しい議論とは違います。中世は難しい、イオニアの自然哲学も難しい、ただしデカルトについては難しくはありません。トレースしていけば大丈夫です。

演習1　デカルトとパスカル

ここで演習に移りましょう。『キリスト教神学資料集』上の一二八ページから一四一ページまでです。「よく注意すれば〜」の段落からがデカルトのテキストです。

〈1・16　ルネ・デカルト——神の存在について

デカルトの神存在についての論証は一六四二年から始まるが、アンセルムス（1・7を参照）によって一一世紀に提示されたものと明らかな類似性を帯びている。デカルト（一五九六—一六五〇）によれば、神は「最高に完全な存在」である。存在は完全なものであるのだから、神はその存在の完全性を所有していなければならないことになる。そうでなければ神は完全ではないことになる。デカルトはこの証明を二つの例（三角形と山）によって補完している。神について考えることは、神の存在について考えることである。ちょうど三角形を考えることが、二直角に等しい三つの角を考えることと同じであり、また、山を考えることが谷を考えることと同じであるのと同様である。（中略）

よく注意すれば分かることであるが、神の本質から存在が切り離され得ないということは、三角形の本質からその三つの角の和が二直角に等しいということが分離され得ないことと同じであり、山の観念から谷の観念が切り離され得ないことと同じである。〉（マクグラス上、一二八頁）

すなわち一万円について考えることが、一万円札の存在について考えることと一緒だ、ということになります。それはアンセルムスと同じですが、神の存在についての証明はできません。

〈したがって、存在を欠いた（すなわち、ある完全性を欠いた）神（すなわち、最高に完全な存在）について考えることは、谷を欠いた山について考えることと同様に不合理なことである。

……翼のある馬や翼のない馬を想像するのは私の自由であるが、そのような仕方で存在から切り離された神（すなわち、最高の完全性から切り離された最高に完全な存在）について考えることは私の自由にはならない。〉（マクグラス上、一二八—一二九頁）

だから、一万円札は神と同じレベルではない。この考えは最高の存在にしか適用できないのだ、という限定を入れているわけです。

〈第一の最高の存在について考え、いわば私の精神の宝庫からこの観念を取り出そうとする時はいつでも、すべての完全性をその存在に帰すことは必然的である。……この必然性は、存在は完全なものであるということを私が後に見出す時、第一の最高の存在が存在すると私が正しく結論づけることをはっきりと保証する。

【解説】

神の完全性という概念に対するデカルトの強調はきわめて重要であり、それは、神存在についての議論においてデカルトを幾何学的な類比へと向かわせている。

デカルトの基本的な関心は、批判を受けにくい土台の上に神の存在を確立することであった。理性に対する彼の訴えは、初めのうちは魅力的なものであり、また合理的な弁証の新しい形式をフランスのカトリシズムの中で発展させるものと見ることもできた。しかし、理性に対するこの過度な信頼は、その後の長きにわたって責任を負わされることとなった。というのは、啓蒙主義的な世界観の隆盛が、デカルトが神存在の擁護を構築していたところの合理的な土台を深刻に浸食したからである。

【研究のための問い】

1　神の完全性に対するデカルトの強調が、世界の苦難や悪の問題を信仰にとって必要以上に重大な問題としたのはなぜか。〉（マクグラス上、一二九頁）

なぜでしょうか？　これは簡単です。神が完全だったら、この完全な世界になぜ悪や苦難が生じるのか？　ということになるからです。神が完全で完璧《かんぺき》で、全能だと強調すれば強調するほど、この世界の悪の問題が浮き彫りになるわけです。では神はどうして、そういう悪を放置しているのか、と。遠藤周作《えんどうしゅうさく》の『沈黙』で描かれた問題でもあります。

その意味では、神にもできないことがたくさんあるわけです。完璧な神というのはあまりにも行き過ぎた概念で、神の力が圧倒すると、イスラムのようになってしまう危険性があります。しかも神の存在が合理的に証明されるなら、その啓蒙主義的な理性を発展させていけば、悪や苦難はなくなるはずではないかと。しかし実際にはなくならず、問題を大きくしてしまった。合理主義と神の存在説明との結合は、有益な試みだったのですが、悪の存在がなくならないことで、この説明はあまりにも無力になった、という構成です。

〈2　「一九世紀が信じるのをやめた神は、一七世紀に発明された」（アラスデア・マッキンタイア）。この言葉は、デカルトの考えが果たした役割を理解する上でどのように役立つか。〉（マクグラス上、一二九頁）

これは、啓蒙思想を経てニーチェまで行って「神の死」などと言われるような神は、デカルトがつくり出した神だ、ということです。デカルトの考えから組み立てられた神は、人間の理念や願望を投影した神だ。それはフォイエルバッハ、マルクスが否定した神でもある。しかしそういう、人間が「神はこうなっているのだ」と考えるような神は、キリスト教からすると偶像です。だからキリスト教では、人間が神について語るのではなく、神が人間について語るという見方をしなければいけない、と説かれていくわけです。次に、問い3です。

〈3　「この必然性は、存在は完全なものであるということを私が後に見出す時、第一の最高の存在が存在すると私が正しく結論づけることをはっきりと保証する」。議論のために、この文章を引用箇所の中で確認せよ。デカルトが言おうとしていることのポイントはどこにあるか。彼の主張によってどのように説得されるか。そして、彼のアプローチは、カンタベリーのアンセルムスによって採用されたものとどのように関係するか（1・7を参照）。〉（マクグラス上、一三〇頁）

まず、引用の場所は、「解説」の直前にあります。そのうえで、この文章でデカルトは何を言おうとしているでしょうか？　神が最高の存在だから、それが存在しなければ最高の存在ではない、というのはアンセルムスと一緒です。ではアンセルムスと、どこが違うでしょうか？　これは先に読んだ淡野安太郎《やすたろう》の文章に出てきました。デカルトは、人間に関する議論を詰めていったところで、人間の限界から神に向かっているわけです。アンセルムスの議論には、そのような前提はありません。そこが違いであり、デカルトのアプローチの仕方が近代的だ、ということです。

神存在についてのデカルトの考えは、発表された瞬間に、パスカル（一六二三―一六六二）に徹底的に叩《たた》かれています。ところが、デカルトは無視しています。だからデカルトとパスカルは、ある意味では対なのです。カントとヘーゲルが、プラトンとアリストテレスが、マルクスとキルケゴール（一八一三―一八五五）が対であるのと一緒です。その時代における、だいたいの時代精神を表す両極の代表者がいるわけです。

それぞれの両者のどちらにシンパシーを感じるかで、思考の鋳型が決まります。プラトンとアリストテレスのどちらに関心を示しますか。通常、プラトンに関心を示す人は、カント、キルケゴールが好きだ、アリストテレスが好きな人は、通常はデカルト、ヘーゲル、マルクスが好きだと、だいたいそのような鋳型になります。

私はプラトンよりアリストテレスのほうが好きです。デカルトとパスカルなら、デカルトのほうが、カントとヘーゲルならヘーゲルのほうが、マルクスとキルケゴールであれば、マルクスのほうが好きです。それらの思考の鋳型は、それぞれの時代の中の両極端になっています。

次はパスカルについて読みましょう。まず、マクグラスの概要説明です。

〈1・17　ブレーズ・パスカル――神の存在証明について

パスカルの『パンセ』（思想）は、もともとは一六五八年から六二年の間にフランス語で書かれ、彼の死後にメモと黙想を集めてまとめたものである。〉（マクグラス上、一三一頁）

『パンセ』(塩川徹也訳、岩波文庫、二〇一五年)は断片だけを書いた書物のため、順番に読んでも、何を言っているかわかりません。一種のアフォリズム、警句の形でいろいろなテーマが扱われている、という形態です。「(110)私たちは、〜」からがパスカルのテキストです。

〈この抜粋された箇所でパスカル(一六二三―六二)は、神を知ることにおける理性の限界を強調するとともに、理性よりも心の役割を強調している。彼はまた、「神の認識」は、人間の悲惨さとキリストにある贖いの可能性を知るということが伴わない限り、誰の役にも立たないということも指摘している。(中略)

(110)私たちは、ただ理性(*raison*)によるだけではなく、心(*cœur*)によっても真実を知る。私たちが第一の原理を知るのは、この後者によってである。〉(マクグラス上、一三二頁)

第一の原理というのは、神です。神は理性で知るのではなく、心で知るものだ、と言っています。だからデカルトが述べる神の存在はまったく意味がない、ということになるわけです。デカルトにとっての神とパスカルにとっての神は、カテゴリーが違っている。

〈このことに関わらない理性が第一の原理を論破しようとしても、無駄である。懐疑論者はただそのことを意図しているが、それを成し遂げることはできない。私たちは、自分が夢を見ているのではないということを知っている。このことを理性によって証明することは不可能であるが、この不可能性は理性の弱さを論証するだけで、彼らが主張するように、私たちのあらゆる認識が不確かであるということを論証するのではない。……それゆえ、私たちの不可能性は私たちの確かさを論駁することはなく、あらゆることを裁こうとしていた理性をただ謙遜にするに違いない。理性だけが、私たちの学ぶことのできる唯一の方法であるわけではないのだから！……

（188）理性の最後の一歩は、理性を超えるものが無限にあるということを認めることである。〉（マクグラス上、一三一―一三二頁）

ここは重要です。理性がギリギリまで行くということは、その理性の外側に世界があることを認めることだ、と言っています。理性ですべての世界を覆うことができる、という考えではないわけです。

〈もしこのことを理解するところまで至ることができないなら、理性は無力なものにすぎない。自然なもので理性を超えるものがあるとすれば、超自然的なものについてはどう言えばいいだろうか。……

（190）神存在の形而上学的な証明（*les preuves de Dieu métaphysiques*）は、あまりにも人間の推理からかけ離れており、またあまりにも複雑なので、強い影響力を持つことがない。たとえいくらかの人たちに役立つことがあっても、それはその論証を見ているごくわずかの間だけのことである。一時間もたてば、だまされたのではないかと心配になるからである。……

（449）……自分の悲惨さを知ることなしに神を知ることは、自分を癒してくださる贖い主を知ることなしに自分の悲惨さを知ることと同じように危険である。これらの洞察（*connaissances*）の一方だけでは、神を知っているが自分の悲惨さを知らない哲学者は傲慢に導かれ、贖い主なしに自分の悲惨さを知っている無神論者は絶望に導かれてしまう。……たとえある人が、数と数との間にある関係は非物質的な永遠の真理であり、その真理は、そこに自らが生かされているところの神と呼ばれる第一の真理に依存していると確信したとしても、私は、その人が救いへと向けて大いに進んだとは思わない。〉（マクグラス上、一三二頁）

パスカルも数学者なのです。確率について考えた人で、新しい数学を考えた一人です。デカルトは座標軸をつくることで、旧来の数学に代数学と幾何学を結び付けて整理しただけでした。それに対して確率という、まったく別の考え方を生んで、従来とは違う数学をつくり出したのがパスカルです。その意味で、時代は数学によって変遷します。人間の思考が変わるときには、数学が変わります。このことは重要です。

この後には微分が出てきます。微分はライプニッツ（一六四六—一七一六）とニュートン（一六四三—一七二七）によって考え出されました。社会で、変化ということが重要になってきたからです。それまでは再生産型、循環型の社会で、変化しないことが普通でした。それが変化し発展していくから、微分法が必要になったわけです。

それからこの頃には、対数がまた使われるようになります。背景には、天文学の発展があります。天文学が発展すると大きな数字の計算が必要となり、対数が使われるようになりました。逆に第一次世界大戦後には、数学ではゲーデルの不完全性定理が出てきます。そういうものが出てくるのは、やはり時代の不安を反映しているのです。数学は、一見厳密な学問で、あまり時代の影響を受けないように見えるかもしれませんが、歴史と大きく関係して、時代を反映します。

そして数学は実のところ、理科系科目に入っているのが不思議な科目でもあります。なぜかというと、数学には実験がないからです。実験によって法則を導き出していくという自然科学とは、考え方が違うからです。実は、数学は理科系でも文科系でもないのです。数学は数学です。だから神学や哲学を勉強していると、どこかで数学に触れざるを得なくなります。

〈【解説】

パスカルの『パンセ』の構成は、その研究を困難にするものである。というのは、それは個々にばらばらの文章を形にまとめたものだからである。したがって、全体として研究するのが困難な「断片性」がある。ここに記された四つのものは、全体として集められたものとしてよりも、個別の文章として最も研究されているものである。

パスカルは、キリスト教信仰の合理主義的な擁護という趨勢が起こってきた時代の重要な批評家と見なされているかもしれない。確かにパスカルは人間の理性を非難するわけではないが、しかしそれにもかかわらず、その弱点を指摘しようと努めている。そのような懸念は、一つには、人間の精神が人間の心よりも賞賛されているということであり、もう一つには、神の存在についての哲学的な「証明」はほとんど理解できないということである。

『パンセ』の番号の教え方は、古いブランシュヴィック版ではなくラフュマ版に従っていることに注意せよ。〉（マクグラス上、一三二―一三三頁）

バラバラな文章を形にまとめているというのも、ポストモダン的です。要するにパスカルは、プロットや物語性というものを拒否しているわけです。

演習2　パスカルの「心」と「隠れたる神」

〈【研究のための問い】

1　「私たちは、ただ理性によるだけではなく、心によっても真実を知る」。なぜパスカルは、よりいっそう心に注意を払うことを要求するのか。パスカルは、「理性」と「心」にそれぞれどのような役割を与えているか。そして、神存在に関する討論のために、このアプローチが持つ意味とはどういうものか。

2　「自分の悲惨さを知ることなしに神を知ることは、自分を癒してくださる贖い主を知ることなしに自分の悲惨さを知ることと同じように危険である」。テキストの中でこの箇所がどこにあるかを確認せよ。パスカルは何を言おうとしているのか。そして、人間の自己意識にとって、その意味するところは何か。

3　パスカルは、神存在論証に基礎を置いた信仰はもろい信仰であると言っている。というのは、最初に信仰をもたらしたその論証の信頼性に関する疑問が常にあるからである。信仰の本質と土台に対するこの洞察はどのような結果をもたらすか。そして、そのことは、理性と心の両方がこの事柄には関係しているとのパスカルの主張にどう関係するか。〉（マクグラス上、一三三―一三四頁）

デカルトの神の問題、証明の弱さを、パスカルが明らかにしました。そこに注目する必要があります。先取りになりますが、その問題はカントが最終的に解決していきます。哲学のほうからの神存在の問題は、一応カントで完成しています。わかりやすくするために、そのカントを先取りして扱います。

問い1は、何を言っているのでしょうか？　なぜパスカルは理性ではなく心に関心を示すのでしょうか？　それは、理性には限界があるからです。限界のある理性だけで神を捉えようとすることに無理があるからです。このテキストの中からだけでなく、今まで勉強したことの全部を動員して考えましょう。パスカルは理性と心の関係を、どのように考えているでしょうか？

図式的に考えると、真実を知るには理性からのアプローチと心からのアプローチがあります。それらはそれぞれ住み分けている。ただし神について知るということになると、理性で行けるギリギリのところで超越しなければならない。その超越の機能を果たすのが、心なのです。だから神を捉えるにあたっては、心が決定的に重要な役割を果たす、という構成になるわけです。

命題(110)は、「私たちは、ただ理性によるだけではなく、心によっても真実を知る」でした。この命題から解析すると、真実を知るには、理性による方法と心による方法がある。次に命題(188)の冒頭には、こうあります。「理性の最後の一歩は、理性を超えるものが無限にあるということを認めることである」。ここから言えるのは、理性によって神を知ることはできない、理性によって部分的に神を知ることはできる、ということです。

恐らく理性と心とは重なっているわけです。理性の領域だけで神を捉えようとすることはできないから、そこに心を加える。理性と心によっても神全部を捉えることはできないものの、理性を超えた、追加的な領域によって神に近づくことはできる。こういう構成になっているわけです。そうすると、この神存在に関する討論におけるパスカルのアプローチは、どのような意味を持つでしょうか？　神を知るに際して、パスカルにおいては理性と心のうち、心が優位性を持っています。

心が優位性を持つアプローチは、その先の啓蒙主義克服に際しては、無神論に至る流れを生んでいきます。まずシュライエルマッハーにおいて、神の場所を心の中に転換する下準備がなされます。最終的に現代の脳科学に見られるように、心というものはどこにも位置づけされなくなります。脳内の電流の流れから、意識はあると言えるが、心は一種のシャイン、仮象になってしまっています。だから心脳問題においては、心を認めない立場が主流になっています。心がどこにあるかを図示できないからです。今の心脳問題で心の場所を認めないということは、つまり神の場所を認めないということになります。その意味で現代の心脳問題は、一つの無神論の完成になるわけです。

次に、問い2について見ていきましょう。テキストの中の箇所とは、(449)です。自らの悲惨さへの視点が前提になっているから、ティリッヒやキルケゴールなどに近い見方です。悲惨な出来事が外から突然降ってくる、という見方は実存主義への道を開き、キルケゴールやティリッヒの流れを先行しています。

パスカルの表現は断片的ですが、断片的であるがゆえに、その後のさまざまな思想につながる萌《ほう》芽《が》があります。「人間の自己意識にとって、その意味するところは何か」とは、悲惨さを知ることだと言っているのだから、それは実存です。パスカルは、実存を先行させています。

問い3にはどう答えますか？　人間の理性というもの自体に限界がある、とパスカルは言っています。だから理性は、神の存在を証明するには適切な道具ではないわけです。次に、信仰の本質と土台に関する洞察は何をもたらすか。信仰とは超越的なものですが、その超越的なものが自分の救済につながるには、悲惨であるという自己の状況に対する認識が先行する、とパスカルは言います。その意味では、悩んでいない人や、苦しいと感じる人生を持っていない人にとっては、それらへの洞察は何の意味も持たない、ということです。

それでは、理性と心の両方がこの事柄に関係しているとの主張とどう関係するか。人間の理性によって神について知るというアプローチもありますが、それはきわめて限定的であり、本質的に重要なのは心であるわけです。苦しいと思っている心の領域が、信仰の領域です。自分は今危機的で苦難の状況にあるが、そこから抜け出したいという姿勢から信仰は生まれてくる。「この信仰は合理的で、神がいることは論証されるから、この宗教を信じなさい」と言われたからといって、信じないでしょう。今のあなたの抱えている問題は、この神さま、このご本尊さまを信じることによって救われる、と言われることで信仰に入るわけです。つまり、理性と心の両方が関係しているというのは、このようなことを指します。

次にある「隠れたる神」の話は、インコグニト（incognito）の話です。重要なもので、これものちの思想に影響を与える。「(232) 神はある人々の～」からがパスカルのテキストです。

〈1・18　ブレーズ・パスカル――隠れたる神について

一六五八年から六二年にかけて書かれた『パンセ』として知られている一連の短い文章の中で、パスカルは、神にとっては少なくともある部分が隠されることが好ましく、また必要であると論じている。もしもそうでなければ、人間は、完全な真理を発見するために自らの能力に信頼してしまい、傲慢になってしまうからである。世界における神の「暗さ」は、人間に自らの限界を悟らせ、そのようにして、キリストにおける神の啓示へと注意を払うよう強いるのである。（中略）

(232) 神はある人々の目を見えなくし、他の人々の目は開こうとされる、ということを原則として受け入れない限り、私たちは神のみわざを何一つ理解することができない。……
(242) 神は隠されているので、神が隠されているということを言わない宗教はどれも真実ではなく、また、その理由を説明しない宗教はどれも役に立たない。〉（マクグラス上、一三五頁）

この（242）で言われていることが、とても重要です。理屈で説明できるような神というのはダメだ、ということです。なぜかというと、神はわれわれから隠されているからだ、と言っています。ただ、われわれが隠されている神について知ることができるのは、神が人となったから、受肉したからです。けれども受肉した神を通じても、神性の部分は描けないわけです――それはイコンを描く場合にも。その意味では、依然として神は隠され続けています。では、その隠されているものが明らかにされることを、神学的には何と言うでしょうか。「啓示」です。啓示（revelation）とは、隠しているものを明らかにすることです。リベール、つまりベールを剝《は》ぐということです。

〈(446) もし暗さがなかったら、人間は自分の堕落に気づかなかったであろう。もし光がなかったら、人間は回復への希望を持つことができなかったであろう。したがって、神がある部分は隠され、ある部分は現れているということは、私たちにとって正しいというだけでなく、有益なことでもある。というのは、自分の悲惨さを知ることなしに神を知ることも、神を知ることなしに自分の悲惨さを知ることも、人間にとっては同じように危険なことだからである。

……

(449) 地上に見られるものは、神の全くの不在を示しているのでも、神の明白な存在を示しているのでもなく、隠れたる神の存在を示している。すべてのものは、この印を身に帯びているのである。

【解説】

これらの文章で、パスカルは、人間の理性に対して置かれた限界に関するいくつかの点を発展させている。このため、パスカルの思想のこの特別な側面について研究する前に、彼によって採用された一般的なアプローチについての考えを得ておくために1・17を読むことを勧めておく。

パスカルの基本的な論点は、神の存在は人間の理性にとって明らかではない、ということである。このことは、もし神が見出され知られるべきであるなら、人間は特に神的な啓示という形式において助けを求めざるを得ないということを意味している。したがって、神が隠されているということは、人間の理性に対して置かれた限界と、信仰における謙遜の必要性とを人間に印象づけるための神の計画の一部と見ることができるのである。

『パンセ』の番号の数え方は、古いブランシュヴィック版ではなくラフュマ版に従っていることに注意せよ。

【研究のための問い】

1 パスカルによれば、神が私たちから隠れることを願っておられる理由とはどのようなものか。このことは神存在証明についての彼の考え方(1・17)にどのように関係しているか。〉

（マクグラス上、一三五—一三七頁）

これは、選びの教説（予定説）と関係しています。人間は罪にまみれているので、そんな人間が神について知るには、何が必要か。ただ放《ほ》ったらかしにした状態の人に、神について伝えても、その人は受け止めることはできないわけです。だから人間が神を知ることができるようにするためには、まず隠しておいて、そこから「知りたい」と思わせないといけない、ということです。神の予定とはそういうものなのだ、というのがパスカルの考え方です。

〈2　「神が隠されていること」に対するパスカルのアプローチは、マルティン・ルター（1・12を参照）によって採用されたものとはどのように異なっているか。両者の間には、それらの特別な考えについての用語において、またそこから引き出している洞察において、類似性があるか。〉（マクグラス上、一三七頁）

ルターの考えでは、この隠された神が可視化される局面があります。その局面が十字架です。普段は隠されているが、十字架という形で、神はわれわれのために犠牲になってくださる、とルターは言っていて、そこが違いです。パスカルから十字架は出てきません。だからこそ哲学的で、実存主義に近づくわけです。

〈3　「もし暗さがなかったら、人間は自分の堕落に気づかなかったであろう。もし光がなかったら、人間は回復への希望を持つことができなかったであろう」。テキストの中でこの箇所がどこにあるかを確認せよ。パスカルはこれらの言葉で何を意味しているか。それは、人間の本質についての彼の理解に対してどのような光を投げかけているか。また、キリスト教信仰についての理解に対してはどうか。〉（マクグラス上、一三七頁）

この箇所があるのは、（446）です。暗さがないと原罪に気づくことができない。そして明るさがないと救済に対する希望がなくなる、という考え方です。光と闇という人間的な考え方で、むしろグノーシス的です。

カント「存在は述語ではない」

カントを見ましょう。「さて、「存在（……である）」～」の段落からがカントのテキストです。

〈1・19　イマヌエル・カント――アンセルムスの存在論的論証について

著名なドイツの哲学者イマヌエル・カント（一七二四―一八〇四）は、神の存在に関するアンセルムスの議論（1・7）にもデカルトの議論（1・16）にも納得しなかった。カントは、初めてこのアプローチを「存在論的議論」と呼んだ人物ということになっているのだが、「存在は述語ではない」と主張する。その結果、神という考えを心に描くことは、決して「神が存在する」という考えを心に描くということには結びつくとは考えられない。カントの「一〇〇ドル」の類比は、前述のガウニロ（1・8を参照せよ）の主張とほぼ同じである。それは、ある考えを抱くということは、それが存在するということを意味しな

い、ということである。（中略）

さて、「存在（……である）」〔*Sein*〕は、実体を伴った純粋な述語とは明らかに異なる。この述語とは、ものの概念に付け加えることができる何らかの事柄についてのある概念のことを意味するのだから。存在は、あるものの位置づけにすぎず、あるいはそのものの自らの内に存在しているある限定の設定内容にすぎない。論理的な使用においてそれは、判断の繫辞にすぎない。「神は全能である」という命題は、神と全能性という、それぞれにその対象を持つ二つの概念を含んでいるが、その中の「である」〔*ist*〈*sein*〕という小さな語は、新しい叙述を加えてはおらず、ただ主語に述語を関係づけて接続しているにすぎない。さて、もしわれわれが、そのすべての述語（そのうちの一つは全能性である）とともに主語（神）を取り上げ、「神が存在する」あるいは「神というものがある」と言う時、われわれは神の概念に対して何ら新しい述語を付け加えてはおらず、そのすべての述語とともに主語自体をそこに措定したにすぎない。つまり、そうすることでわれわれは、私が持つその概念との関係において、その対象を措定しているのである。両者（概念と対象）の内容は一つであり、同じでなければならないが、単にその（存在の）可能性を表現している当該の概念に対して、――（「それは……である」という表現によって）その対象を私は絶対的所与と見なしているからといって、何かが付け加えられることはあり得ない。ゆえに現実は、単に可能性があるもの以上のものを含んではいないのである。実際の一〇〇ドルは、可能性としての一〇〇ドル以上に価値があるというわけではない。というのも、可能性としての一〇〇ドルは概念を表し、実際の一〇〇ドルは対象および対象の設定を表しているので、もし実際の一〇〇ドルのほうが、可能性としての一〇〇ドルよりも価値があるとすれば、私の概念は対象全体を表してはおらず、それゆえ、その対象の適切な概念ではないことになるであろう。しかしながら、私の経済的状況においては、単なる概念としての一〇〇ドル（すなわち一〇〇ドルの可能性の概念）よりも実際の一〇〇ドルのほうが意味が大きい。なぜなら、実際に存在するものとしての対象は、単に分析的に私の概念に含まれているだけでなく、総合的に私の概念――それは私の状態に規定される――に付け加えられているからである。しかし、概念としての一〇〇ドルは、そのようにして私の概念の外側に存在しているからといって、それ自体少しも価値を増すものではない。〉（マクグラス上、一三八―一三九頁）

繋辞《けいじ》（copula　コプラ）とは何でしょうか？　Ｂｅ動詞です。「〇〇は……である」と、〇〇と……をつなぐときに用いる語です。

〈【解説】

カントが強調している最も根本的な点は、存在は述語ではないということである。神という考えと神のリアリティーの間には何のつながりもない。「神は全能である」といった言明の中にある言葉の関係を明確にすることは可能である。しかし、神についての言明は、神が存在する証拠にはなり得ない。

カントは、*in intellectu*（理解において）ということを*in re*（実際に）ということから区別する。前者（*in intellectu*）は「よく練られている」、「自己矛盾のない」といった概念と関連している。後者（*in re*）は、経験による証明に基づき、実際に真であることが可能な、限定的な命題を問題にしている。存在の問いというものは常に帰納的に証拠によって決定されるものであり、そもそもイデーに働きかけることによって先験的に定めることはできない。
原語のドイツ語では、カントはターラー（*Thaler*）という言葉を通貨単位として用いている。この箇所により現代的な感じを持たせるために、私はこれを「ドル」と訳したのだが、「ドル」という語は、実際このターレルというドイツ語に直接由来しているということを生かした。〉（マクグラス上、一三九—一四〇頁）

神のリアリティというのは、実際にある、ということです。

〈**【研究のための問い】**

1　カントの分析は、（a）カンタベリーのアンセルムス（1・7）および（b）ルネ・デカルト（1・16）の主張に対してどのような含みがあるか。〉（マクグラス上、一四〇頁）

これは、難しいわけではありませんが、複雑なので、明日までの宿題にします。重要なことなので、既に配ってあるプリントと比較しながら簡単な対照表をつくり、整理してください。

〈2　カントの存在論的議論の批判は、ガウニロ（1・8）による批判と比べてどのように異なっているか。〉（マクグラス上、一四〇頁）

ヒントは、一〇〇ドルの話です。

〈3　「実際の一〇〇ドルは、可能性としての一〇〇ドル以上に価値があるというわけではない」。この箇所を確認せよ。これによってカントが意味していることは何か。〉（マクグラス上、一四〇頁）

問い2と問い3で、尋ねているのは同じことです。

スピノザの汎神論

『哲学思想史』に戻りましょう。

〈かような思想を背景に考えるならば、――年代の順序はいちおう別問題として――いわゆる「神に酔える」哲学者スピノーザ（Benedictus de Spinoza, 1632―1677）の思想を無理なく理解することができるであろう。しかし、それは決して単なる陶酔ではないことが、まず注意されなければならぬ。〉（淡野、一三八頁）

次の箇所に線を引きましょう。

〈デカルトの教説のうち特に彼を強くひきつけたものは、最も確実な根拠によって証明せられたものでなければ、いかなるものも真理と見なしてはならない、という根本命題であったという。〉（淡野、一三八頁）

続けて読みます。

〈スピノーザの哲学体系が一冊の書物にまとめて述べられている主著『エティカ』（Ethica）には「幾何学的方法によって証明された」（more〔引用者註。正しくは ordine〕geometrico demonstrata = demonstrated by geometrical method）という副題がつけられていて、書物全体が七十六の定義と十六の公理と二百五十九の定理と七十の系と百二十九の備考とから成っている。すでにデカルトは数学をもって典型的な学問と考え、これに則って新しい哲学的方法を見出そうとしたのであったが、スピノーザはこの精神をいっそう徹底させて、叙述の方法までも完全に幾何学的方法に従うことによって、最も整った唯理論の体系を樹立しようとしたのである。しかもこのことは、スピノーザにおいて決して偶然ではない。というのは、スピノーザの根本思想である汎神論（Pantheism）は、もともと根本実体としての神から万物が派生されたというふうに見る考え方であって、それには――推理によって特殊を普遍から導き出す演繹的方法としての――幾何学的方法が、最もふさわしいものと考えられるからである。

こういうわけで『エティカ』は、まず第一部「神について」をもってはじめられ、最初に八つの定義が掲げられているのであるが、その中でスピノーザの哲学思想の根幹をなしている四つの概念――すなわち実体・属性・様態および神の概念――を定義して、つぎのように述べている。

実体（substantia）とは、それ自身に存在しそれ自身によって理解されるもの、換言すれば、

その概念が形成されるために他のものの概念を必要としないものを意味する。(定義三)

属性(attributum)とは、実体の本質を構成するものとして悟性が認めるところのものを意味する。(定義四)

様態(modus)とは、実体の変相をいう。換言すれば、自己以外の他のものの中に存在し・またこの他のものによって理解されるところのものを意味する。(定義五)

神(Deus)とは、絶対に無限な実在(ens absolute infinitum = absolutely infinite being)すなわち無限に多くの属性から成り立ち、かつその各々の属性が永遠無限の本質をあらわすところのものを意味する。(定義六)

以上のことから実体が第一に自己因であること、第二に無限であること、第三に唯一であること、が論理的に演繹せられる。というのは、第一にもし実体が自己以外の他のものにその存在の根拠をもっているとするならば、その他のものに依存することとなり、従って実体であることはできない。〉(淡野、一三九—一四一頁)

ここに「悟性」という言葉が出てきますが、悟性は、理性とどう違いますか? 理性と悟性は似ていますが、理性は人間が到達できないものに対して向かっているのに対して、悟性は人間が認識できるところに向かっています。理性というのは到達できない理念、統制的理念を摑んでいくという能力だから、高度な知的操作が必要です。

一方で悟性は、知的操作が必要ではあるものの、理性で必要とされるものほどレベルは高くない。ただし感性のように、反省を伴わず感覚でスッと摑むものとは違う、両者の中間的なものです。悟性は、英語では「understanding アンダースタンディング」ですが、この言葉は仏教語で悟りを得る可能性があるという意味です。悟りを得る素質がある人のことを悟性を持っている、と言います。悟りを得るのが理性ですが、それに対して悟りを得る資質・能力があること、それが悟性です。

ところでスピノザは、ものすごい形で師のもとを破門されました。スポンサーもいなかったのに、どうして哲学ができたのでしょうか。彼はレンズ磨きの仕事をしました。当時、レンズ磨きという職業は高給取りでしたが、スピノザにはレンズ磨きに卓越した才能があったのです。比較的短時間労働でも、レンズ磨きがうまいから、客を確保できた。そのレンズ磨きで得た高給によって、哲学を続けられたわけです。だからスピノザは、制度化された学問の外側の知識人です。大学、あるいは貴族のお雇い家庭教師とは違い、自活していた在野の知識人なのです。

同時に独学者でしたから、独学者特有の偏狭さがありました。制度化された学問の中に学派をつくらないことによる孤立もありました。しかもユダヤ人でありながら、ユダヤ共同体からも破門されているという、孤立した人でした。次の箇所は重要です。

〈実体は「唯一無限な自己因」でなければならないこととなる。しかもそういう実体は神以外にはあり得ないから、「実体すなわち神」(substantia sive Deus) である、といわねばならないのである。〉(淡野、一四二頁)

スピノザの言う神とは、キリスト教の言う神とはだいぶ違います。どうしてだと思いますか？スピノザは、この宇宙全体に存在している実体の総和を、神と言っているわけです。それが、哲学用語で言うと「汎神論《はんしん》」です。汎神論には、どのような不都合が出てくるでしょうか？　この世には悪がある。だから汎神論の構成を採用すると、その悪があるので、汎悪魔論にもなってしまうということです。パンテイズムはパンデモニズムになる、という問題があります。その問題に突き当たり、それを処理しようとしたのが、ライプニッツです。

〈かくしてスピノーザは――デカルトの「神・精神・物体」という三実体説をのり越えて――「神」の一実体説を主張したのであるが、しかしそれはデカルトの考え方の忠実な論理的発展にほかならない。すなわち、デカルトもまた実体を「それ自身で存在し得るもの」(quae per se apta est existere〔引用者補記〕= a thing which is capable of existing of itself) というふうに定義しているのであって、かような意味においての真の実体は、ただ神だけでなければならない筈であるのにも拘らず、すでに述べたようにデカルトは、神に依存する精神と物体をもやはり「実体」と呼んだのである。もっともデカルトは――実体に無限実体と有限実体とを区別することによって――右の矛盾を避けようとしたのではあるけれども、しかしそのために「実体」という言葉が二つの違った意味に混用されるようになったことは、否定することができない。この難点を切り開いて考え方の根幹をはっきりさせるために、スピノーザはデカルト本来の「実体」の概念をあくまでも追究し発展させることによって、徹底した汎神論的一元論に到達したのである。(中略) スピノーザの有名な言葉にいう。「すべて規定することは否定することである」(Omnis determinatio est negatio. = All determination is negation)。ところで、空間についていわれることは、そのまま神の無限な本質についてもまた、あてはまる筈である。すなわち一般に、規定を与えることはその規定以外のものをとり除くことであり、それはとりもなおさずそのものを制限することにほかならないから、完全に無限な本質としての神がかような「規定」を容れる筈はなく、神こそは実に「絶対的に無規定的なるもの」（ens absolute indeterminatum = absolutely indeterminated being）である、といわねばならないのである。〉（淡野、一四二—一四五頁）

以下でもわかるように、キリスト教の神というのは、すぐに怒ります。個性があるところが、スピノザの神とはものすごく違います。どこが違うかについても注意しながら読んでください。

〈ところで、いかなる意味においても規定というものをもたない神には、個性というようなものはあり得ず、従ってまた人格性というようなものもあり得ない。人格性をもたない神に悟性や意志がある筈はない。「それ故に哲学的意味においては、神が何人かに何物かを欲するとか、あるいは何物かが神の気に入るとかまたは気にさわるとかいうようなことを口にしてはならない。というのは、これらのことはすべて人間の性質に属することだからである、」とスピノーザは或る手紙の中で述べている。（中略）

以上述べてきたような根本思想の上に立って、スピノーザは『エティカ』第二部「精神の性質と起原について」において、その属性論を展開してつぎのように述べている。

定理一　思惟は神の属性である。あるいは神は思惟するもの（res cogitans = thinking thing）である。

定理二　延長は神の属性である。あるいは神は延長をもったもの（res extensa = extensive thing）である。

こういうふうに思惟と延長とが同一実体の二属性として考えられる限り、思惟現象の連鎖と延長現象の連鎖とがそれぞれ厳密に相対応し、物体の運動があればこれに対応して必ず思惟作用があり、思惟作用があればこれに対応して物体の運動が認められるのは、むしろ当然であるといわねばならぬ。すなわち「観念の秩序および連結は、物の秩序および連結と同一である」(第二部定理七)。この物心の平行を、スピノーザは二様の異る意味に——すなわち認識論上の平行と精神物理上の平行という二種類の違った意味に——解し、しかもそれぞれデカルト以来の宿題の解答として提唱しているのである。

第一の認識論上の平行とは、認識と対象との平行である。唯理論は一般に、われわれの悟性が——なんら経験をまつことなしに——対象の真相を認識することができる、ということを主張するのであるが、しかし純粋に主観的な悟性的思惟はどうして客観的実在と一致することができるのであろうか。これは、いやしくも唯理論者をもって任じるほどの者ならば、必ず解決しなければならない問題であって、すでに述べたようにデカルトはこれを「神の誠実」に訴え、最も完全なものとしての神がわれわれを欺く筈はなく、神から与えられた認識の仕方が虚妄であるというようなことはあり得ない、というふうにこの難問に答えたのであったが、しかしもちろん、スピノーザはこういう人格神観と結びついた答を承認することはできなかった。そこでスピノーザはその属性論にもとづいて、物体界と精神界とは同一実体の二つの様相にほかならないから、精神において思惟することと物体において生起することとは厳密に平行しなければならぬというふうに考え、また、かように考えることが問題の正当な解決である、と主張したのである。*

＊　しかし、スピノーザのこういう考え方の中には、明らかに問題が含まれている。というのは、認識と対象との平行は必ずしも精神と物体との平行には限らず、精神もまた認識の対象となり得るからである。従って厳密な意味においては、スピノーザの立場においてーー成り立ち得る平行論は、第二の精神物理的平行論のみである、といわねばならぬ。〉（淡野、一四五—一四八頁）

キリスト教ではないから、このような考え方ができるのです。キリスト教だと、神は受肉していて、そこで真《まこと》の人として人格を持つからです。スピノザにとっての神はそうではないから、こういう抽象的な捉え方もできたわけです。

対象化するという考え方

〈第二の精神物理上の平行とは、精神作用と生理作用との平行である。すでに述べたように、デカルトはその本来の二元論の立場からすれば、いかなる意味においても精神と身体との間の交互作用は絶対に否定しなければならないのにも拘らず、われわれが飢と渇を覚えるとき、身体は食物と飲物を要求し・また身体が傷つけられた時にはわれわれは痛みを感じる、というーー自然が切実に教えるーー事実に眼を蔽うことはできないで、両者の間の媒介の役割を果すものとして松果腺の仮説を立てることによって、一応の説明を試みたのであった。〉（淡野、一四九頁）

この松果腺《しょうかせん》仮説のようなものが、まさに前出の「デウス・エクス・マキナ」です。苦しくなったから、これを入れれば全部うまくいく、ということで登場させているように見えるからです。

〈しかし、こういう交互作用の承認がデカルトの根本的立場と矛盾することは、いうまでもない。これに対してスピノーザによれば、精神と身体とは相互に全く別々の世界を構成し、精神は単に精神として、身体は単に身体として、それぞれ間断なく因果の連鎖を形づくるものであり、その限り交互作用は全く不可能であるけれども、しかしこの両系列は同一の実体の様態であることによって、その実体を通じて不離の関係を保っているのである。しかして両者の間にあたかも直接の交渉があるかのように見えるのは、各瞬間における双方の変化が、いずれも同じ実体の必然的帰結であるからにほかならない。こういうふうに考えることによってスピノーザは、身心関係の問題をいささかも超自然的な作用に訴えることなく、もっぱら近代科学の機械論と調和を保ちながら解決することができた、と信じたのである。（中略）

スピノーザによれば「すべてのものがその存在を固執しようとする努力（conatus = effort）こそは、そのものの現実的本質にほかならない」（第三部定理七）。というのは、あらゆる個物は一つの様態としてやがて消え去って行くものであるが、消え去って行くということは、外的原因によって滅ぼされるということであり、かような外的原因に対しては、各個物は当然その全力をあげて自己の存在を維持しようと努力せざるを得ないからである。ところで、「この努力が精神にのみ関係する場合には、意志（voluntas = will）と呼ばれ、それが同時に精神および身体に関係する場合には、欲求（appetitus = appetite）と呼ばれる」（定理九備考）。そしてさらに、この欲求が意識される場合には、特に欲望（cupiditas = desire）と名づけられる。こういう意味におけるわれわれの欲望の内容をなすものは、ひっきょう、われわれ自身の存在の保存にほかならないのであるが、われわれはこの欲望を増進するものを「善」と呼び、その反対を「悪」と呼ぶ。かくしてスピノーザにおいては、善悪は絶対的なものではなく、われわれの自己保存に制約された相対的なものとなる。右に引用した同じ定理九の備考の終りに、スピノーザはつぎのような有名な命題を掲げている。〉（淡野、一四九―一五二頁）

次の箇所に線を引いてください。

〈「われわれはいかなるものも善と判断するが故にそれを求め・欲し・努めかつ望むのではなく、むしろ反対に、われわれが求め・欲し・努めかつ望むが故に、それを善と判断するのである。」〉（淡野、一五二頁）

スピノーザはこのようにして、価値観を転倒させていくわけです。

〈スピノーザによれば、われわれ人間存在はひっきょう一つの有限な様態にすぎないものとして、必然的に他のもろもろの事物のはたらきかけを受けて、その受身の状況下にしばしば自由を奪われて奴隷的生活を営んでいるものなのである。従って、もしそれらの事物のはたらきかけがわれわれに対して無力なものに変えられることができるならば、われわれはその拘束から脱け出て自由になることができる筈である。しかし、そういうことがどうして実現されるであろうか。――もちろん、事物の存在そのものを否定することは、われわれ自身の存在を宇宙全体にまで拡大することと同様、全く不可能である。（中略）しかしわれわれは、かような存在がわれわれの上に働かせる力を、その存在から奪うことはできる。すなわちわれわれは、それらのものを――われわれに対して一定の距離をおいて向う側に立つ――「対象」に変わらせることによって、われわれに対して直接はたらきかけないもの・すなわちその意味において無力なものにすることができる。ところで事物をして対象たらしめるものは、実はわれわれの認識のはたらきにほかならない。しかもスピノーザによれば、われわれ人間の認識には――つぎに述べるように――想像知（imaginatio = imagination）・理性知（ratio = reason）・直観知（scientia intuitiva = intuitive wisdom）の三つの段階が区別せられる。

第一の想像知すなわち感性的認識は、単なる「様態」の偶然的認識であり、第二の理性知あるいは理性的認識は、かような偶然的・個別的なものの基礎となっている共通観念（notiones communes = common notions）例えば延長・思惟などの「属性」の認識であって、すでに或る意味において必然的な認識の段階に達したものではあるが、これはさらに第三の直観知あるいは直観的認識の段階に到って、いっさいを全体的必然の関係において――すなわち統一的な「実体」において――見るところの・最も具体的でしかも最も必然的な認識に到達する。この「第三の種類の認識」（cognitio tertii generis = cognition of the third genus）は、すべてのものを全体との関係の下に見るものであり、しかして全体的なものはとりもなおさず永遠的なものであるから、また「永遠の相の下における認識」（cognitio sub specie aeternitatis = cognition under the form of eternity）というふうに呼ぶことができるであろう。スピノーザによれば、この永遠の相の下における認識のみが真の認識であって、またそれのみがよくわれわれをして感情の拘束すなわち精神の奴隷状態から脱け出させる救済力をもっているのである。〉（淡野、一五三―

一五五頁）

この部分の考え方は、中世的です。理屈による組み立ては、レベルの低い人間のすることで、瞬時に事柄の本質を摑める人間のほうが上だ、と言っています。ところがそれは、感性的な認識ではない。そうではなくて直観という、本質を捉える能力があるのだ、と。そしてこれは誰もが持つものではないので、特定の才に恵まれた人にしかできない、ということになります。

「われわれに対して一定の距離をおいて向う側に立つ——『対象』に変わらせることによって、われわれに対して直接はたらきかけないもの・すなわちその意味において無力なものにすることができる」とあります。例えば悩みを解決するとき、どうしますか？　よくノートに書き出せ、と言われますが、あれは悩みが何なのかを書きだすことで悩みを対象化できる、ということを示しています。対象にする——「どういう問題なのか」に分節化する——ことによって、もやもやと悩んでいることや不安が、かなりの程度無力化されるわけです。そういうことを言っています。

今、抱えている自分の問題をさらに、自分にとって危険なこと、不安なことなどに整理していくことで無力化していく、という考え方です。何となくうじうじ悩むのではなく、書き出して対象化するというのは、知識人の問題の処理の仕方なのです。

なぜスピノザは、このような考えに至ったのでしょうか？　それはスピノザが孤独だからです。ほかの人なら、誰かに相談しにいくという弁証法的な解決策で済むわけですが、彼はユダヤ教の共同体から追放されても、キリスト教に改宗したわけでもない。レンズだけを磨いて、自分の生活費は確保できるから、それで書籍を買ったり紙を買ったりできた。しかしその中にあって孤独だから、問題は自分で解決するしかなく、こういう対象化する方法を考えたわけです。ノートに書き出して、対象化してみることは、われわれが仕事をするうえでも学問をするうえでも、役に立つ方法です。自分と敵対しているような事柄も、対象化することで無力化されるわけです。

〈われわれはここにおいてもまた、スピノーザの考え方における幾何学的方法の重要性を認めなければならないのである。彼によれば幾何学的方法の特徴は、単にそれが明晰判明であるという点だけにつきるものではなくして、その上さらに、それが無関心的であるという点に存する。（中略）これと全く同様の無関心的態度をもって、自然人事いっさいの事象を見ることこそ、すなわち真の認識にほかならぬのである。（中略）さらにこの理性的認識の段階から一歩を進めて、第三の直観的認識の立場において、すべてのものが唯一の実体である神そのものから必然的に出てきたものであることを悟るとき、われわれはあらゆる拘束から完全に自分自身をとり戻して、純粋に能動的な・何ものにも煩わされることのない状態に帰ることができる。『エティカ』第五部「悟性の力、あるいは人間の自由について」の定理三にいう。「受動である感情は、われわれがそれについて明晰判明な観念を形成するや否や、受動であることをやめる。」と。真の認識が救済力をもっているというのは、すなわちかような意味にほかならぬのである。

こういうふうにして、すべてのものを永遠の相の下に眺めることによって、われわれ人間は悩みの多い受動の状態を脱して、全く自由な喜びを楽しむことができる。（中略）

スピノーザは或る意味において最も典型的な哲学者であり、その哲学体系すなわちいわゆる「スピノーザ主義」は、これまた或る意味において最もよく整った哲学体系である、といわねばならないであろう。それなればこそ、「スピノーザ主義者たることが、あらゆる哲学的思索のはじまりである、」とさえいわれているのである。しかし他面、幾何学的方法をもって一貫されたあの汎神論の体系の中へ、われわれは果して生の豊かさをそのまま携えて入って行くことができるであろうか。その感情論の中に盛られている人間性に対する深い洞察にも拘らず、われわれは根本においてその体系の枠の狭さを歎かずにはおれないのではあるまいか。このスピノーザ哲学の一方に偏した狭さに対して全く対蹠的に、できるだけ広い立場に立って一つの全般的体系の樹立をめざしたものは、ライプニッツ（Gottfried Wilhelm Leibniz, 1646―1716）の哲学である。〉（淡野、一五五―一五九頁）

ライプニッツのモナド

〈スピノーザにおいては実体は唯一であって多種多様ないっさいのものはひっきょうその様態に過ぎないと考えられるのであるが、しかし本来「一」なる実体が如何にして「多」となり得るのであろうか。（中略）いやしくも活動のあるところ、そこに必ずその活動の発源する主体がなければならぬ。従って活動が多数であるならば、主体もまた多数でなければならぬ。あるいはこれを翻してつぎのようにいうこともできるであろう。はたらくものは個別的実体であり、各々の個別的実体がはたらくのである、と。〉（淡野、一五九頁）

スピノザにおいては、実体というのは一つです。ただしそれは、曖昧模糊《あいまいもこ》としたものです。それでこの世の中にあるいろいろなものの全部を総合したものを神と呼んでいるわけで、そこに人格はありません。ところが、現実には、たいがいのものは曖昧模糊としているわけではない。活動の主体としての、一人ひとりがいる。そこでライプニッツは、世界を考えるモデルを根本的に変えないといけないと思いました。しかし一人ひとりの個性があるから、活動の主体はアトムではない。そこから導き出したのが、ライプニッツ独自の「モナド（単子）」という考え方になります。

モナドは、神さま以外につくることもできなければ、消し去ることもできない。モナド自身が大きくなったり小さくなったりして、全体で予定調和している。しかもモナドはお互いに出入りする窓や扉を持たない。かつ、モナドは自分で自分の姿を見ることはできず、人の姿を見ることによって自分の姿を想像することしかできない。

このような性質のモナドによって宇宙は成り立っている、とライプニッツは考えるわけです。微小にはなっても消え去らず、しかも大きさが変化するという性質は、微分法と表裏の関係になります。さらにこのモナドロジー的な考え方は、EUもTPPも、かつての大東亜《だいとうあ》共栄圏や中国が現在行っている一帯一路構想もロシアのユーラシア経済連合もそうですが、共栄圏のある種のブロックをつくろうという発想につながります。それぞれが切磋琢磨《せっさたくま》していくという考え方で、現代的な意味があるのです。しかも、それぞれのモナドが生き生きとしているという、生命有機体的なイメージも出てくるため、ファシズムとの親和性も出てきます。

〈それならば、その個別的実体とはいったいどういうものなのであろうか。ライプニッツによれば、それは決して単なる精神でもなければ、また単なる物体でもない。（中略）もし精神がことごとく思惟あるいは意識であるとするならば、例えば睡眠ないしは気絶の場合の精神はどう考えたらよいのであろうか。さらにまた、われわれの精神においてはひとたびは意識的であった表象が一時意識の世界から消滅し、しかもちょっとした誘因に遭えば忽ち意識に上って来るのが常である。これら睡眠・気絶からの覚醒、および忘却からの想起という現象が説明されるためには、われわれは無意識状態における精神を想定しなければならないのではあるまいか。否、意識的たらんとするのは精神の本性なのであるから、それは全くの無意識ではなく、むしろ意識的たらんとする努力あるいは力として、極めて低い程度の意識状態における精神と解すべきであろう。ライプニッツは、こういう状態における精神のはたらきを微小表象（perceptions petites〔引用者註。正しくはpetites perceptions〕＝little perceptions）と呼ぼうとするのである。〉（淡野、一五九―一六〇頁）

ここで言われていることは、まさに微分法です。なくなってしまわないこと、限りなく小さくなっていくという考え方です。気絶したときというのは、意識がなくなるのではない。意識が極小になっているだけだ、だからまた意識は回復できる、というモデルで考えるわけです。

〈こういうわけで非延長的・不可分割的・単一的・根源的・永遠的な力は――ライプニッツによれば――「これを理解する（intelligere = understand）ことはできるけれども、形象をもって説明する（imginaliter explicare = explicate imaginatively）ことはできない。」ところで形象をもって説明することのできないものは非物質的であるといわねばならず、こういう非物質的な力が物体の本質を構成するものとするならば、物質は「意識的たらんとする努力あるいは力」としての精神と本質的に何ら異るところのないものとなり、ここに「力」という概念において物体と精神との二元的対立は揚棄せられることとなるであろう。

かくしてわれわれは、非物質的な力を本質とする多数実体を想定しなければならぬ。（中略）ライプニッツによれば、原子論者たちが単純で不可分不生滅なアトムを想定するのは正当であるけれども、しかし彼らがかようなアトムを同時にまた物質的なものと考えるのは矛盾である。というのは、物質的なものは延長するものでなければならず、しかして延長を有するものは可分割的であって単一ではなく、その各部分の離合集散によって生滅するものだからである。それ故にもしアトムという名を用いるならば、原子論のアトムとの相異を明らかにするために、ここにいう多数実体は実体のアトム（atomes de substance = atoms of substance）と呼ばるべきであろう。〉（淡野、一六一―一六二頁）

アトムとは、まず同じものがあって、それらを束ね、さらにばらけさせていくというモデルです。モナドはそうではありません。延長しないから実体的ではなく、頭の中で考えられているモデルです。頭の中、イメージで浮かべている実体のない共栄圏のようなものです。

〈――以上のような意味をすべて含めて、しかもこれを簡潔にいい表わすために、ライプニッツはギリシャ語のモナス（monas = unit）という言葉を選び出し、これをモナド（monade = monad）と呼ぶ。彼によればモナドすなわち単子こそは、自然の真の原子（les véritables atomes de la nature = the true atoms of the nature）であり、換言すれば事象の要素（les éléments des choses = the elements of the things）なのである（『単子論』三）。〉（淡野、一六二―一六三頁）

事象の要素であるということは、つまり、モナドとはモノではなくコトなのです。

〈モナドは各自一つの実体であるが故に、絶対に独立した活動の中心でなければならぬ。すなわち、モナド内に起るいっさいの活動はすべてただそれ自身からのみ起り、如何なる外的原因もこれに影響して変化を与えることはできない。かように「モナドは物が入ったり出たりすることができるような如何なる窓ももたない」（『単子論』七）とするならば、われわれが現に目撃する事物間の相互作用および自然の斉一性ないしは宇宙の秩序などの事実は、いかに説明さるべきであろうか。――モナドはほんらい根源的なものであるが故に、モナドにおいては完全な発生も完全な死滅もあり得ず、通常「生」と称せられているものは展開（development）および増大であり、「死」と呼ばれているものは包蔵（envelopment）および減少である（『単子論』七三）。すなわち、そこには如何なる飛躍もなく、ただ連続的な変化があるだけである。（中略）一つ一つのモナドはすべてこれ圧縮された宇宙（univers concentré = concentrated universe）すなわち小さな世界（petit monde = little world）であり、一つの小宇宙（microcosmos）である。（中略）

個々のモナドがすべて一つの小宇宙として同じ宇宙をうつす鏡であるとするならば、もろもろのモナドは如何にして相互に区別せられるのであろうか。ライプニッツによれば、この世界は一つの家族のようなものであって、ちょうど一つの家族内において家族員が同じ家族精神でみたされていながら、しかもそれぞれ異った個性をもっているように、この大きな世界家族においても、各モナドは同じ宇宙をそれぞれ異った独特の仕方で表象しているのである。〉（淡野、一六三―一六五頁）

二一世紀の現代の日本では、このモデルは使えません。日本で一番殺人が起きる、危ない場所は、家庭です。殺人の多くは自分の家族内で起こっています。通り魔よりも親子・兄弟が怖いわけです。従って家族のイメージでモナドを説明しようとすると、「それはそれは怖いところです」という意味になってしまいます。

一番、性的暴行の危険性があるのは誰だと思いますか？　彼氏？　友だち？　顔見知り？　通り魔ではありません。犯罪事件のほとんどは、昔から顔見知りや友人、家族のあいだで起きています。最近、DVや虐待などいろいろな事件に警察が頻繁に介入していきます。警察の機能は生命、身体、財産を守ることですが、最上の価値は生命だからです。今までは民事不介入で、家族の中に入れませんでしたが、家族内にもどんどん警察が入ってきているわけです。だから、このような家族モデルはなかなか使えません。

善のために必要とされる悪

〈かくて、すべてのモナドがそれぞれ制限された仕方でただ不明晰にしか表象しないものであるところから、もろもろのモナドはその表象の判明さの程度によって区別されつつ、最も低い段階から最も高い段階に至る一つの段階的系列を形づくり、その中において個々のモナドはそれぞれ固有のいわば形而上学的位置を占めることとなるのである。〉（淡野、一六六頁）

ある国は強い、ある国は弱い、ある者は力がある、ある者は力がないということが長い間ずっと決まっていて、そういうものが一つの秩序をつくっているという考え方です。

だから能力のある人は、生まれる前から決まっている。能力がないため底辺を生きる人も生まれる前から決まっている。努力によってある程度は変わるものの、限定的で、うんと大きく変化することはほとんど考えられない。それで予定調和が成り立っているという考えなので、階層社会との親和性も高いわけです。その意味では、世界は身の丈に応じて成り立っているという、ただしそれは流動する、という考え方です。現代社会の周辺で起きていることは、過去の哲学史を知っていると、やはりだいたい説明できるわけです。

〈こういうふうにすべてのモナドがそれぞれの位置において表象しつつ、いずれも同じ無限・同じ全体に向っていることを、ライプニッツは神によって予め定められた調和――いわゆる「予定調和」(harmonie préétablie = preestablished harmony) と呼ぶ。(中略) こういうふうに神によって予め定められた調和の世界・あるいは神によって選ばれた最善の世界において、現実に何人もその存在を否定することのできない「悪」は、いったいどういう位置を占めるものなのであろうか。〉(淡野、一六六頁)

この構成だと、後述する予定説と親和性が高くなります。このような「弁神論 Theodizee」や「神義論」と言われるライプニッツの考え方は、ライプニッツの造語です。

〈もしすべてのものがただ完全なものばかりならば一般に「悪」というものは存在しないであろうから、悪の根拠は不完全なものの中に求められねばならぬ。ところで不完全なものとはひっきょう部分的な存在のことであり、しかも存在を部分的なものにするものは制限あるいは限界なのであるから、こういうものによって成り立つ悪は決してそれ自身独立に――いわば善に対抗する積極的な力として――存在するものではない。悪は善を否定するものではなくして、むしろ単にそれの欠けたものであり、さらに不完全で有限な個体をその地盤とするものとして、そのはたらきの範囲もおのずから部分的な場面に限られる。〉（淡野、一六七頁）

これらは重要な考え方ですが、アウグスティヌスの考えによく似ています。

〈しかもその各部分も、その段階的系列を上昇するにつれて次第に完全さの度を増すものであるが故に、不完全性から由来する悪のおよぼす害もただその低い段階にのみ限られ、これを無限に大きな世界全体と比べるならば、ほとんどとるに足らぬものとなるのである。（中略）これに対してわれわれは、それならば悪の全く存在しない世界がどういうものになるかを考えてみなければならぬ。悪のない世界は不完全性のない世界であり、そこには有限な個体というようなものはあり得ないから、全く無内容な世界であるといわねばならぬ。それは世界のない世界であり、ひっきょう世界がないのに等しい。こういうわけで普通最もよい世界と考えられるユートピアは、要するに完全な無にほかならないのである。〉（淡野、一六七―一六八頁）

この考えは、とても怖いわけです。悪は小さいものであり、その悪は、滅ぼして善を完成させるためにある、と読めます。ヒトラーがいたことで戦争になり、最後にはナチズム、ファシズムを潰《つぶ》したのだから、ヒトラーの出現には意味があったという理屈にもなるからです。

悪い奴、イヤな奴、嫌いな奴がいるでしょう。彼らをやっつけることで良い世の中ができるのだから、悪い奴が一人もいない社会は無意味な社会なのだ、と言っています。わかりますか？　悪い奴をやっつけることで社会は良くなっていく。そうしたらまた悪い奴が出てくるから、そいつをやっつける。そうやって社会はどんどん良くなっていく、という考え方なので、基本的に調和を崩す奴は悪い奴だ、となります。

〈悪こそはこの世界の内容を豊かにするものであり、それればかりでなく——ちょうど絵画において陰影が却って色彩の美をいっそうひき立たせるように——悪にうち克つべき善をして、いよいよその力を発揮せしめるものであるといわねばならないのである。〉（淡野、一六八頁）

悪の存在を積極的に捉えています。

〈こういうふうに、すべて不完全なものを完全なものの中へ、悪を善の中へ摂取させることによって、この世界の美しい調和を認識するとき、はじめて魂の真の安らかさが恵まれるであろう、とライプニッツはいう。そしてまさにそれこそは、哲学と宗教との統一せられた至高の境地にほかならぬのである。

以上述べて来たようにライプニッツの哲学は——スピノーザにおいて唯理論が著しく一方に偏したのとは全く対蹠的に——極めて広い豊かな立場において、すべてを包容する一大調和の体系として樹立せられた。それはまことに恵まれた楽天観をその根本基調とする。しかし翻って冷静に批判するならば、それはひっきょう「独断的仮睡」を貪るものであるといわねばならないのではあるまいか。というのは、ライプニッツの段階的発展の体系において、われわれ人間の有限な精神は低いものから高いものへ向う中間に位することになるのであるが、かような中間的存在者としての人間の認識能力は当然制限されたもの・従って不完全なものであることを免れることができないのにも拘らず、われわれがこの全宇宙について完全な正しい認識をもつことができるかのように無批判的に前提してその宏壮な体系を主張するのは、独断のそしりを免れることができないからである。もし人間理性の有限性を自覚しないことを「独断的」と呼ぶならば、唯理論は一般に人間精神の認識能力が無制限であることを根本の前提とするという意味において、独断的であるといわねばならないであろう。しかして唯理論の「独断的仮睡」からカントを呼び醒したものは、経験論者のヒュームであった。それならば、経験論とはいったいどういうものなのであろうか。〉（淡野、一六八―一六九頁）

今日はここまでにしましょう。今日話した近代以降の哲学者で重要なのは、デカルト、パスカル、スピノザ、ライプニッツです。そこに、明日話すヒューム（一七一一―一七七六）を加え、その辺りからカントに至る流れを押さえておくといいでしょう。

デカルトはそれほど細かくトレースしなくていいです。中世とライプニッツは、丁寧にトレースしてください。ライプニッツは、善のために悪が必要だという論理になるから、やはり怖いのです。悪が自律しているとは考えず、悪の力を過小評価したアウグスティヌスの持った考えが、ライプニッツに至って完成してしまうわけです。

悪の自律という考えは、西側からは生まれず、ドストエフスキー（一八二一―一八八一）と出会う必要がありました。だからドストエフスキーは重要です。ドストエフスキーの意味は、正教世界においてみなが普通に思っていることを西側の人にわかりやすい小説という形態で書いたところにあるわけです。

三日目

Day 3

第六章　経験論の世界——第三章第十節を読む

聖書はアナロジカルに読み、差異に注目する

まず、お祈りをしましょう。天にまします、われらの父なる神さま、今日この主の日にわれわれを集めていただいたことを感謝します。学び三日目ですが、どうぞあなたの聖霊の働きにより、ここにいる若い人たちの学びが順調に進みますように。ひと言の願いをわれらが主イエス・キリストの御名《みな》を通して、御前にお捧《ささ》げします。アーメン。

今日は日曜日で、本来仕事をしてはいけない日ですが、聖書研究は構わないので、始めましょう。マタイによる福音書の一四章一三節を開けてください。

〈イエスはこれを聞くと、舟に乗ってそこを去り、ひとり人里離れた所に退かれた。しかし、群衆はそのことを聞き、方々の町から歩いて後を追った。イエスは舟から上がり、大勢の群衆を見て深く憐れみ、その中の病人をいやされた。夕暮れになったので、弟子たちがイエスのそばに来て言った。「ここは人里離れた所で、もう時間もたちました。群衆を解散させてください。そうすれば、自分で村へ食べ物を買いに行くでしょう。」イエスは言われた。「行かせるこ

とはない。あなたがたが彼らに食べる物を与えなさい。」弟子たちは言った。「ここにはパン五つと魚二匹しかありません。」イエスは、「それをここに持って来なさい」と言い、群衆には草の上に座るようにお命じになった。そして、五つのパンと二匹の魚を取り、天を仰いで賛美の祈りを唱え、パンを裂いて弟子たちにお渡しになった。弟子たちはそのパンを群衆に与えた。すべての人が食べて満腹した。そして、残ったパンの屑を集めると、十二の籠いっぱいになった。食べた人は、女と子供を別にして、男が五千人ほどであった。〉（「マタイによる福音書」一四章一三節―二一節、共同訳聖書実行委員会『聖書　新共同訳』日本聖書協会、一九八七、八八年）

この話を聞いて、いろいろおかしいと思いませんか？　パン五つと魚二つだけで群衆を満腹にすることができる、というのはおかしいでしょう。そしてパンは一二の籠いっぱいになったとありますが、魚はどうしたのでしょうか？　魚はイエスと弟子で食べてしまったのでしょうか？　そういうところに問題意識を持ってください。次は、マルコによる福音書六章の三〇節です。

〈さて、使徒たちはイエスのところに集まって来て、自分たちが行ったことや教えたことを残らず報告した。イエスは、「さあ、あなたがただけで人里離れた所へ行って、しばらく休むがよい」と言われた。出入りする人が多くて、食事をする暇もなかったからである。そこで、一同は舟に乗って、自分たちだけで人里離れた所へ行った。ところが、多くの人々は彼らが出かけて行くのを見て、それと気づき、すべての町からそこへ一斉に駆けつけ、彼らより先に着いた。イエスは舟から上がり、大勢の群衆を見て、飼い主のいない羊のような有様を深く憐れみ、いろいろと教え始められた。そのうち、時もだいぶたったので、弟子たちがイエスのそばに来て言った。「ここは人里離れた所で、時間もだいぶたちました。人々を解散させてください。そうすれば、自分で周りの里や村へ、何か食べる物を買いに行くでしょう。」これに対してイエスは、「あなたがたが彼らに食べ物を与えなさい」とお答えになった。弟子たちは、「わたしたちが二百デナリオンものパンを買って来て、みんなに食べさせるのですか」と言った。イエスは言われた。「パンは幾つあるのか。見て来なさい。」弟子たちは確かめて来て、言った。「五つあります。それに魚が二匹です。」そこで、イエスは弟子たちに、皆を組に分けて、青草の上に座らせるようにお命じになった。人々は、百人、五十人ずつまとまって腰を下ろした。イエスは五つのパンと二匹の魚を取り、天を仰いで賛美の祈りを唱え、パンを裂いて、弟子たちに渡しては配らせ、二匹の魚も皆に分配された。すべての人が食べて満腹した。そして、パンの屑と魚の残りを集めると、十二の籠にいっぱいになった。パンを食べた人は男が五千人であった。〉（「マルコによる福音書」六章三〇節―四四節、『聖書』）

最初に読んだテキストとどこが違いますか？　魚も分配されていること。そして最初の方では、女と子どもを別にして男が五〇〇〇人、となっていましたが、こちらでは男が五〇〇〇人です。これは、当時戸籍に数えられたのが男だけだったからです。男は家長を代表しているので、この五〇〇〇人というのは五〇〇〇家族という意味なのです。

次に、ルカによる福音書九章の一〇節を読みましょう。

〈**五千人に食べ物を与える**

使徒たちは帰って来て、自分たちの行ったことをみなイエスに告げた。イエスは彼らを連れ、自分たちだけでベトサイダという町に退かれた。群衆はそのことを知ってイエスの後を追った。イエスはこの人々を迎え、神の国について語り、治療の必要な人々をいやしておられた。日が傾きかけたので、十二人はそばに来てイエスに言った。「群衆を解散させてください。そうすれば周りの村や里へ行って宿をとり、食べ物を見つけるでしょう。わたしたちはこんな人里離れた所にいるのです。」しかし、イエスは言われた。「あなたがたが彼らに食べ物を与えなさい。」彼らは言った。「わたしたちにはパン五つと魚二匹しかありません、このすべての人々のために、わたしたちが食べ物を買いに行かないかぎり。」というのは、男が五千人ほどいたからである。イエスは弟子たちに、「人々を五十人ぐらいずつ組にして座らせなさい」と言われた。弟子たちは、そのようにして皆を座らせた。すると、イエスは五つのパンと二匹の魚を取り、天を仰いで、それらのために賛美の祈りを唱え、裂いて弟子たちに渡しては群衆に配らせた。すべての人が食べて満腹した。そして、残ったパンの屑を集めると、十二籠もあった。〉

（「ルカによる福音書」九章一〇節―一七節『聖書』）

ストーリーとしては、これはマタイとほぼ一緒です。次は、ヨハネによる福音書六章一節です。

〈その後、イエスはガリラヤ湖、すなわちティベリアス湖の向こう岸に渡られた。大勢の群衆が後を追った。イエスが病人たちになさったしるしを見たからである。イエスは山に登り、弟子たちと一緒にそこにお座りになった。ユダヤ人の祭りである過越祭が近づいていた。イエスは目を上げ、大勢の群衆が御自分の方へ来るのを見て、フィリポに、「この人たちに食べさせるには、どこでパンを買えばよいだろうか」と言われたが、こう言ったのはフィリポを試みるためであって、御自分では何をしようとしているか知っておられたのである。フィリポは、「めいめいが少しずつ食べるためにも、二百デナリオン分のパンでは足りないでしょう」と答えた。弟子の一人で、シモン・ペトロの兄弟アンデレが、イエスに言った。「ここに大麦のパン五つと魚二匹とを持っている少年がいます。けれども、こんなに大勢の人では、何の役にも立たないでしょう。」イエスは、「人々を座らせなさい」と言われた。そこには草がたくさん生えていた。男たちはそこに座ったが、その数はおよそ五千人であった。さて、イエスはパンを取り、感謝の祈りを唱えてから、座っている人々に分け与えられた。また、魚も同じようにして、欲しいだけ分け与えられた。人々が満腹したとき、イエスは弟子たちに、「少しも無駄にならないように、残ったパンの屑を集めなさい」と言われた。集めると、人々が五つの大麦パンを食べて、なお残ったパンの屑で、十二の籠がいっぱいになった。そこで、人々はイエスのなさったしるしを見て、「まさにこの人こそ、世に来られる預言者である」と言った。イエスは、人々が来て、自分を王にするために連れて行こうとしているのを知り、ひとりでまた山に退かれた。〉（「ヨハネによる福音書」六章一節―一五節『聖書』）

福音書はマタイ、マルコ、ルカ、ヨハネがありますが、どのような構成になっているでしょうか？　内容がほぼ共通している福音書は、マタイ、マルコ、ルカです。それらを共観福音書と言いますが、マタイ、ルカそれぞれが持っている独自資料にプラスして、マルコ福音書を用いています。福音書全体の構成としては、「共観福音書＋ヨハネ福音書」となります。

もう一つ、Q資料（Quelle）はどこに位置づけますか？　Quelle はドイツ語で「源泉」という意味ですが、Quelle はイエス言行録だったと想定されていて、マタイとルカにそれが見出《みいだ》されます。

近代的なテキスト批判をしているうちに、Q文書はマルコにはありませんが、ルカとマタイに共通してあることがわかってきました。それから、ルカによる福音書の著者（集団）が、もう一つ別の文書を書いています。それが使徒言行録です。

今読んでもらった箇所も、三福音書は似ています。ただ、この話は四福音書にあるので、かなり広範に出回ったイエス・キリストの奇跡物語だった、ということです。

この話をどう読むのか？　説教しながら弟子たちと一緒に歩くイエスに、信徒たちがたくさんついてきた。ある街はずれで、夕暮れの飯時になった。ヨハネ福音書では、「この人たちに食べさせるには、どこでパンを買えばよいだろうか」とイエスは言いました。しかし、お金がない者は買いに行けない。さらには、お金を多く持つ者と持たない者では、買ってくるものが違ってくる。それでいいのか。その後に、一人がパン五つと魚を二つ持っていることがわかります。五や二は、多くの人数に対し、一部に魚やパンを持っている者がいることの、象徴的な数です。

つまり食料を供出させたわけです。供出したのは一人だけだったのでしょうか？　一人が供出したら、「みんなも、持っているものを出せ」ということになるでしょう。そして各々が持っているものを出して、そこにいる全員で分けることができた。すると結果的には余るよ、という話なのです。

キリストの共同体とはいえ、実はみな、最初は財産や食料を独占して、「買いに行くしかない」ということになる。みんなに分けてやれと言っても、すぐに「ダメだ」と言うわけです。「本当にダメなのか、知恵を出してやってみろ、やれないことはないだろう」と言うと、みなが少しずつ供出し、結果的にみなに分配できた。「この問題を解決できるか」「いや、できません」「本当にできないのか、本気でやってみろ」というもので、本気になって知恵を出せばできることを示す、ごく日常的にある話です。

　また、銭金で問題を解決してはいけない、という話でもあります。弟子たちは、自分はイエスに近しく、イエスのことを誰よりもよくわかっていると思っている。さらに、最近入った信徒は自分たちより下だという意識があった。そこで、近くに町があるから、カネで解決すればいいと弟子たちは考えた。ところがそうした考え方は全部、間違っているわけです。

　まず、自分はイエスの近くにいるから、一般信徒より上だ、という発想が間違いです。そして、カネで問題を解決できるという考えも、自分の持っているものを供出しないという考えも間違いです。これらの考えを全部改めれば解決できる、「できない」のではなく、どうすればできるかをきちんと考えれば、解決できることを示しています。つまりそれが、奇跡です。奇跡とは何かと言えば、今までのわれわれの思考のあり方、行動のあり方を変えることなのです。それを神話的な表象で書くとこういう物語になる、というわけです。

　持っている者が出せばいいのだから、貧困問題とは実は再分配で解決する、という話でもあります。イエスの周辺には金持ちが結構いました。そういう者は供出せよ、と言っています。ここにいる少年が大麦のパン五つと魚二匹を持っている。それは一人では食べきれない量です。移動する時の備蓄用に持っているわけですが、ガリラヤ湖あたりの魚は大きいし、大麦のパンだって大きい。そのようなパンが五個もある。やはりアナロジカルに読んでいき、なおかつテキストの中のちょっとした差異に注目することが大事です。

　マタイ福音書ではなぜ、魚も分けた話が消えているのでしょうか？　何をどう分けたか、というところに関心がないからです。すなわち、持っている者が供出して分けることで解決する、それだけを示せればよかったからです。それから、五〇〇〇人という大人数を五〇人単位に分けて解決すればいい、と示せればよかった。複雑な問題は、分けることで（小さいグループごとに責任者を決めることで）解決できる、ということです。イエスのこういうアイデアこそが大事だから、魚も分けたことなどは、どうでもよかった。みなが食えずに苦しんでいる問題（貧困問題）は、貨幣ではなく、持つ者が供出し再分配すれば解決できる、と示せればよかったわけです。

その「持つ」ものとは、必ずしも食べ物とは限りません。知識もそうです。知識をカネで、例えば予備校に行ってアウトソーシングして身につけるのは、一見、簡単な解決法に見えますが、それはキリスト教的な解決法ではありません。知恵を持つ者が奉仕して供出することで解決しましょう、というのがキリスト教的な考え方です。一種の共同体論でもあります。

二日目のおさらい

テキストの話に戻りましょう。まず、ここまでの流れを確認します。人間の生活に余裕ができ、食い物を口に持っていくだけの時代でなくなったときから、ものを観察するようになった。つまりイオニアの自然哲学という形で、人間が自然を観察する行為が始まった。

それが転換したのは、ソクラテス以降です。それまでは自然を観察していたが、ソクラテスは人間を観察しました。ただ、ソクラテスは文書を残さず、プラトンがソクラテスの言葉を残しました。プラトンの考え方のポイントは、二元論と、イデアの存在です。

二元論という考え方から、次にアリストテレスが出てきます。アリストテレスは形相と質量という考え方を使って、一元論の考え方を示します。淡野《だんの》安太《やすた》郎《ろう》は、この二元論と一元論を振り子のように行き来するのが、哲学史を貫く問題だと考えています。

次に中世哲学においては、ユダヤ教的な終末論がヨーロッパに入ってきます。そしてパウロによって、イエスが説いたキリスト教とは異質な、イエス・キリストを信じるキリスト教という宗教が生まれます。中世の哲学の問題は、神を知るかどうかという点にあり、神学とほぼ一致してしまいます。その中で重要だったのが、実念論と唯名論の対立であり、普遍をめぐる論争です。最初はプラトン的な実念論、その後アリストテレス的な実念論が優勢になり、やがてアリストテレス的な唯名論になっていきました。近代的な哲学は唯名論によってつくられているというのが、一昔前の通説的理解です。ところが、現在ではその考え方は崩れています。実念論と唯名論を調停する第三の立場としての概念論という考えがあるからです。しかしその評価が定まっていないため、要するに唯名論をめぐる問題は流動的であるため、取りあえずは流れを摑《つか》むために、古いほうの通説的な理解を押さえましょう。

それから普遍論争では、普遍者が物のあとにあるという考え方と、物の前にあるという考え方と、物の中にあるという考え方があります。トマス・アクィナスが出て、アリストテレスの考え方と結合させていくことを中心に押さえておけばいいでしょう。そこから今度はスコトゥスも出て、最終的にはオッカムが、理性によって神を捉《とら》えることはできないと主張することになります。そうして中世の限界がやってきます。

次に出てくるのがデカルトです。デカルトの考えは、淡野さんの本では「唯理論」という形で整理されていますが、ここは複雑なので、後で辞書を読みながら丁寧に説明します。ライプニッツのモナドロジーという考えは比較的わかりやすかったと思います。

ベーコンの「偶像」（劇場の偶像）

『哲学思想史』の「第三章　第十節　経験論」に入りましょう。

〈イギリスに発達した経験論的思想の淵源は、遠く十三世紀のロージャー・ベイコン（Roger Bacon, 1214―1294）にまで溯る。ロージャー・ベイコンの特色は、一般にスコラ学派が概念的思弁に偏したのに反対して、自然科学的研究方法の重要性を強調した点にある。（中略）「経験なしには何物も確立することはできない」と彼はいう。もっとも、ロージャー・ベイコンの「経験」というものの中には、単なる外的経験ばかりでなく、超自然的な対象を把捉すべき内的経験もまた含まれており、それが上なる神から受ける光（illuminatio = illumination）である限り、彼の思想の中には伝統的な教会信仰と近代的な科学研究の萌芽とが混在しているといわねばならないのであるが、人々をして経験的認識にめざめさせた彼の思想史上の位置は、そう簡単に抹殺することができないのである。〉（淡野、一六九―一七〇頁）

「ロージャー・ベイコンの『経験』というものの中には、～混在しているといわねばならない」のところは重要なので線を引いてください。「上なる神から受ける光」（「illuminatio」、「illumination」、「illuminate」）という言葉が出て来ることで、よくフリーメイソンと一緒にされます。一つの神秘主義的な教団だ、と。近代では、光というのが一つの鍵《かぎ》になります。つまり啓蒙《けいもう》主義「enlighten」のことです。「Enlightenment」とは暗い場所にロウソクを一本照らすと周りが少し見える、そうしてロウソクをどんどん増やしていくと何事も見えるようになっていくという、光のイメージです。

ところが光を増やすに従って、今度は影が出てきます。その影の問題に注目したのが、フランクフルト学派（一九三〇年代以降、ドイツのフランクフルトの「社会研究所」を舞台に活躍した思想家の総称。マルクスとフロイトの思想を統合して独自の「批判理論」を展開した。ファシズムへの抵抗でも知られる）のアドルノ（一九〇三―一九六九）です。彼の典型的な考えを示す著作は、ホルクハイマー（一八九五―一九七三）との『啓蒙の弁証法』（徳永恂訳、岩波文庫、二〇〇七年）です。これは、真っ暗な場所には光がないことから、光と闇が分かれていなければ闇の問題もない、つまり無知蒙昧な者は実存的心配が何もない、ということを示す内容です。

次の冒頭の一文は重要ですから、線を引いてください。

〈科学的研究に際してまず排除されなければならない先入見を、フランシス・ベイコン（Francis Bacon, 1561―1626）は「偶像」（idola）と呼ぶ。（中略）大別すれば二種類ある。すなわち、人間自然の性にもとづいて起るところの自然的偶像と、人と人との交渉の結果としていわば人為的に成り立つところの社会的偶像とがそれである。自然的偶像はさらに、人間一般の通有性にもとづいて起るものすなわち人類という種族に共通であるが故に種族の偶像と呼ばれるものと、個人の特異性にもとづいて起るものすなわちちょうど洞窟の中にみずからを閉じこめて外の世界を全く見ない者の偏見に比すべきものであるが故に洞窟の偶像と呼ばれるものとに分れる。同様に社会的偶像もまた、つぎの二つに分たれる。その一つは人間日常の交渉から起るものすなわち公共の仕事が営まれる場所としての市場で成り立つものであるところから市場の偶像と呼ばれ、もう一つの方は伝統的に真理として信仰することを要求するものであって、それはわれわれに対して大きな権威をもって臨むけれども、その実は劇場における脚色と同様なんの真実性ももっていないものであるところから劇場の偶像と呼ばれる。

以上四種の偶像のうち、洞窟の偶像は（中略）全く個人的なものであって第三者から見れば容易に見破ることのできるものであるから、それほど恐るべきものではない。これに反して他の三つの偶像は、はるかに一般的であってそれを見抜いて排除することもまたいっそう困難である。ベイコン自身ある重要な箇所において洞窟の偶像を全く度外視し、排除さるべき偶像として残りの三つだけを挙げ、しかも劇場の偶像・市場の偶像・種族の偶像の順序に配列しているのである。（中略）

(a) 劇場の偶像（idola theatri = idol of theater）

劇場の偶像のうち、最も有力なものは哲学的伝統である。それには真実でない主張と真実でない疑惑、すなわち独断と懐疑との二つの一見相反した方向があるけれども、しかし懐疑はそれが事物の不可認識性を根本原理とする立場に立って積極的に主張せられる限り、それ自身また忽ちにして独断に転化する。一般にあらゆる独断的哲学の根本特徴は、基礎づけられない仮定と主張とにある。〉（淡野、一七〇―一七二頁）

ここの最後の一文は重要です。この意味では、神学とはすべて独断論になります。

〈ところで、その一はまだ吟味されない基礎の上に一般的仮定を構成する空虚な詭弁（アリストテレース）であり、その二は吟味されてはいるけれども、しかしあまりにも少ない経験を基礎とする不完全な経験論（錬金術学者）であり、その三は純粋に宗教的信仰を基礎とする神秘主義（ピタゴラス、プラトーン）である。（中略）われわれは、事物そのものを経験していると信じながら、その実はそうでない場合のあることを思わねばならない。すなわち、われわれは事物を表現するのに常に「言語」という符号を使い、しかも幼い時からその言語を事物に代用する習慣が養成されているために、知らず識らずのうちに単なる言語と実在の事物とを混同し、言語の意味を理解しただけで事物そのものを理解したかのように考え、あるいは言語があれば必ずこれに対応する事物が存在するかのように思い誤りがちである。いわゆる市場の偶像と称せられるものがすなわちこれにほかならぬ。〉（淡野、一七二—一七三頁）

例えばロシア語では、海藻のことを「マルスカーヤ・カプースタ」と言いますが、「カプースタ」とはキャベツのことです。すなわち海藻は「海のキャベツ」です。ヒジキもワカメも昆布も全部「マルスカーヤ・カプースタ」と総称され、分節化されません。ロシア人はこれらを食べないので、ヒジキ、ワカメ、昆布という名で分類されているもののことが、わかりません。実際の事物が、言語で表されるものとは必ずしも正確に対応しないことの、具体例です。

反対に例えばイヌイット、エスキモーには、雪を表す言葉が二〇ほどあると言います。その代わりにいわゆる「雪」という言葉はないそうです。ボタン雪と吹雪の雪と粉雪はすべて概念が違うから、それぞれ別の言葉で表す。どういう雪に接するかが、自分たちの生活と密着しているため、細かい分節化がなされることになります。

日本人はRとLがうまく発音できません。それは、聞き取れないからです。聞き取れない音は話し分けることもできません。日本人にとって英語よりもロシア語のほうが話しやすいのは、母音の数に関係します。ロシア語の母音は「あえいおう」で五つですが、英語は「あ」だけで「ɑ」「ə」「ʌ」「æ」がある。われわれには、それらは全部「あ」としか聞こえません。だから分節化できない。例えば琉球《りゅうきゅう》語の母音は、「え」「お」がなく、「あ」「い」「う」しかありません。だから余計に、分節化は難しくなります。

ある言語があれば、必ずそれに対応する事物が存在するように思いますが、それは誤りだということが、ポイントです。必ずしもそれらが対応しないことに気づかないといけません。

それから、「人生は劇場だ」などとよく言われますが、これはどういうことを指すのでしょうか？　例えば学生は、学校では生徒の役割を演じている。ところが、家では子どもの役割を演じる。ネコとの関係では飼い主の役割を演じる。……このように一人の人間とは、実はそれぞれの局面でさまざまな役割を演じ分けているわけです。こういう考えを「役割理論」（廣松渉《ひろまつわたる》）と言います。

例えば編集者の人には、編集者らしい行動や活動というものがある。その仕事を続けていくことで、だんだんその役割が固定していきます。そうして編集者という職業になる。すると今度は役割が役柄になって、動きにくくなります。これが、役割と役柄は分かれているという、廣松渉による「役割理論」の特徴です。

劇場には、照明係も、音響係も、俳優の主役も脇役もいます。さらに観客も脚本家も、大道具係も小道具係もいます。人生劇場においてはどうでしょうか？　あるときは自分が主役ですが、突然主役から降りて脇役になったり、観客になるときもあります。あるときはシナリオライターになり……と、役割がしょっちゅう変わります。われわれはこういう劇場の中にいて、そこで期待されている役割をそれぞれが演じている、と言えるわけです。

われわれはそれぞれの場所にふさわしい行動をしている、というのが演劇モデルです。では、本当の自分とは何なのかと言うと、これは難しい。一人でいるときの自分が本当の自分だ、というわけではありません。一人でいるときも、本を読んだり、食堂に食べに行ったり、店で何かを買ってきたり、それぞれの場所での役割を果たさなければいけないからです。親が住む家に子どもとして住んでいる場合でも、子どもの役割を果たすことで物事は滞りなく過ぎていく。つまり一人でいるときにも、何らかの役割をみな演じている、ということです。

ベーコンの「偶像」（市場の偶像、種族の偶像）

〈b〉 市場の偶像（idola fori = idol of market）

市場の偶像においては、言語がちょうど取引上の通貨のように取扱われる。その際われわれは、市場価格というものが全く取引関係によって決定せられるものであって、どういう通貨によって取引されようと事物そのものにとっては何の関係もないことを注意しなければならぬ。（中略）すなわち、言語は決して事物がそれ自身いかなるものであるかを示さず、ただそれがわれわれに対して如何に現われるかを語るに過ぎない。かくしてベイコンは、単なる言葉の上の知識と事物そのものに即した知識を対立させる。この全く種類を異にする二つの知識を対立させ、そして前者をすてて後者に向う精神こそ、ベイコンの真髄であるというべきであろう。

(c) 種族の偶像（idola tribus = idol of tribe）

（中略）われわれがわれわれ自身のもっている認識手段によって事物そのものを捉えようとするとき、やはりそこにまだ一つの・しかも最も強い幻惑がわれわれ自身の本性から現われ出るのを見出すのである。それは人間性そのものから起るという意味で、種族の偶像と呼ばれるのであるが、その第一は感官から来る偶像である。（中略）例えば、同じ温度の水を時にはなまぬるく時には冷たく感じ、あるいは遠くにある大きなものが近くにある小さなものよりも却って小さく見えるというような事実を、その適例として挙げることができるであろう。つぎに種族の偶像の第二は、悟性から来る偶像である。〉（淡野、一七三―一七五頁）

さて、「悟性」とは何だったでしょうか？　悟性は、到達できる認識であって、英語では「understanding」です。そして日本語としての「悟性」は仏教から来ていて、理性が悟りだとすると、悟性は悟りが開ける可能性を持つ、という意味になります。この「悟性」という中間的概念が、西洋哲学、特にドイツ観念論を理解するときの鍵になります。

〈われわれの悟性はつねに雑多の中に統一を求め・この宇宙を体系づけようとする欲求に駆られて、事物の微細な部分の丹念な研究を怠り、一足飛びに最終目的まで到達しようとする傾向がある。しかもその際、最終目的というものを悟性は決して全宇宙の源泉から汲みとったのではなく、実は自己自身の中からつくりあげたものである限り、悟性がよくなし得たと信じる最も遠いものへの飛躍は、ひっきょうなる錯覚（illusion）であるといわねばならぬ。（中略）最後に種族の偶像の第三は、意志からくる偶像である。目的意識をもって行動するのは意志の本性であるが、われわれはこの自己自身の性質を自然そのものに投入して擬人観に陥り易い傾向をもっているのである。（中略）しかし、これら感官・悟性・意志から由来する三種類の偶像の中、第一のものは寒暖計・望遠鏡・顕微鏡などの器械の力を借りる精密な「観察」によって第二および第三のものは主観から由来する一切の附加物を淘汰して自然現象を純粋に経験するところのいわゆる「実験」によって徹底的に排除され得るであろう。

　以上述べ来ったベイコンの偶像論を要約すれば、第一に他人の眼を借りずに自己の眼をもって、第二に言語に捉われずに事物そのものを、第三に主観的要素を淘汰してもっぱら観察と実験とによって、現象の目的因（causa finalis = final cause）ではなく動力因（causa efficiens = efficient cause）のみを探究せよ、というに帰する。（中略）しかしいやしくも法則が認識されるためには、そのための研究手段は——でたらめにではなく——一定の方法に従って適用されねばならぬ。正しい方法によって獲得された法則的知識にしてはじめて「発明術」（ars inveniendi = inventive art）としての機能を果して、よく「知は力なり」（scientia est potentia = wisdom is power）の真面目を遺憾なく発揮することができるのである。それならば、かような知識は如何にして獲得され得るであろうか。〉（淡野、一七五―一七七頁）

知というのは「scientia est potentia」だから、「知は力なり」とは、知というものの持つ潜在力を顕在化させることで力になるのだ、ということです。ただ、同時に「力は知なり」です。その時点における主流の力によって、「知」は、その枠組みが決められてしまうからです。

　次の箇所には線を引きましょう。


〈ベイコンの偶像論が「破邪」の面を説いたものとすれば、さらに積極的に「顕正」の面を明らかにしたものは彼の帰納法である。ベイコンによれば、従来の帰納法は「単純枚挙による帰納法」（inductio per enumerationem simplicem = induction by simple enumeration）にとどまった結果、あまりにも性急な一般化（overhasty generalization）の弊に陥ることを免れることはできな

かった。〉（淡野、一七七頁）

帰納法は演繹《えんえき》法とは違い、一つでも仮定と違う結果が出て反証されたら、それまでです。数学的帰納法の証明では、まず普遍的な法則が成立すると仮定して一つの具体的数字を入れます。例えば一のときに成立したとして、次にXを代入しても成立すると仮定し、「X＋1」でも成り立つことが証明されれば、普遍的に成立する、と言えます。このような仮定のうえで成り立っています。

〈彼によれば、真に正確な自然認識を得るためには、つぎの三段の順序をふまねばならぬ。

第一に、まず研究の対象である現象が現われている多くの事例を集めることによっていわゆる「現存表」（tabula praesentiae ＝ table of presence）を作り、このすべての事例からそれらに共通でない要素をことごとく除外して、共通の要素だけをとり出す。こういうふうにして得られた共通の要素は、当の対象の根本特質である蓋然性をもっている。ベイコンはこれをスコラ哲学の用語にならって「形相」（forma ＝ form）と呼ぶ。

つぎに、当面の問題となっている現象が少しも現われていない事例すなわち「消極的事例」（negative instance）を集めることによっていわゆる「欠如表」（tabula adsentiae ＝ table of adsence）を作り、これらの事例のいずれにも第一の方法によって得られた共通要素の存しないことが明らかになれば、その要素が「形相」であることの蓋然性は一層確実となる。

さらに第三に、この現象が種々の程度をもって現われている事例を集めることによっていわゆる「程度表」（tabula graduum ＝ table of grade）を作り、この現象の増減と先きの共通要素の増減との平行することが明らかになれば、この共通要素が「形相」であることは、いよいよ確実となる。

ベイコンは以上三段の手続から成る彼の方法を、普通の経験あるいは帰納法に対して「方法的経験」（methodical experience）あるいは「真の帰納法」（true induction）と呼ぶ。しかし、こういうふうにして得られる結論が真に不変な真理となるためには、これに矛盾する事例の皆無であることが証明されねばならぬ。しかも自然の内容がわれわれ人間の経験よりも遥かに豊富である以上、経験によってこれを証明することは絶対に不可能である。従って絶対に確実な結論は、帰納法そのものの性質上、とうてい到達され得ない筈である。〉（淡野、一七七―一七九頁）

最後の一文は、きわめて重要です。

〈ベイコンはこの欠点を、特に重要で適切な事例すなわち彼のいわゆる「特権的事例」（prerogative instance）を選び挙げることによって補おうとする。今ベイコンが挙げた二十七種の特権的事例のうち一二の代表的なものを示せば、多数の肉眼的観察よりも唯一回の望遠鏡あるいは顕微鏡による観察の方が却って確実であるというような例、また、多数の直感にもとづく推測よりも唯一回の数学的計算の方が遥かに確実であるというような例が、すなわちそれである。しかしベイコンの特権的事例の挙げ方は全く原理的統一を欠き、かつその中には重要な問題が残されている。例えば、数学的計算は何故に直感的推測よりも特権的であることを要求し得るのであろうか。いったい数学的認識の確実性は、何にもとづくのであろうか。それは純粋思惟にもとづくのであろうか。それとも経験にもとづくのであろうか。もし純粋思惟にもとづくものとするならば、ベイコンは数学的計算を直感的推測よりも特権的と考えることによって、おのずから経験論の不十分なことを暴露して唯理論に一歩譲ったものといわねばならぬ。もしまた、経験にもとづくものとするならば、他のものとは区別されて特にその経験が特権的であることを要求し得る理由は、如何にして説明され得るであろうか。これらの認識論上重要な問題に対して、ベイコンは解答を与えなかったばかりでなく、こういう問題自体を正しい形において意識することすらなかったのである。そして、この認識の妥当性（Gültigkeit = validity）の問題を判然と提出し、もって認識論的研究の歴史において最初の位置を占めるものはロック（John Locke, 1632—1704）である。〉（淡野、一七九—一八〇頁）

ロック、「事実問題」「権利問題」、バークリー

〈ロックはスピノーザと同年すなわち一六三二年に或る法律家の家に生れ、そして父の独立自由な思想をそのまま受け継いだもののようである。（中略）彼がはじめて哲学的覚醒を得たのは、彼自身の後年の告白によれば、デカルトの著作の研究がその動機となったという。（中略）何よりも強く彼をひきつけたものは、デカルト哲学が——かねがね彼が憧れてやまなかった——近代的自然研究とつながりをもっていることであった。（中略）

ロックの主著『人間悟性論』（Essay concerning Human Understanding, 1690）は、その序文に記されている通り、ロックが数人の友人と闘わした議論によって、その成立の機会を与えられたのである。（中略）

もし独断論（dogmatism）をもって、知識成立の条件およびその限界を十分に吟味せずして

直ちに事物の本質を明らかにするために概念を使用するものと解し、これに対し、批判主義（criticism）は存在に関して思弁をはじめるに先き立って予めまず認識能力を吟味するものと解するならば、広義の批判主義的精神は確かにロックに始まったということができるであろう。しかしカントがその著書の中において「明敏なるヒューム」（der scharfsinnige Hume）というのに対して、ロックに関しては常にただ「かの有名なるロック」（der berühmte Locke）と呼んでいるにすぎないところを見れば、カント自身はロックをそれほど高くは評価していなかったようである。それは恐らく、カントが峻別した——認識に関する——「事実問題」と「権利問題」とを、ロックがはっきりと意識的に区別しなかったことによるのであろう。そしてこの二つの問題を区別しなかったところにこそ、むしろ経験論的立場そのものの特色があり、また制限がある、といわねばならないのである。

（中略）ロックが、人間の心には本来具有されている如何なる観念もなく、心は全く「白紙」のようなものであり、いわゆる“tabula rasa”（empty tablet）であることを主張しながら、しかも他方、あらゆるわれわれの知識の材料がわれわれの心に供給せられる二つの途（two ways）として感覚（sensation）と反省（reflection）を挙げているのは、不徹底であるといわねばならぬ。というのは、われわれの精神が真に tabula rasa であるならば、たといそれに外的印象を受け納れる能力は帰することができるとしても、如何なる自発的な能力もこれを認めることができない筈であって、感覚のほかにそれ自身独立した精神能力としての「反省」は、到底これを容れる余地がある筈はないからである。（中略）従ってロックが、香・味・寒・温などのような「単なる主観の知覚の仕方にすぎないもの」としてのいわゆる第二次的性質（secondary qualities）のほかに、延長・形状・動・静・数というような——われわれには直接知覚されない実体（substance = something we know not what）のもっているもろもろの性質としての――第一次的性質（primary qualities）をうち立てたことは、ロック本来の立場と相容れないものといわねばならぬ。もし――ロック自身主張するように――物自体が真に知覚されないものであるならば、われわれの知覚の内容はすべてロックのいわゆる第二次的性質であるのほかはなく、一般に第一次的性質というようなものはあり得ないといわねばならないであろう。この方向を徹底させることによって、客観界を挙げて主観の知覚内容にすぎぬものと見、もって大胆な主観的観念論（subjective idealism）を説いたのは、バークリー（George Berkeley, 1685―1753）である。〉（淡野、一八〇―一八四頁）

ところで、右に認識に関する「事実問題」と「権利問題」が出てきました。両者は互いに、何が違うでしょうか？　具体例として法廷審理を考えるとわかりやすいでしょう。例えばAさん（女性）が病院に入院したとします。そこへ若い男性医師がやってきて、右の胸を執拗《しつよう》に揉《も》みしだいた。そのとき、胸を揉んだという事実がある。これは「事実問題」です。Aさんの胸のその場所にしこりがあり、それを調べるためだと医師が主張したら、これが「権利問題」となります。

Aさんは、医者が自分の胸を揉んだのは痴漢行為で、医療とは関係がないと訴えたとします。そのとき、「それはAさんの勘違いだ。うとうとしていて、夢でも見たのではないか。胸など触っていない」と医者が主張した場合は、「事実問題」で争っていると言えます。対して「確かに胸には触れたけれど、医療行為として不可欠だったのだ」と主張するのは、「権利問題」です。触ったか否か、が「事実問題」で、行為は事実だがその意味合いの違いを主張し合うのが「権利問題」です。

一人暮らしの女性が夜中に帰宅したら、男性がいた。危険を感じ、慌てて男性を撃ち殺した。気づいたら、そこは自分の家ではなく隣家だった。このケースの法廷審理で、自分の家だと確信していたのか、あるいは自宅かどうか曖昧《あいまい》だったのか、という点で争うのが「事実問題」です。その場合にも、家にいた人間を危険だと思ったら、殺していいのか。その行為が正当防衛だったか否かで争うのは「権利問題」です。事実をめぐって争う「事実問題」か、それに対する見方をめぐる「権利問題」なのかを分けて考えることが、カントにとっては大きな問題としてありました。

〈バークリーによれば「存在するとは知覚されることである」(Esse est percipi. ―― Being = Being perceived) が故に、一般に実在と称すべきものは観念およびその観念をもっている精神のほかにはない。〉(淡野、一八四頁)

この箇所が、イギリスの哲学者バークリー(一六八五―一七五三)の言ったことで重要なところです。バークリーは、日本ではなかなか紹介されませんが、近代的な観念論はバークリーによって組み立てられたと言えます。

〈こういうふうに、単にすべてのものを「観念」に化するばかりでなく、それをもっているものとしての「精神」(spirit) の存在をも主張するところに、バークリーが単なる主観的観念論をもって終始しない重大な契機が秘められている、といわねばならないのである。もちろん、精神という能動的に働くもの (active agent) は、非能動的な単なる観念であることはできない。否、精神こそ観念を生み出すものにほかならぬのである。かくして精神においては、存在することは知覚されることではなくして、むしろ知覚すること (Esse est percipere. = Being is to perceive.）であるとするならば、精神は直接的には捉えられることはできず、唯そのはたらきの結果（effects）によって間接的に認識されるのほかはない。ところで「永遠な精神」である神は、他のもろもろの精神すなわち人間精神よりも遥かに多くの「結果」をもっているから、その存在もまた遥かにはっきりと知覚されるのである。否、神以外の他のもろもろの精神の存在は、実は神から発する「純粋で澄みきった光」（pure and clear light）に照らされることによってのみ、知られることができるのである、とバークリーはいう。

ここに至って単なる「経験論」という名が、もはやバークリーの思想を特色づけるのにふさわしくないことは、明らかであるといわねばならぬ。バークリーにおいて、すべての物体的存在が知覚一本に帰せられることによって、ロックに残された不徹底が或る意味において確かに経験主義的に純化せられたということもできるのであるが、しかも同時に他面において「それならば真に存在するものは何か」を問うことによって、バークリーは感覚主義者から唯心論者（Spritualist）に一変し、さらに晩年に至っては新プラトーン主義風の神秘主義の面影をすら宿すに至ったのである。（中略）かような思想を背景として、事物が何を意味するかを解釈することができた時に、はじめてそれを理解したわけであり、こういう意味において理解したときに、はじめてそれを知ったということができるのであるから、「厳密にいえば感官は何も知らない」（Strictly, the sense knows nothing.—Siris, 253.）のであり、「ただ知性と理性のみが確かに真理に導くもの（the sure guides to truth）である」（Siris, 264.）と明言せられるに至って、バークリーははっきりと経験論の立場に訣別したものといわねばならないのである。〉（淡野、一八四—一八七頁）

バークリーは、観念論に近づいてしまうわけです。ただ、それは経験を経た上での観念論です。

〈しかし経験論の立場を真に超える途は、経験論の立場から離れ去ることではなくして、まず経験論の立場で行けるところまで行きつくすことでなければならない。（中略）しかしながら、これをヒューム（David Hume, 1711—1776）の明敏にまたねばならなかったのである。〉（淡野、一八七頁）

ヒュームの懐疑論

ヒュームは現代においてもきわめて重要な人物で、懐疑論者でした。明日、太陽が東から昇ることも確実には言えないと考えたし、いわゆる「進歩」の考えにも与《くみ》しませんでした。「振り子理論」と呼びますが、すべては反復し、進歩というものはない、と考えたわけです。

〈ヒュームによれば、成程、三角形の内角の和は二直角に等しいという幾何学の命題は、三角形という観念を分析することによって必然的に演繹することができる。しかし、甲という現象についてその結果として乙という現象が起るということは、甲という観念をいかに分析してもそこから必然的に演繹することはできない。というのは、結果「乙」は決して原因「甲」の中に先天的には含まれていないからである。結果が原因の中に含まれてはおらず、原因と結果とが全く別のものであるとするならば、そういう二つの違ったものを結びつける因果の判断は、綜合的判断であるといわねばならぬ。〉（淡野、一八七頁）

「綜合的判断」とは何でしょうか？　テーゼとアンチテーゼがあり、それを合わせたものが「綜合的判断」ですが、これはヘーゲルの発想です。一般的には「分析的判断」と「総合的判断」の違いがあります。主語の中に述語が含まれているから、「黒犬は黒い」は「分析的判断」です。一方、主語である「黒犬」だけで、それが賢いかどうかはわからないから、「黒犬は賢い」は「総合的判断」です。「黒犬は賢い」という言い方は、外から新しい情報が添加されているわけです。

だから「総合的判断」とは、背後にある外側の何かで外挿された判断です。「分析的判断」は、主語の中にその性質があらかじめあるわけです。与えられたものの中から読み解くことが「分析」で、ほんの少しでも外側の事情が入ってくると「総合的判断」になります。論理学で言うところの「分析」は、主語の中に述語が含まれていないといけませんが、日常的には、主語の中に分析も総合も入っていることがあります。

〈それならば、二つの現象を因果の関係に結びつけるものは、いったい何であろうか。（中略）ヒュームによれば、それは外から受ける印象ではなくして、純粋に心理的なもの・いわば一種の感じである。すなわち、甲・乙という二つの現象を時間上たびたび接近して経験すると き、われわれは知らず識らずの間に、甲および乙という知覚のほかに、甲から乙へ移って行くという感じをもつようになる。この移り行き（transition）の感じこそ、因果の観念の対応印象にほかならない。かくして因果的必然とは、しばしば反復された経験から起る習慣（habit or custom）の結果感じられるようになった必然性である、といわねばならぬ。それは純粋に主観的な信念（belief）に過ぎないから、この感じられた必然性に果して客観的な事象の必然性が対応するかどうかは疑問であって、要するに蓋然性（probability）以上に出ることはできないのである。この信念にもとづく蓋然性は、もちろんますます増大することができるけれども、しかしその本性上絶対的な確実性にまで到達することができないとするならば、因果律を根本原理とする物理学、否さらに一般に自然科学は、何処にその普遍妥当性の保証をもとめることができるのであろうか。

（中略）ヒュームはいかにもイギリスの経験主義者らしく「習慣は人生における偉大な指導者であって、これのみがわれわれの経験をわれわれにとって有用なものたらしめる」と揚言している点をもあわせ考えるならば、ヒュームは単なる懐疑主義者というよりはむしろ実証主義者という方が、いっそう適切ではないかと思われるのである。〉（淡野、一八七—一八九頁）

「ヒュームはいかにもイギリスの経験主義者らしく」以降の箇所はとても重要です。目の前にあるものを見ていくこと、今ある事柄を追認していくことが、ポジティーフという考え方です。目の前にあるものに理屈づけをしていく必要があるから、実証主義というのは保守的になるわけです。シュライエルマッハーは『神学通論』（加藤常昭、深井智朗訳、教文館、二〇〇九年）の中で、神学とは「一つの実証的な体系知である eine positive Wissenschaft」と言いました。実証的な教会とは目の前にある教会のことです。当時のドイツの文脈では、国教会を理論づける学問が神学だ、すなわち体制の御用学だ、ということになります。

〈しかし、実践的領域においてこそ実証主義者は少しも不都合はなくむしろ実際的でさえあり得るけれども、ひとたび理論的領域に入れば実証主義者（positivist）は蓋然主義者（probabilist）にならないわけにはいかず、しかも蓋然主義者は科学的認識の必然性に対して懐疑的にならないわけにはいかないのである。ところでこの懐疑こそ、まさにカントの「独断的仮睡」の夢を破ったものであった。それならば、こういうふうにして生れたカントの批判主義の根本精神とは、そもそもどういうものなのであろうか。〉（淡野、一八九—一九〇頁）

復習　デカルト

次のカントに入る前に、この時期の重要な哲学者について復習しておきましょう。正確な生没年は覚えなくていいですが、何世紀から何世紀にかけての人か、ということは覚えてください。

〈**デカルト**　René Descartes　1596-1650　フランスの哲学者・数学者。近代思想の父と称してよい思想家である。

（中略）1627年頃、パリの教皇使節邸で自分の確実な思考法としての「普遍的方法」について公に述べて、フランス・オラトリオ修道会のベリュル枢機卿に激励された。学問研究に専心することを決意し、1628年には居をオランダに移した。その直前に書かれた遺稿が『精神指導の規則』であるとされる。〉（岩波、一一一五頁）

右の記述からわかるように、デカルトはカトリックとの関係が極めて深く、枢機卿《すうききょう》たちによるサポートを得た人でした。デカルトはなぜオランダに移ったと思いますか？　当時のオランダは経済状態が良かったので、さまざまな情報や学術が集まったからです。また、オランダはプロテスタンティズムの国ですが、比較的寛容でした。対して当時のフランスは一種のアンシャンレジーム（旧体制）だから、思想的な面での縛りがきつかった。そのためピエール・ベール（一六四七—一七〇六）なども――彼はプロテスタントですが――、オランダに亡命せざるを得なくなっています。

〈オランダでは形而上学、自然哲学、医学などの研究に従事した。１６２９年に真剣に形而上学に関して思索し、のちに『省察』で開陳されることになる哲学的知見を得た。「われ惟う、ゆえにわれあり」を第一原理とする形而上学がそれにほかならない。29年から数年、最初の機械論的宇宙論の体系といわれる『世界論―光に関する論考』を草したが、１６３３年にガリレオがコペルニクスの太陽中心的天文学をもととする同趣の宇宙論で断罪されたことを知り、刊行を断念した。こうして準備されたのが１６３７年にライデンで公刊された『方法序説』である。この著作は屈折光学、気象学、幾何学を試論として含み、近代科学の方法とその事例を提供する記念碑的著作となった。（中略）１６４９年『情念論』を刊行、またスウェーデンのクリスティーナ女王の要請に応えてストックホルムに向かった。１６５０年北国の寒さと早朝の起床が災いし風邪を引き、肺炎のため2月11日に死去した。〉（岩波、一一一五頁）

デカルトは、クリスティーナ女王の、プロテスタントからカトリックへの改宗を強く勧めました。

また「１６３７年にライデンで」とありますが、オランダの町であるライデンは、ユダヤ人の町です。ライデン大学が有名ですが、ヨーロッパの知性の半分はユダヤ人によってつくられていると考えていい。ナチスドイツが台頭したことで、ユダヤ人がヨーロッパからアメリカやイスラエルに逃げてしまい、第二次世界大戦後のヨーロッパの知的な環境が大きく変わったわけです。ユダヤ人であるスピノザもオランダにいて、アムステルダムでレンズを磨いていました。

次に、「思想史的意義」についても読みましょう。

〈デカルトは近代哲学の父と呼ばれる一方、数学においても代数解析的伝統をヴィエトらと確立したり、光学を中心とする数学的自然学の規範例を提示したりした。近代科学を最も自覚的に創始した学者であったのである。もちろん、彼が当時のスコラ学の学統をまったく受け継がなかったというのではない。むしろその学統をわがものとしながら深慮に基づいて意識的な対決を図り、〈ものの見方の転換〉（ある種のゲシュタルト転換）を企てた思想家と規定するのが正しいであろう。〉（岩波、一一一五頁）

ゲシュタルトは「姿」という意味ですが、「ゲシュタルト転換」とは何でしょうか？　ここにペットボトルがありますが、キャップはない。もしペットボトルをグジャグジャに潰《つぶ》しても、ペットボトルはペットボトルです。なぜでしょうか？　それは、出来上がったペットボトルの姿から想像するからです。ペットボトルの姿が想像できるところまでが「ゲシュタルト」です。

ところが、例えばハサミなどでペットボトル本体を輪切りにして、さらに切り刻み、断片だけを見せたら、それがペットボトルかどうかわからなくなります。そうなったときが、「ゲシュタルト転換」です。形が欠けても、あるところまでは同じものと認知されるが、さらに形が変わることで、ある段階からは別のものに見えてくる。同じものの見方を変えていくうちに、まったく違うものに見えてしまう（ゲシュタルトが違ってくる）。これが「ゲシュタルト転換」で、ゲシュタルト心理学を学ぶ際にも使う考え方です。「いい奴だ」「友だちだ」と思っている人を、あるとき「イヤな奴だ」と思う。こういうときも、何らかのゲシュタルト転換が起きているわけです。

〈その転換が哲学的にみてまったく正当なものであったかについてはおおいに議論の余地がある。（中略）が、近代科学の規範的学科として記号代数、光学、機械論的医学などを創設した功績は、その形而上学的基礎づけがどのように再評価されようと後世に語り継がれるに相違ない。もちろん個々の学説の大方は時代遅れになった。が、懐疑主義との独創的な闘い、慣性の法則の定式化、渦動宇宙の構想の提示などは挫折孕みだったとはいえ、巨人的思想家でなければなしえなかった事業であり、刺激的な思索への示唆を投げかけ続けている。デカルト―彼はフランス人の国民性を象徴する人物であるとともに、近代という時代総体の象徴でもあり続けているのである。

デカルト主義〔仏〕cartésianisme　デカルトの名前（古くはDes-Cartesと綴られ、そのラテン名はCartesius）に由来し、彼の哲学的思索の何らかの要素の何らかの仕方での継承において成り立つ思想の一般的呼称。その要素と仕方とをどのように見るかで、この語の内包もそれゆえに外延も違ってくるし、哲学の外の領野でも拡張的に使われ、日常語として用いられることさえある。

（中略）そのように（a）古くは、デカルトおよび彼に続く者のうち、ライプニッツをも含めて、デカルトの強い影響下にある人びとの哲学の総称。〉（岩波、一一一五—一一一六頁）

頭の中に松果腺《しょうかせん》というものがあり、それが意識と運動をつないでいくというのも、デカルト主義です。思い出してください。「ライプニッツをも含めて、デカルトの強い影響下にある人びとの哲学の総称」の箇所には、線を引いてください。これらの人々の考えが、大陸の合理論（淡野の言葉では「唯理論」）とほぼ重なるようになるわけです。

〈しかしそうすると、デカルト主義は大陸合理論とほぼ相覆うことになるが、「精神と物体とは別個の実体で、物体の始元的属性は延長（精神のそれは思惟）」というデカルトの基本的テーゼをもはや認めぬライプニッツをも含めるのは、いかがなものか。こうして（b）広くは、ライプニッツは除き、前記の条件をみたす人びとの哲学の総称。（中略）

17世紀当時の哲学史的状況に照すならば、デカルト主義の哲学史的概念は、「物体とは延長するもの」というテーゼの信奉とそれゆえの物心二元論の墨守とにその尺度を求めるのが、穏当ではなかろうか。すなわちデカルト主義の圏内に、その緩い意味では、神の裡に〈叡智的延長〉を認めたマルブランシュも、延長を〈神即自然〉なる神という唯一的実体の属性の一つと考えたスピノザもなおあるとも言えようが、そのようにして物心二元論のデカルト的枠組みを彼らはすでに超えゆきつつあるという意味からして、デカルト主義の範囲を（c）厳格に、もっぱらこのテーゼに拠りつつ、物体を延長するものとするところに発する様々な問題をめぐって思索したレギュウス、クラウベルク、コルドモア、ラ・フォルジュ、ロオー、レジス、デガベらの哲学にのみ限定し（彼らの思索にも、萌芽的には、デカルト的地覆からはみでるものがないわけではないが）、晩年の書簡でスピノザが、物体を延長するものと定義したデカルトの考えは正しくない、と言明したその時を以て、哲学史的意味でのデカルト主義の終焉の時の象徴とすべきであろう。〉（岩波、一一一六頁）

物体は延長する、物体と精神は異なる、という考え方を押さえておくといいでしょう。

復習　ヒューム

〈ヒューム　David Hume　1711-1776　スコットランド出身のイギリス哲学者。（中略）

【理論哲学】主著『人間本性論』〔1739-40〕第1巻から明らかなように、ヒュームの理論哲学の企図は、諸説紛々たる諸学のすべてが関連する、人間本性を解明することにより諸学に基礎づけを与えることにあった。彼はまず、ロックとバークリの用法に修正を与え、人間精神の対象を「知覚」と名づけ、その中に直接所与としての「印象」と、力と生気で印象に劣り、記憶・想像におけるその再現としての「観念」を区別し、また、この二分に交差させ、知覚の窓口としての感覚と反省を分ける。印象は観念の源泉であるが、彼はその発生的探求には携わらず、観念を考察の中心とする。しかし、観念に関連と統一を与える原理を欠けば知識は成り立たない。そこで、ヒュームは観念を結合する2種の関係を挙げる。一つは、ニュートンの万有引力にもたとえられ、想像に根ざす類似、接近、因果としての三つの〈自然的関係〉であり、もう一つは、より任意な比較、結合を認める七つの〈哲学的関係〉で、その中にはさらに、必然的な結合としての類似、反対、質の程度、量すなわち数の割合と蓋然的なそれとしての同一性、時・空間の関係、因果が区別される。これらの関係の観念自体はすべて理論哲学的探求の対象となるが、ヒュームとともに名高く、考察の中心となるのは因果性である。因果関係とは原因と結果と呼ばれる2対象の接近、継起、恒常的連接という規則的連結にほかならず、これによって尽くされない因果間の必然性は恒常的連接によって心に醸成される習慣に基づき、因果の一方から他方に赴かざるを得ないように感じられる「心の決定」にほかならず、これこそ

が、因果の観念の源泉としての、その反省的印象である。〉（岩波、一三三四頁）

「因果関係とは原因と〜」以降に線を引いてください。いわゆる印象論のことが述べられますが、それは習慣に基づく、と言っています。パターン認知だ、ということだから、経験をたくさん積んでいないといけないわけです。例えば「勘がいい」と言われる人も、実際は経験の多さでパターン認知が可能になっているに過ぎないことになります。その認知は論理から演繹的に導き出されるのではなく、多種多様なパターンを見ることで生じているに過ぎない、という考え方です。

〈さらに、現実には断絶する知覚的対象の連続的存在および心を離れた対象の外的実在性は想像の虚構の産物であり、また、対象の同一性も変化と多様の中に単一を求める、同様の虚構の所産にほかならない。のみならず、ロックが消極視し、バークリが否定した物体的実体は無論のこと、精神的実体、したがって、「自我」も「知覚の束」、いくつかの知覚が登場しては消え、再登場する、いわば「劇場」にほかならない。以上から、ヒュームの理論哲学には懐疑主義の性格が色濃いが、他面で彼は、「自然」に照らして極度の懐疑主義は現実に成立しないとする自然主義を主張し、「緩和された懐疑主義」を提唱する。

（中略）

【政治・宗教論】政治思想でもヒュームはホッブズ的自然状態やロック的契約説を批判し、公共的利益を目指す自然発生的動機に国家、社会の形成の起源を求め、また、彼の『英国史』〔1754-61〕から窺えるようにトーリー、ウィッグ両派に中立的である。さらに、宗教論では、宗教の自然発生的説明を試み、奇跡などの反因果的性格から啓示宗教には終始批判的であり、また、目的論的な神の存在証明の方向に必ずしも否定的ではないが批判的傾向を示し、反理性主義の立場から理神論には与しない。〉（岩波、一三三四頁）

啓示を認めるのは、経験を重視していく立場です。ヒュームはその外側に立つので、啓示宗教を認めないに決まっています。

復習　ライプニッツ - ヴォルフ

〈**ライプニッツ**　Gottfried Wilhelm Leibniz　1646-1716　ドイツ・バロック期の万能人。哲学を始め諸分野に通じ、理論・実践両面にわたり活躍した。（中略）活動はあらゆる領域に及ぶ。哲学以外でも、記号論理学、微積分の考案をはじめとした数学、力学、地質学、言語学、各国史編纂、社会政体論、中国の思想・政治研究などがある。実践面でも、エジプト計画、新旧教会合同、各地のアカデミー建設、鉱山開発計画、計算機の考案、図書館運営構想など多岐にわたる。〉（岩波、一六四七—一六四八頁）

ライプニッツはバロック期の天才と言われるように、この時期にすでに近代的な思考や実践をすべて行っています。数学の微積分も、世界史も言語学もやり、記号でも共通言語について考えています。中国研究や科学アカデミー、公立図書館の建設、計算機の考案まで、つまり総合的に物事を考えた人です。

ちなみに彼は独身でした。デカルトもカントもそうですが、一連の独身の思想家たちにはいずれも、いわゆるスポンサーがいました。自ら生活費を稼いだ思想家は、ここに出てくる人ではスピノザぐらいです。彼らのスポンサーのほとんどが女性でした。ライプニッツにしてもカントにしても、「お話が面白いから、私のところに来て聞かせて」と頼まれる代わりに大金をもらったのでしょう。このことから言えるのは、やはり哲学研究には暇が必要だし、時々お世話をすればあとは自由に何をしてもいい、と言ってくれるスポンサーがいないといけない、ということです。

男性のスポンサーは内容に介入し、自分の出世に哲学者の知識を使おうとするため、なかなかうまくいきません。お金持ちが主催するサロンでお喋《しゃべ》りをすることで自らヒントを得た哲学者は、家に帰ってそのお喋りの内容を文章（ほとんどが手紙）にまとめます。そのようにしてスポンサー個人に宛てて書く手紙のなかで、彼らは思索を深めていったわけです。

〈【思想の基本構造】ライプニッツの思想の特徴は、多様性と調和にある。彼の多彩な活動は単に多くが並列しているのではなく、統一的な全体像をなすものとして考えられていた。（中略）デカルトの物体即延長説に反対し、質的に異なる無数の実体からなる宇宙像を考えたのも、存在の能動的で多様なあり方に目を向けようとしたからである。この多様な世界は統一的原理に支えられることによって調和ある全体をなす。それはさらに、機械論と目的論、自由と決定、信仰と理性など、両立しがたいレヴェルを統合する階層的な調和へと展開する。

【哲学の展開】１６７２年からのパリ滞在で数学とデカルト哲学を研究してから、無限論を取り込んだ思考が熟成し、同時に記号や観念の表現的性格にも着目した。彼の哲学の基本的枠組は『形而上学叙説』〔1686 執筆〕で一応の形を整えた。そこで主張された〈個体的実体〉の考え方は、『実体の本性と実体相互の交渉ならびに心身の結合についての新説』〔1695〕を経て、モナドの概念へと結実する。同時に、無数の実体が相互に内的関係を保ちながら全体として調和するという予定調和の思想が確立した。『事物の根本的起源について』〔1697 執筆〕では、存在論の根本が矛盾律と充足理由律とによって論じられ、この世界は可能世界から最善のものを神が選んで創造したものだとするオプティミズムが説かれる。（中略）その哲学を最も簡潔に述べたのは晩年の『モナドロジー』〔1714 執筆〕である。〉（岩波、一六四八頁）

『モナドロジー』の新しい翻訳が出ました。『イソップ物語』の翻訳でも知られる河野与一《こうのよいち》先生（一八九六—一九八四）の名訳『単子論』（岩波文庫、一九五一年）がありましたが、何といっても昔の刊行だから、新訳『モナドロジー』（谷川多佳子、岡部英男訳、岩波文庫、二〇一九年）になってだいぶ読みやすくなりました。

〈ライプニッツの思想はその内容の豊かさゆえにさまざまに受け止められ、称揚・批判・揶揄の対象にもなった。しかしその思想は光のあて方によって異なる姿を呈する。原典の全集版（刊行中）が全貌を現すにつれ、解釈の可能性がいっそう大きく開けてくることが期待される。〉（岩波、一六四八頁）

ライプニッツの全集は、なぜか東ドイツで長い間編纂《へんさん》されていたため、普及しませんでした。ライプニッツはドイツ人ですが、フランス語とラテン語で記述しました。そのため、ライプニッツの考え方を一般にわかりやすく説明したクリスティアン・ヴォルフ（一六七九—一七五四）という人が重要になります。そのヴォルフについても、読んでみましょう。

〈**ヴォルフ** Christian Wolff　1679-1754　中期ドイツ啓蒙思想を代表する哲学者。ブレスラウ生れ。イェーナ大学で神学、哲学、数学を学ぶ。ライプニッツの知遇を得てハレ大学で教職に就くが、トマージウス学派と学問的に対立する。特にピエティスト（敬虔主義者）との論争は苛烈で、ヴォルフはこれに政治的に敗れてハレを追放されマールブルクに移る（1723）。１７４０年請われてフリードリヒ大王治下のプロイセンに戻りハレ大学でふたたび活躍した。

ヴォルフ哲学が半世紀の間ドイツ哲学に与えた影響には絶大なものがあった。「全ての大学町がヴォルフ哲学の擁護者を持っていた」（ローゼンクランツ）。その影響は海外にまで及び、フランス『百科全書』の哲学的項目の幾つかはヴォルフ哲学から採られている。〉（岩波、一二七頁）

ブレスラウ（ポーランド名ヴロツワフ）という都市は、今はポーランドに属します。ハレ大学は、プロテスタントが強い大学で、敬虔《けいけん》主義者つまりピエティストが多くいました。敬虔主義者と神秘主義者は、教会を嫌います。神秘主義者は、真理は教会にあるのではなく、神秘的な瞑想《めいそう》によって至るものだと考えるからです。敬虔主義者は教会には行きますが、「教会の中には本当のキリスト教徒とそうでない人がいる」と言って、自分たち独自のグループをつくります。そうして内的に本当に敬虔な人たちだけで集まり、家庭でお祈りをするネットワークをつくるのです。そのため、組織を破壊する要素があるので、敬虔主義者は嫌われるわけです。

同時に、敬虔主義者にとって重要なのは敬虔な心なので、知識は必要ないと考えます。従って反知性主義が強くなります。すると、ライプニッツやヴォルフのように知性を重視するタイプとは相《あい》容《い》れなくなってくるわけです。敬虔主義が持っている破壊性を理解する必要があります。

ヴォルフにはそれほど独創性があったわけではありませんが、強い影響力を持ちました。それは、ドイツ語で哲学を学び、新興国であるドイツの制度的なアカデミズムに入り込んだからです。ライプニッツは知識人でしたが、制度化された大学に身を置きませんでした。スポンサーは貴族の女性たちだったので、宮廷とのネットワークは持っています。きれいで優しい人たちですが、ライプニッツが語る難しい内容がわかるわけではない。お金が有り余っている彼女たちにとっては、呼べば頭のいい人がいつでも来てくれるのは楽しいし、ライプニッツ先生が来るという理由でパーティーを開けば偉い人もたくさん集まるので、主催者として気分もいいわけです。ただそれは、ペルシャネコやアンゴラネコを所有するのと同じような感覚で、知識人を所有していた、と言えます。

一方で、ヴォルフはそういう世界には関心を向けませんでした。制度化された大学に入るというのは、国家公務員になるということです。例えば同志社大学神学部のような制度化された組織に所属する神学者と、所属しない神学者では、教室・クラスを持つか持たないかで、弟子が生まれる・生まれないの大きな違いが生じます。すなわち、どんなに独創的な人がいても、弟子がいなければ、その人一代で終わります。書籍を通じて影響を与える人はいますが、人事と関係しないため、影響力には限りがあります。ところが大学に関わると、学派をつくることにつながり、それが人事によって他大学にも広がる。そうすると、同じ考えの人が、人事によってまた弟子をつくっていきます。そうして制度化したアカデミズムの中に学派がつくられるわけです。いわゆる体制に残っている思想は、必ず大学に足場を持つことで制度化してきたのです。

〈ヴォルフの哲学方法論は〈総合的方法〉であって、彼はこの方法によって諸学を演繹的・百

科全書的に統合しようとする。〉（岩波、一二七頁）

ヴォルフの学問は、他人の学問の良さそうな所を集めてきて、それらを合わせた講義をするので、雑炊のような感じになる。「本人の考えによる」「本人独自の」といった性質の知性ではなく、多数の思想家の述べたことを総合的にまとめ上げたのが、彼の学問です。今で言えば、インターネットの「まとめサイト」をつくる能力にとても長《た》けた人だったわけです。

「まとめサイト」はみなに理解されないといけないので、ライプニッツの複雑なラテン語もわかりやすい日常ドイツ語に訳しました。その結果、ドイツ人は日常言語によって哲学を行うことができるようになりました。哲学においてドイツ人が優位な状況は、今日に至るも崩れていません。

〈彼によれば「学（scientia）とは言明を論証するうえでの練達性」であり、「存在しうる限りでの可能的なものについての学」が哲学である。その体系は論理学から始まり技術の哲学等までも含む壮大なものである。存在論、世界論、心理学、自然神学は形而上学として一括される。存在論では〈矛盾律〉と〈充足理由律〉によって、存在者の普遍的カテゴリーが導出される。これらのカテゴリーは他の諸学の原理でもある。この存在論の着想をヴォルフはスコラ哲学から得た。存在論で最も重要な概念は〈超越論的真理〉（veritas transcendentalis）の概念であって、存在世界の「秩序」を意味する。これはカントにまで継承される。ヴォルフの認識論は経験心理学で展開される。人間の認識は、「事実的認識」から「哲学的認識」へ進み、「数学的認識」に至ることで最高の確実性を得る。しかし哲学的認識も数学的認識も事実的認識によって確証されねばならない。このようにして「理性と経験の結婚」が、アプリオリ／アポステリオリの統一が試みられる。この統一がヴォルフ哲学の究極のテーマである。ヴォルフの哲学はライプニッツ―ヴォルフ哲学と呼ばれることもある。ライプニッツの天才的着想にヴォルフが論証性と体系性と通俗性を与えたというのが当時の理解であった。しかしこのレッテルは元来はピエティストとの論争において論敵によって付けられた呼称であり、ヴォルフ自身はライプニッツ哲学との間に一線を画している。〉（岩波、一二七―一二八頁）

アプリオリは「事前に」、アプステリオリは「事後に」という意味です。この事典は少しポストモダン的な内容なので、ヴォルフがライプニッツの影響を通俗化した点を、逆に過小評価する傾向があります。「ヴォルフ学派」については、どう書いてあるでしょうか。

〈**ヴォルフ学派**　〔独〕Wolffsche Schule　ドイツ啓蒙思想の歴史において重要な役割を果たした〈ヴォルフの哲学体系を中心的教説とする学派〉であり、18世紀前半から後半にかけて、ドイツの学校哲学を主たる舞台として活躍した。ドイツ啓蒙主義哲学の主知的・合理主義的側面を代表する。世代間ではもとより、一人一人の間でも教説上の相違が見られるが、全体の傾向としては、近代の合理的世界観の受容、哲学的方法論としての〈総合的方法〉の重視、ヴォルフの形而上学体系、特にその存在論の主要テーゼである充足理由律ならびに経験心理学の枠組みの継承、およびそこに見られる経験論的認識論の傾向等があげられる。〉（岩波、一二八頁）

ここで重要なのは、「全体の傾向としては、～経験心理学の枠組みの継承」の部分です。

〈当時のドイツの哲学・宗教界でこの学派に対立するものとしては、哲学の分野ではトマージウス哲学の流れを汲む一派があり、リュディガー、ホフマンら、特にクルージウスがその代表としてあげられる。この一派の哲学は主意主義的であり、人間の有限性の条件をより徹底して考えようとする。宗教の分野ではハレ大学を中心としたピエティスムス（敬虔主義）の一派があり、フランケ、ランゲ、ブッデらがその代表としてあげられる。ヴォルフ学派はこれらの勢力と〈充足理由律〉の妥当性、人間の自由の問題、〈合理的認識〉の限界等に関して論争を交わしている。上の二つのグループ以外に、ベルリンのプロイセン科学アカデミーがモーペルテュイの指導のもと一時この学派に対立した。また18世紀後半には、この学派の厳格な方法論や体系性に反発して〈通俗哲学〉の一派が出現した。

当時のドイツ学校哲学に対するヴォルフ学派の影響力には一時は瞠目すべきものがあり、この学派の哲学史家であるルドヴィッチの報告によれば、1735年にはギムナジウムと大学において112の席がヴォルフ主義者によって占められていた。〉（岩波、一二八頁）

フランケ（一六六三―一七二七）は、プロテスタント神学における重要なキャラクターです。ヴォルフは、制度化されたアカデミズムをほぼ席巻《せっけん》し、教科書も書いたので、彼の思想は通俗化していったわけです。ヴォルフの影響なしにドイツのアカデミズムはない、というほどの状態になりました。

〈特に彼らは夥しい数の教科書を執筆することでその影響力をたかめた（ちなみに学生カントはヴォルフ主義者クヌッツェンに学び、教師カントはヴォルフ主義者バウムガルテン、マイアー

(1718-1777) の著作を形而上学、論理学の講義の教科書に繰り返し用いている)。同時代に対するライプニッツ哲学の影響もこの学派の活動に負うところ大であった。ライプニッツ哲学は断片的にしか知られていなかったのに対して、ヴォルフ哲学はきわめて体系的・総合的であったからである。この学派の影響はライプニッツ哲学のそれを凌駕した。

ヴォルフの体系と方法に忠実であった世代の思想家としては、ティュミッヒ (1697-1728)、ビルフィンガー (1693-1750)、ゴットシェート (1700-1766)、バウマイスター (1709-1785) らがあげられる。彼らはヴォルフ哲学の梗概書を執筆しその伝播に重要な役割を果たした。ゴットシェートは文芸評論家でもありドイツ美学の祖父と呼ばれることもある。バウムガルテンはビルフィンガーの示唆に刺激され、ヴォルフの存在論と経験心理学の原理に立って哲学的美学を形成した。その弟子マイアーはゴットシェートらの旧世代の文芸評論家との論争を通して美学ブームを作りだし、多大な影響を与えた。ライマールス (1694-1768) の論理学上の業績もカントとの連関で重要である。若い世代のヴォルフ主義者のうち、フェーダー (1740-1821) やメンデルスゾーンは通俗哲学者とみなされることもある。ランベルトはカントが最も信頼した同世代の独創的な思想家であり、パースから論理学者としても高い評価を受けている。この学派を越え出るものを持っているが、方法論や存在論、経験心理学においてはヴォルフの影響をなおとどめた。ズルツァー (1720-1779) は美学や教育学の分野で活躍した。フェーダーは新興勢力としてのカント哲学に対抗すべく雑誌『哲学文庫』(1788-1791) を刊行した。またカント批判の書をものしたが支持を得られなかった。エーベルハルト (1739-1809) も同様の主旨から2種類の雑誌を刊行したがいずれも短命に終わった。彼は老カントに論争を挑みカントはこれに応えている。しかし時代はもはや彼らのものではなく、彼らの主張はいずれもカント哲学の前に

その光彩を失い忘却された。〉（岩波、一二二八―一二二九頁）

日本で哲学史を学ぶときも、ヴォルフとヴォルフ学派はミッシングリンクになっています。ライプニッツから急にヒュームへ、そこから急にカントに飛んでしまいますが、実際はこのヴォルフ抜きにはカントにつながらないのです。国際的なヴォルフ研究も、日本より五〇年は進んでいますが、日本では紹介されていません。とくに、ライプニッツはヴォルフがいなければ普及しなかった、という点を押さえてください。

復習　スピノザ

〈**スピノザ**　Baruch de Spinoza　1632-1677　オランダの哲学者。宗教的迫害のためにポルトガルからアムステルダムに移住したユダヤ商人の息子。ユダヤ人学校でユダヤ教とヘブライ語の教育をうけただけで、大学教育はうけていない。〉（岩波、八八〇頁）

繰り返しますが、彼は制度化された学問とはまったく関係ない人だ、ということです。

〈ほぼ15歳で学校教育を終え、その後は独力で旧約聖書とユダヤ中世の哲学を研究。次いでラテン語を修得して、キリスト教圏の文化に接することになる。１６５６年不敬虔の行状のためにユダヤ教団から破門される。それ以後主として哲学、自然学、政治学を本格的に研究し、それらの成果が『神・人間そして人間の幸福に関する短論文』、『知性改善論』、『デカルトの哲学

原理』、『神学・政治論』、主著『エチカ』、『政治論』の諸著作となった。（中略）
スピノザは日常の会話にはポルトガル語を用い、オランダ語には堪能でなかった。処女作『短論文』はオランダ語で書かれているが、これは友人がラテン語原文からオランダ語に翻訳したものである。〉（岩波、八八〇—八八一頁）

スピノザはなぜ、世俗語であるオランダ語で書かなかったのでしょうか？　制度化された学問内部にいた人ではなく、学生たちに伝える必要がなかったからです。当時のインテリに伝えればいいだけなので、インテリたちの言語であるラテン語で書いた、というわけです。

レンズ磨きという職業を持っていましたが、ときには国にアドバイスを求められたり、大学で非常勤で講義をしてくれと言われ、出かけたりもしました。ただ、定期的な講座を持つ公務員ではないので、弟子もできず、孤立した思索家でした。また、彼自身が制度化された大学教育を受けておらず独学の人なので、学問的な継承関係が制度内には生まれないのです。

〈**スピノザ主義**〔独〕Spinozismus　「スピノザは近代哲学の要点である。スピノザ主義か、いかなる哲学でもないかどちらかである」（ヘーゲル）。一般にオランダの哲学者スピノザ（1632-1677）を最重要視する思想態度を指す。無限実体である神から精神及び自然世界の一切を「幾何学的方法によって」演繹しようとしたスピノザの主著『エチカ』を範として、近代的な精神と自然の二元論を克服し、全体的かつ統一的な思想を構築しようとする点に特徴がある。『エチカ』の実体の形而上学によれば、「一にして全」なる神は精神であるのみならず、同時に全く自然そのものである（神即自然）。それゆえ精神と自然いずれに立脚するスピノザ主義も原則的に可能である。事実この哲学はまず『神学・政治論』によって、神論としてよりもむしろ思想と言論を擁護する自由の社会理論として受容され、それゆえに当初から激しい非難を浴びたのである。ちなみに、自由な「行為の哲学」の基礎に『エチカ』を据え、「一にして全なる自由」を説く19世紀半ばの社会主義者、ヘーゲル左派のM・ヘスもこの観点でスピノザ主義に与するのである。〉（岩波、八八一頁）

スピノザは「自然＝神」だ、と言います。つまり、自然にあるものの総和、宇宙の総和を神と称するのだという汎神《はんしん》論的な傾向を持つわけです。

ヘーゲル左派のモーゼス・ヘスは、初期のマルクスやエンゲルスと仕事をした人で、一緒に『哲学草稿』（『経済学・哲学草稿』。城塚登、田中清六訳、岩波文庫、一九八二年）や『ドイツ・イデオロギー』（諸版があるが、入手しやすいのは二〇〇二年刊の廣松渉編訳、小林昌人補訳の新編輯版）を書きました。マルクスとエンゲルスは共産主義に傾斜しましたが、ヘスはその動きには付き合わず、シオニズムのほうへ向かい、イスラエル建国の理念をつくっていきます。一八四〇年代半ばの若い思想サークルが、一方においてはマルクス主義、ロシア革命、共産主義体制を育て、つくった。もう一方はイスラエル国家をつくるシオニズムに向かった。両者が現在に影響を与えているという事実は、重要です。

次に出るピエール・ベール（一六四七―一七〇六）は、プロテスタントの改革派に属する人で、主著は『彗星《すいせい》雑考』（野沢協訳、法政大学出版局、一九七八年）です。

〈スピノザは無神論・汎神論というレッテルを貼られ、権威の側から長く「死せる犬」のように扱われた。その理由としてP・ベール（1647-1706）は、スピノザにおける①神の人格性の欠如（無味乾燥）、②世界の現実性の否定（全を求めて個・部分を無視）、③意志の自由の否認（神の機械的必然性の強調）、④総じて信仰性の無視、を挙げている。この論点はヤコービら後の人々による非難にも共通する。（中略）スピノザ主義は18世紀後半のドイツにおいて最も大きな議論を呼び起こす。もともと共和主義的観点でスピノザに共感を寄せていたレッシングは、晩年ゲーテの詩「プロメテウス」の中にスピノザ主義を読み取り、「スピノザ哲学以外の哲学は存在しない」と述べ、その標語として「一にして全」を提示した（ヤコービ『スピノザ書簡』）。レッシングのこの「スピノザ主義宣言」の真偽を巡ってヤコービとメンデルスゾーンとの間に、ゲーテ、カントらをも巻き込んで汎神論論争が起こる。神という無限者と精神および自然という有限者との関係ならびに両者の総合・和解に関して、スピノザ主義の有効性が問われたのである。この論争を契機にスピノザ主義は、絶対者を捉えようとするドイツ観念論に基礎を提供することになる。例えば「一にして全」をモットーにしていた青年時代のヘルダーリンとヘーゲル、「ぼくはスピノザ主義者になった」と叫んだ若きシェリングたちにとって、スピノザ主義はカントの批判哲学と並ぶ「最高の帰結」である。フィヒテに共同で対決する1801年前後のシェリングとヘーゲルの絶対者理解およびそれに基づく二人の哲学体系構想はどちらも哲学史上最も重要なスピノザ主義の叙述である。二人のその後の哲学もスピノザ主義に根底から規定されている。〉（岩波、八八一頁）

第七章　啓蒙主義の克服——第三章第十一節を読む

実証主義とコント

実証の中にも、実はさまざまな立場があります。実証主義という考えは、通常はフランスの哲学者オーギュスト・コント（一七九八—一八五七）から始まります。ただ、神学の場合の実証は、シュライエルマッハーが言うところの実証になります。つまり、今目の前にある、制度化された教会に正当な理屈をつけていくという意味の、保守的な意味での実証主義です。

〈**実証主義**〔仏〕positivisme〔英〕positivism〔独〕Positivismus　有効な知識の形態として科学的知識のみを認め、その立場から知の統一を目指す哲学的潮流。科学革命以来の科学の進歩とその社会的成功を受け入れる形で、19世紀ヨーロッパで成立した。科学的知識を実証的、すなわちポジティヴと見なすとき、ネガティヴとされるのは形而上学的言論であって、実証主義は形而上学の排除を通じて知的統一を実現しようとした。〉（岩波、六六一頁）

神学は、右の意味においては反実証的なものと見なされるようになったわけです。ただ、目の前にある現実の教会や社会問題を扱っていくのが神学上の実証主義なので、実際には成り立ちます。

〈【名称の由来】〈実証的〉というのは元来、「設定された」を意味するラテン語のポシティウスに由来する。17世紀にはこの語は、自然法則について、それが神の自由な設定によることを示すために用いられた。それら法則の根拠を更に求めることはできない、とされたのである。この語はやがて、事実として与えられている自然法則の確認で満足し、その背後に生成の神秘などを求めない知識のあり方、つまりは科学的知識のあり方を指すようになった。（中略）その最初の使用はサン＝シモンによると考えられている。しかし、その語が一定の哲学的立場を指すようになったのは、その名の下で初めて哲学体系を構築したコント以降である。〉（岩波、六六一頁）

目の前にある法則関係は神さまが与えてくださったものだ。そのときに「なぜ」とは問わないものだ、そうなっているからそうなのだ、というのが実証本来の「ポシティウス」の意味です。哲学的立場で、ということになると、オーギュスト・コントが決定的に重要になります。

〈【思想内容】コントは〈実証的〉の意味内容を定式化するために、そこに〈現実的〉〈有用〉〈確実〉〈正確〉〈組織的〉〈相対的〉の六つの意味を区別している（『実証精神論』第1部）。今それを手掛りに整理を行えば、実証主義の思想内容は概ね次のように示されよう。

1）まず、〈現実的〉というのは、第一原因や究極目的といった経験を越える原理に訴えることなく、経験的に確認される事実の規則性（現象法則）によってのみ現象を説明しようとすることである。ここに見られる広く経験主義的立場が実証主義の基本を成す。

2）しかし、このような立場は、経験主義が時にそうであるように懐疑論へは導かない。〈実証的〉は〈確実〉を意味しており、実証主義が主張するのは、実証主義が、また実証主義だけが、知識への自然な信憑に保証を与えるということである。更に〈実証的〉は〈正確〉を意味しており、実証主義が提示する知識の像は、法則からの演繹によって正確な将来予測を許すような合理的な知識像である。そのような将来予測については、〈有用〉ということも言われる。

3）こうして、単なる経験主義というのではなく、それと確実で合理的な知識の像とを結合したものが実証主義の見地をなす。そして〈実証的〉の〈組織的〉また〈相対的〉という意味も、このような結合に対応している。〉（岩波、六六一頁）

つまり実証主義とは体系的で組織的な理解だ、ということです。次の箇所に線を引いてください。

〈すなわち、実証主義は、それまで形而上学が超越論的反省の下で鋭く対立させてきた、主観と客観、経験と合理性といった認識の諸契機を、同じ人間性の事実として同一平面上で〈組織的〉に理解しようとする。〉（岩波、六六一頁）

実証主義的なアプローチは、社会学という学問を新たに生み出しました。社会学では、実証主義が死活的に重要なのです。その意味では、コントは社会学の生みの親です。

〈その際、人間性の根本を自然的なものと見るか、社会的なものと見るかで、組織化の場も、習慣といった生理・心理のメカニズムとなったり、進歩といった歴史・社会のメカニズムとなったりしよう。例えばコントは、精神現象を広義の社会現象と見なす社会学に向かって、社会学の諸法則、特に知識発展の法則の中で諸契機を歴史的に相対化しようとした。その結果、形而上学そのものが、そこでは精神史の一エピソードとして歴史的に〈相対的〉に理解されるに至るのである。(中略) 一般に、自らが当該領域の科学と成り、そのことでその領域における形而上学的議論そのものを終息させること、そのようにして科学による知の統一を図っていくこと、それが〈組織的〉・〈相対的〉ということで示唆される実証主義の方途である。〉(岩波、六六一―六六二頁)

神学の場合は、形而上学が不可分に結びついています。この形而上学を脱却して、神学を再構成するとどうなるでしょうか？　現象としての宗教を見ていくことになるため、宗教学になります。神学は、実証主義が入ってくることで宗教学になりました。実証主義的な方法、つまり社会学的な方法を強調すると、宗教社会学になります。それは神学的な発想とは違う、形而上学的なものをいっさい取り去った学問になってしまう、ということです。『実証哲学講義』という、これも有名だけれどほとんど読まれていないコントの本があります。右の記事で書かれていることを理解するには、この本が重要ですが、それについては後で述べます。

〈思想史において自ら実証主義者を名乗った者は、実質的にはコントとその弟子たちだけと言ってよい。しかし、実証主義的立場は、科学の時代における時代思潮とも言うべきものであって、コント以前・以後を問わず、広範囲の思想に指摘されうる。（中略）19世紀イギリスのJ・S・ミルやスペンサーも科学の立場から社会を論じようとした。ただ、〈功利〉であれ〈進化〉であれそこでの原理自身はむしろ生理学・生物学レベルのものと見なされうる。20世紀の〈論理実証主義〉も科学による知の統一という実証主義の企図を共有した。しかし、それが〈分析的〉と〈総合的〉とをつなぐ人間科学的視点を持たず、またそれの求めた学の統一も物理主義的還元であった点については、社会学へ導くコントの実証主義がそもそも、当時の同様な試みに〈数学者の専横〉を見、そこにむしろ形而上学的心性の名残を指摘して出立したものであることが留意されよう。〉（岩波、六六二頁）

実証主義は、なかなか「〈分析的〉と〈総合的〉とをつなぐ人間科学的視点」を持てない、ということです。次が、コントの『実証哲学講義』についての説明です。

〈実証主義の創設者コントの主著。全6巻。自室で開講した〈実証哲学講義〉がひとまず終了した後、第1巻は1830年に出版された。第2巻〔1835〕、第3巻〔1838〕、第4巻〔1839〕、第5巻〔1841〕と続き、第6巻の出版は1842年。本書は知識の哲学の一大刷新の試みであって、コントは、知識の担い手を〈社会〉にこそ認める立場から新たな社会学を創設し、デカルト以来の〈個〉の内省に依拠する形而上学的認識論を乗り越えようとした。〉（岩波、六六二―六六三頁）

私が一九八六年に日本を出るまでは、各大学の社会学部は、『プロテスタンティズムの倫理と資本主義の精神』（大塚久雄訳、岩波文庫、一九八九年）で著名なドイツのマックス・ウェーバー（一八六四―一九二〇）、『自殺論』（宮島喬訳、中公文庫、二〇一八年）で知られるフランスのエミール・デュルケーム（一八五八―一九一七）、そしてコントの周辺を研究していました。その後日本に帰ってきた時には、なぜこんなに社会学インフレが起きたのか、と驚きました。

それは小さな差異を見るという、ポストモダン的な社会学の影響による状況でした。社会にはさまざまな事象があり、そこに小さな物語を見つければよい、という視点が流行《はや》っていた。けれども、それまでの社会学は、（コントが提示したような）かなりしっかりしたディシプリンがあったわけです。確実な実証性がないと、社会学とは言えなかったのです。

〈【内容】前半3巻は自然諸科学の通覧に当てられている。第1巻では講義の目的とプランが述べられた後、数学が取り上げられる。第2巻では天文学と物理学、第3巻では化学と生物学が扱われる。後半3巻で新たな社会学の提示がなされる。

数学・天文学・物理学・化学・生物学の自然諸科学を順に取り上げる前半3巻は、各科学についてその歴史と学問内容とを詳説する科学概論の観を呈する。ただし、コントの叙述が良くも悪くも概論の枠を越え出ていることは事実である。この3巻が行っているのは、諸科学の概説以上に、〈三段階の法則〉と〈分類の法則〉という実証哲学の二大法則の提示なのである。〉

（岩波、六六三頁）

「三段階の法則」と「分類の法則」が、哲学にとって重要です。特に「三段階の法則」は、神学の文脈で重要です。なぜなら、この法則の構成自体が脱神学になっているからです。

〈〈三段階の法則〉は、①超越的原因（神）によって現象を説明する〈神学的段階〉、②抽象概念（本質や本性）によって現象を説明する〈形而上学的段階〉、③現象法則の確認のみに徹する〈実証的段階〉の三段階を経て、人類の知が必然的に進歩することを説く。〉（岩波、六六三頁）

発展段階という形で知識の階層化をしてしまうと、形而上学について知れば神学についても知ることができる、と見なされてしまいます。さらには、実証について知っていれば形而上学や神学についいて知る必要がないことになります。いわゆる俗流的な、一般的な宗教学者たちの神学観というのは、このコントの神学観に拠《よ》っています。

〈前半3巻では個々の自然科学の形成過程の内にこの法則が確認され、特に、各科学が遅速の差はあれ既に実証的段階に到達していることが、ラグランジュの力学、フーリエの熱学、ビシャの生理学といった具体例に即して主張される。そして自然諸科学の展開に学んで、社会現象にも実証科学を成立させる必要が説かれるのである。

他方、〈分類の法則〉は、現象が、単純・複雑の程度によって、数学が扱う領域、天文学が扱う領域といったように諸科学の扱う諸領域に分割されることを説く。より複雑な現象がより単純な現象に依存することはあっても、各領域には固有の探究方法が存しており、その限りで決して全面的な還元は生じないと主張される。前半3巻ではこの法則によって、数学から生物学までの諸科学の独立が繰り返し説かれ、特に現象すべてを数学に帰着させようとする普遍数学的考えや、生命現象を物理現象に還元しようとする機械論などが批判される。〉（岩波、六六

三頁）

普遍数学の代表者はライプニッツで、現代だとAIの考え方になります。生命現象を物理現象に還元させるのは、分子生物学の考え方です。コントはこういうものを批判したわけです。分子生物学や情報工学、データサイエンスが主流になっていくときに、本来、こういったものですべてを還元させるのはおかしいではないか、カテゴリーが違うではないか、という問題を提示したことで、コントの議論は現代的な意義を持ちうるわけです。

〈以上、前半3巻で歴史的必然性と独立性が示された後、第4巻以降で社会学が実際に展開されることになる。第4巻では社会学の意義や〈歴史的方法〉といったその方法が論じられ、諸学中でのそれの位置が示される。次いで〈秩序〉を扱う社会静学と〈進歩〉を扱う社会動学の区分がなされ、後者の主要法則として〈三段階の法則〉が示される。第5巻では三段階のうち神学的および形而上学的段階が、第6巻では実証的段階が詳説される。

コントの社会学はこうして量的・質的に社会動学を中心としており、しかもそれは、最も優れた意味での社会現象、すなわち精神・文化現象を主に論じる〈人間精神の一般史〉となっている。この〈人間精神の一般史〉が扱うものをさらに見れば、それは諸科学の歴史的通覧を大きく含み、〈分類の法則〉と〈三段階の法則〉の確認をまた行うのである。こうして、コントの社会学の中核部分は〈歴史的方法〉を駆使した〈諸科学の科学〉であり、われわれはここに『実証哲学講義』の全体を冒頭から再び見出しているとも言いうるのである。このことは、この『講義』全体が実は一個の社会学に他ならないことを意味しよう。諸科学の歴史的通覧を繰り返し、科学の進歩と多元性とに親しみ、形而上学的思考を身をもって脱却していくこと、コントは社会学の創設を通して、そのような実証哲学の実践へとわれわれを導いているのである。

本書によって実際に形而上学的認識論には終止符が打たれ、19世紀後半のフランスでは、それに代わる新たな人間科学の試みが、社会学・言語学・人類学といった種々の形で登場することになった。〉（岩波、六六三頁）

実証主義論争

「形而上学的認識論には終止符が打たれ」とありますが、実際のところ、人間の行為はすべて実証主義に還元できるでしょうか？　例えば「ネコのような人」と言うと、どういうイメージを持ちますか？　「寝ていることが多い」「かわいい」「マイペースだ」等々、人によって、それらはまちまちです。また例えば「実証主義的にキノコは健康面に有害でない」という説明を受けたとして、それまで嫌いだった人がキノコを食べるようになるとは限りません。ネコのイメージやキノコが人体に無害であることとそれを食べることとの関係は、実証主義に還元できません。うまく説明はできなくとも、そこには人の利害関心があり、それらのほうが実証性より先行するものです。何を実証の対象とするのかを含めた利害関心が、無意識のうちに働いています。

そのような面をほとんど反省せずに、すべては実証主義的に還元できると主張するのは、啓蒙《けいもう》的理性の誤使用です。何を実証の対象とするか、というところに、認識を導く関心があります。さらに、データの扱い方や検証方法、あるいはデータ中に揺れがある場合、それを優位な揺れと見るか誤差と見るか、あるいはいくつ以上のサンプル数を有効とし、その統計を信用できると見なすか……。これらの判断を見ていけば、恣意《しい》性が入り込み、厳密な基準とは言えないことがほとんどです。

そうした問題を扱ったのが、ドイツで大論争になった実証主義論争です。

〈**実証主義論争**〔独〕Positivismusstreit　この論争は、1961年10月、ドイツ社会学会のテュービンゲン研究集会の席上、社会科学の論理をめぐるK・ポパーの報告とT・アドルノの反論に始まった。アドルノの分類によれば、この論争は広義の実証主義的社会学と弁証法的思考の対決になるはずであった。〉（岩波、六六二頁）

実証主義は、弁証法とぶつかります。弁証法というのは、対話の中でいろいろな議論を見つけていく立場です。一方の実証主義は、客観的に正しいものがあるという見方をするので、弁証法的な発展や、止揚もないことになります。反証主義的な形をとって、実証をより緻密《ちみつ》にしていくのが実証主義の立場だから、弁証法とは根本的に異なるわけです。

〈しかし、両者が他者批判をひかえ、かつ、用語の類似性もあって、噛み合った論争にはならなかった。その後、論争はアドルノの立場を引き継ぐJ・ハーバマースと、ポパーの立場を支持するH・アルバートにバトン・タッチされ、えんえん数年間激論が続くことになる。

事態をあるがままに認め、事態の示す法則を積み重ねることをもって科学の本質とする実証主義的態度に対する批判は、アドルノを含むフランクフルト学派本来の思想であった。アドルノによると、そのような実証主義的態度は、結局、個別的事態の背後にひそむ社会的関係、社会的総体性を見失っているのだという。したがって、社会科学の研究方法は、蓄積された経験を基にした概念と特定の社会的個別問題との不一致のなかで、こちらの概念への反省とともに、対象である社会的個別問題への批判や実践的働きかけをも含まねばならないとする。アドルノのこのような「社会の批判理論」に対して、ポパーは「批判的合理主義」で対決する。ポパーにとっても、実験と観察によって事態の示す法則を書き記すことが科学的真理であるわけではない。われわれは多くの既得知識をもって事態に対処する。しかし、この既得知識なるものも暫定的なものでしかない。既得知識をもって提示された問題解決案（理論）は、事態に即してテストされる。もしその解決案が批判に耐えた場合、われわれはその解決案を批判される価値あるものとして暫定的に受けいれる。事態の方も固定的なものではなく、その都度の解決案によって構成される対象にすぎないものである。かく実証主義的態度をとっているわけではないポパーにとって、フランクフルト学派の実証主義批判は的はずれの批判だということになる。

噛み合わなかったこの論争をむしろ鮮明な対立にもたらしたのは、フランクフルト学派第二世代のハーバマースであった。彼は個別諸現象が総体性に依存していることを認めるが故に、歴史的合法則性を主張する。これは行動する主体の主観的状況了解が、社会的諸関係の合法則的連関認識へともたらされることを必要とする。客観的意味了解を目指す彼独自の解釈学による合法則性の把握である。これに対して、アルバートは、ハーバマースの態度に主観的実践的意図を歴史の客観的解釈によって正当化しようとするイデオロギー性を指摘して非難する。アルバートにとって問われるべきは神話的な社会的総体性なのではなく、社会のシステムだということになる。この第二段の論争は、ハーバマースをして、ガダマーとの解釈学論争、ルーマンとのシステム論論争に向わせる。〉（岩波、六六二頁）

この短い記述だけではわからないのですが、社会をトータルに捉《とら》えようとすれば、実証主義の枠を超えてしまい、何らかのイデオロギー性が入ってくるのは当たり前の話です。というのは、イデオロギーという枠がなければ、時代の認識やトータルの認識はできないからです。

だから、この論争が嚙《か》み合わないのは当たり前です。それはつまり、コーヒーが好きか紅茶が好きかというのと同じ、立場設定の問題だからです。それは趣味の問題だから、嚙み合わない。コーヒーと紅茶の両方を混ぜて中間物をつくったとしても、誰も飲まないのと一緒です。

カントの批判主義

『哲学思想史』に戻り、「第十一節　批判主義の根本精神」に進みます。

〈カント（Immanuel Kant, 1724—1804）は、誠に奇しい運命をもった哲学者である。もっぱら「独断的形而上学の破壊者」としてカントを目した時代の人がもし今世紀に生きていて『形而上学者としてのカント』（Max Wundt：Kant als Metaphysiker, 1924）が語られるのを聞いたとしたら、どんなに驚くことであろう。カント死後百数十年、それぞれの時代の要求をもってカントを読むことができたということは、カント哲学の豊かさを物語るものであるが、その豊かさは実は健全さから由来するものにほかならなかった。一七六五年から六六年にわたる講義案によって察することができるように、健全な悟性がまだ十分発達していない前に、あまりに早く理性にかぶりつく（erschnappen）ことはカントの極力戒めるところであって、まず健全な常識から出発して順を追うて徐々に思索を進めて行くいわゆる「人間認識の自然の歩み」（der natürliche Fortschritt der menschlichen Erkenntnis）をカントは単に説き勧めるばかりでなくみずから実行したところに、その哲学の健全さがあるといわねばならないのである（vgl. Phil. Bibl. Bd. 46a. S. 151 f.)。〉（淡野、一九〇―一九一頁）

「奇しい」は、一昔前の読み方で「あやしい」と読みます。この場合の「あやしい」は、古語辞典には出ていて、「珍しい」あるいは「変わっている」という意味です。だからカントは珍しい運命、変わった運命、珍しい運命をもった人だった、ということになります。「あやしい」には、けしからん、良くないという意味と、珍しい、変わっているという意味の両方がありましたが、昭和六〇年代ぐらいまでは、この二番目の意味も生きていたわけです。それが急速になくなりました。われわれの世代だと、「珍しい」という意味で「あやしい」を使いますが、今は例えば「あいつはあやしい」のように、いい意味では使いません。ただ「あやしい感じ」は、「変わっている感じ」と受け取れるため、そこに昔の意味が少し残りますが、言葉は五〇年ほどでこれほど変遷するわけです。

カントは、ケーニヒスベルク（現・カリーニングラード）で生まれ、生涯、その街からまったく出ませんでした。ただ、教師として担当した科目は世界地理でした。一度も行ったことがないのに、いい加減な授業をしていた。それからカントは毎朝、同じ時間に散歩をしていたから、近所の人にとって時計代わりになった、という話も有名です。几帳面《きちょうめん》でリゴリスティックだったと言いますが、カントが書いた手紙の中には、女のストッキングは黒いほうがいい、といった内容もあります。黒いストッキングは、当時は売春婦しか穿《は》かなかったので、怪しげな場所にも出入りしていたのでしょう。女性にはとてももてて、スポンサーが複数いました。いつも女性の家に行っていろいろな話をし、お小遣いを貰《もら》っていた。大学教師の給料だけでなく、貴族の妻たちからもお小遣いを貰い、おいしいものも食べました。『純粋理性批判』（篠田英雄訳、岩波文庫、一九六一～二年）などは、慌て勢いで一気に書いた作品なので、中にはかなり矛盾した記述も見られます。

〈普通の哲学史の教科書によれば、カントの批判主義哲学は一七八一年の『純粋理性批判』によってはじめて確立されたのであって、それ以後を批判期（kritische Periode）と呼ぶのに対してそれ以前は先批判期（vorkritische Periode）と呼ばれる。そして先批判期においてカントは自然科学的経験論と形而上学的唯理論との間をさまようていたのであって、初めは主として自然科学的研究を事とし、ついで次第に形而上学的問題に移り、転じて論理学と形而上学との関係を論じ、英仏の人性論によって新しい問題を得、ついに古来の形而上学に対する懐疑となって新しい見地を開くに至ったと称せられ、先批判期がさらにつぎのような三つの小時期に区分せられる。

一、唯理論的――自然科学的――独断論的
二、経験論的――論理的――懐疑論的
三、準批判主義的

（中略）思想家に天才型と努力型とを区別するならば、天才型はそのひらめきのままに大きく変転することもあり得るけれども、努力型はしょせん宿命的ともいうべきひとすじみちを丹念に精進して行くものなのではないであろうか。そしてカントこそは、まさにこの努力型の典型的なものなのではないか、と思われるのである。それならば、カントが辿って行ったひとすじみちとは、いったいどういうものなのであろうか。〉（淡野、一九一―一九三頁）

カントは内面が複雑な人だった、ということが、次に述べられます。

〈カントは或る意味において確かに常識家である。常識家であるが故に、健全な頭脳の持主が真面目に主張することならば、無下に否定すべきではないと考える。その中には必ずや何らかの真理性が含まれているに違いないからである。しかし、もし双方とも健全な頭脳の持主と思われる人々がいずれも真面目に主張する内容が互に相容れないような場合があるならば、いったいどうすればよいのであろうか。――その場合でもやはり、それぞれの主張は確かに何らかの真理性を含んでいるに違いない。ただ、有限な精神の主張するところが一挙にあらゆるものに対して妥当するというようなことは恐らく期待すべきではなく、まず或る一定の限られた範囲内においてのみ正当な妥当性を主張し得る、という制限を免れることができないものなのであろう。従って、ここに相容れない内容をもった二つの主張があった場合、もしその二つの主張がそれぞれ異る範囲において妥当することが明らかにされるならば、その両者は互に少しも損い合うことなくそれぞれ別々の領域においてその完全な妥当性を確保することができる筈である。これが、最初からのカントの確信であった。そしてこの確信の典型的な現われをわれわれは、カントが二十二歳の時に書いた最初の著作でありまた大学の卒業論文でもあるところの『活力測定考』(1747)の中にすでに見出すことができるのである。

この論文は、$f = mv$ であると主張するデカルト派と $f = mv^2$ であると主張するライプニッツ派との、当時ヨーロッパの学界における有名な論争に対して、青年カントが軒昂たる意気をもってその解決を試みたものであるが、カントはその第二章の冒頭において彼が「常に真理の

研究に当って規準として用いた」根本方針をつぎのように述べている。〉（淡野、一九三―一九四頁）

「$f = mv$」と「$f = mv^2$」は、どちらが正しいでしょうか？　高校物理で出てきます（今は力「f」を「p」で表す）が、「$p = mv$」は運動量を表し、運動エネルギー「$\frac{1}{2}mv^2$」とは違う概念です。ただ、運動エネルギーには「$\frac{1}{2}$」が付いていて、「$\frac{1}{2}mv^2$」を微分すると「mv」になります。当時はそれがわかっていなかったわけです。運動エネルギー「$\frac{1}{2}mv^2$」については、今は高校生でもわかるわけですが、当時はデカルト派が、エネルギーは「mv だ」、ライプニッツ派が「mv^2 だ」と言い合い、ヨーロッパ知識人が真っ二つに分かれて激しい論争が展開されました。

カントはこの問題をどうやって処理したでしょうか。運動エネルギーが「$\frac{1}{2}mv^2$」だという発見はできませんでしたが、彼は「場合分け」という方法を見出《みいだ》しました。弾丸の動きは、静かに押したときと、ピストルで発射したときでは違う。前者の場合がデカルト派で、後者の場合がライプニッツ派だと、分けて調整をしようとしたわけです。その分け方自体はナンセンスですが、場合によって違う、つまりカテゴリーを分けるというカントの考え方が、ここに表れています。

〈「もし聡明な判断力を具えた人たちが……互に全く反する意見を主張するようなことがあるならば、両方の側に或る程度の正しさを認める（beiden Parteien in gewisser Masse Recht lassen）ような何らかの媒介命題（Mittelsatz）を見出そうと主として努力するのが、蓋然性の論理（Logik der Wahrscheinlichkeiten）にかなったことである。」と（§20）。（中略）デカルト派の主張は Mechanik の原則として数学的物体に妥当し（§115）、ライプニッツ派の主張は wahre

Dynamik の原則として自然的物体に妥当するものと考えたのである（§124; §125）。〉（淡野、一九四—一九六頁）

ヴァーレ・ディナーミック（wahre Dynamik）。「wahre」は真のダイナミズム、活力のことです。

〈こういうふうにして当時全ヨーロッパを風靡した大論争も一応解決されたのであるが、それは結果からいえば、ライプニッツがデカルトの法則を全面的に否定してその代りに彼自身の法則を置き換えようとしたのに対して、カントはそれを「デカルトの法則にもやはりいくらかの場所を許容するような或る条件の下においてのみ」（nur unter gewissen Bedingungen, die der vorigen［Regel des Cartes］annoch einigen Platz verstatten）適用したものにほかならぬのである（§22）。〉（淡野、一九六頁）

デカルトもライプニッツもカントも、自然科学によってではなく、自然哲学によってアプローチしました。自然哲学とは、シェリングにもヘーゲルにもたくさん出てきますが、自然に関する観察による考察のことです。哲学史としてはイオニア、すなわちソクラテス以前の哲学に戻っているわけです。実験で得た一部のデータは出てきますが、そのデータから法則を提示するのではなく、データを考察するというアプローチなので、視座が違うわけです。

ここで知ってほしいのは、今なら高校生でもわかる物理の知識を持たないカントはバカじゃないの、ということではありません。運動エネルギーの法則に関しては、ダランベールが当時すでに明らかにしました。カントは自然哲学の方法で見ていて、自然科学の視座とは違います。異なる見解があるとき、カテゴリー別に分ける——Aでは適用されるが、Bでは適用されないものを分ける——という考え方がカントの特徴なのだ、ということを知ってほしいのです。

〈当時においてもすでにダランベール（d’Alembert, 1717—1783）が一七四三年の“Traité de dynamique”において運動エネルギーは$\frac{1}{2}mv^2$であることを提唱していたのではあるけれども、当時の事情をもってすれば、二十二歳の学生カントがそれを知らなかったということもあながち非難さるべきではなく、むしろその解決の仕方の中にやがてカントの名を不朽ならしめた批判主義的精神の萌芽が現われていることを、見逃してはならないのである。〉（淡野、一九六一　一九七頁）

批判主義的精神とはどういうことでしょうか？　ここでは対象、「Gegenstand」という考え方が重要になります。相手を対象として眺め、その内在的な論理を捉え、それに対して自分の意見を付け加えるのが、「批判」です。だから肯定的なものであっても構わない。日常語で使う「批判」とは意味が違います。デカルトの内在的な論理を、ライプニッツの内在的な論理を捉える。それに対して、カントが自分のコメントを付ける。カントが採ったこのような方法を批判的方法と言います。

日本語で「批判」と言うと、「この前、陰でお前の批判をしている奴がいたぞ」などと、悪口に近い意味で使われます。悪口に価するナンセンスなものなら、カントなら考察の対象にしません。だからだいたい批判の対象には、肯定的になります。同じクリティークでも、日本では、文芸には「文芸批評」、政治には「政治評論」などと、別の語を当てることになります。

〈それは、二つの異る領域を区別することによって、一見相容れないように見える二つの異る主張にそれぞれその所を得しめることであった。すなわち、カントはつねに問題を二律背反(Antinomie)の形において捉え、それを解決することによって彼自身の思想を発展させて来た、ということができる。* ところで、二律背反すなわちアンティノミア(antinomia)はノモス(nomos)相互間の背反である。〉(淡野、一九七頁)

「ノモス」とは何でしたか? 法です。その法から、ギリシアではギリシアの法が生まれ、中国では中国の法が生まれました。それらが対立する場合、同じ地盤で起きていることではないので、アンチノミーが出てきます。アンチノミーという発想は、複数の法のあいだで対立するところから来ています。なぜ対立するのかという、背景を見ていく必要があります。

〈そのノモスの元の言葉である動詞のネメインは「分配する」あるいは「わけ前として持つ」ことを意味し、古い時代においてはそれが主として土地についていわれたために「一定の場所に居住する」という意味に転じ、さらに牧畜民族においては「牧草を与える」あるいは「放牧する」という意味になった。従ってノモスとは、原義的には「牧場」を意味し、それがやがて「領土」となり、最後にはその領土に生れた「慣習」またはこれにもとづいて成立した「法律」を意味することとなった。かくしてノモスとは、その由来を含めていえば「一定の領土に成立した法律」にほかならない。従って、ノモス相互間に背反がある場合、それぞれのノモスの成立している地盤としての領土が明らかにせられるならば、一見相容れないように思われた両者の背反関係は解消して、両方のノモスは共にそれぞれの領土においてその妥当性を主張することができるようになるであろう。（中略）事実また、カントのいわゆる「批判的解決」(kritische Auflösung) と称するものもひっきょうこういう解決の仕方にほかならなかったのである。〉（淡野、一九七—一九八頁）

ここに書かれていることは、外交を考える時などに重要です。例えば日本と韓国のあいだでは、植民地支配をめぐる認識が異なっています。日本が韓国を併合したのは帝国主義の時代だから、当時の国際法に従えば合法的である。韓国政府も了承したうえで併合が行われたのだ、というのが日本の認識です。それに対して韓国は、日韓併合条約は力によって押し付けられた、締結時点から違法な条約なのだから、植民地化は力によるものだった、と考えます。

歴史的に起きた事実は変わらないので、事実問題としては争いがありません。つまり日韓は、事実問題ではなく、権利問題として争っているわけです。これが、アンチノミーです。

「会合を休む」と事前に連絡を入れたのに、あとから「休むとは何ごとか、社会人としての自覚を持つように」というメールが来たとします。これは、会合を休んだという事実に関しては、問題は生じません。しかし社会人としての自覚をどう考えているのだ、という性質の話なので、休んだことの意味についての権利問題が生じます。そうしたことでアンチノミー、対立が起きたときは、事実問題をめぐる争いなのか、権利問題をめぐる争いなのかを、必ず分けないといけません。

ただ法廷審理においては、事実を認めてしまったら、その後の権利問題での争いは弱くなります。そのため法廷審理では、まず事実問題で争い、事実問題で争えないときだけ、権利問題で争うことがほとんどです。

アンティノミアの考えを知っておくと、現実場面でも役立つことがあります。言動が頭にくる人がいるとします。その人は恐らく、育った場所や環境、人間関係のネットワーク、つまりノモスが自分とは違うのです。そのため価値観が自分とは異なり、頭にくるわけです。それはほとんど権利問題をめぐる事柄です。例えば偏差値三八のヤンキー校でトップの成績を取っていた人と、偏差値七七の大学附属高校に通っていた人が同じ大学の神学部に進学したとしても、両者の大学生活は違ってくるでしょう。前者の学生は、高校始まって以来の快挙のように扱われてやって来るから、大学では伸び伸び過ごし、楽しく生活する。後者の学生は、学校始まって以来の大恥のような扱いを受けて来るから、うんとひねくれてしまう。このような事柄はすべて、アンチノミーの問題です。相互理解にはノモス——どういう家庭環境か、どういう出身か——が重要になります。

カントの話は、実戦に役に立つということです。世の中に出ると、「なんでこんなに頭にくるのか」と感じるイヤなことがいろいろありますが、それはノモスが違うようだ、と見当をつけられます。そのノモスは歴史と地理でできています。次の注を読みましょう。

〈＊　一七五五年の『天体の一般自然史および理説』は、いわゆるカント・ラプラスの星雲説を創唱したものとして広く知られているけれども、全体としてこれを見るならばニュートンの機械観とライプニッツの目的観とを調和しようと試みたものであって、その批判的解決の結果、機械観があまねく支配する自然界と目的観の妥当する超自然的な目的界という二つの世界が、はっきりと自覚的にうち立てられることになった。さらに同じ一七五五年の『形而上学的認識第一原理新釈』においては「必然と自由」の問題を批判的に解決することによって、後年の自由論を予示するような考え方が展開され、ついで翌年の『地震に関する三つの論文』の中ではいわゆる宗教的二律背反の問題がとり上げられて、つぎのように述べられている。「信仰のあつい国も異教徒の住む土地も同じように地震にあい、〔それればかりでなく〕なんら罰を免れる特権を主張することのできないような多くの街が、最初から荒廃を免れているのを見ては」世界統治における神の意図がどこにあるのか、判らなくなる。〉（淡野、一九八頁）

なぜ地震の話が出てくるかというと、一七五五年にリスボン大地震という、マグニチュード八・五〜九とも言われる地震があったためです。大きさは東日本大震災といい勝負で、津波も起きました。死者数は五万〜六万人と言われ、東日本大震災の約三倍です。しかも発生は一一月一日、つまり万聖節、諸聖人の日でした。それ以前はこの規模の地震が起きても、深刻な問題にはなりませんでしたが、この時は「なぜこういう日に大地震が起きるのか」と大問題になりました。それは、この頃には国家機能が近代化し始めていたからです。

それまでの常識的な理解としては、地震は自然現象ではなく、神罰でした（天譴論《てんけん》）。ところが一八世紀になって初めて、地震は国家の責任だということになりました。「国はなぜ地震対策をしないんだ」「国民にどう対応するのか」などが、問題になったわけです。しかもポルトガルは教会をサポートし、海外植民地でキリスト教を宣教している、キリスト教国家です。なぜ、そのポルトガルの首都のリスボンが神罰を受けねばならないのか。さらに、なぜ聖堂が壊れ、罪のない子どもたちが死なねばならなかったのか。これを機に、ライプニッツの考えが急に力を無くしていきます。それで、地震は罰や悪とは関係ないと、カントが言い始めたわけです。地底にある大きな空洞には熱いガスが満ちていて、地震や津波はそのガスが溢《あふ》れ出る自然現象だから神罰と関係ない、自然現象に過ぎない、という仮説を立てました。

地震は地殻変動ですから、この仮説は間違っています。カントが説いた熱いガスもないことがわかっていますが、地震が神罰ではなく自然現象であるとして、ここに神の意味を見出《みいだ》すのは間違いだと言ったという意味で、カントは地震学の父でもあるわけです。

〈しかし「人間はこのむなしい〔浮世の〕舞台で永遠の小屋を建てるために生れて来たのではない。人間の全生命は遥かにけだかい目的をもっているのであるから、この世の無常が（中略）まのあたりに見させるあらゆる荒廃は、地上の財宝が〔結局は〕われわれの幸福衝動に満足を与えることのできないものであることを戒しめるのに、いかに美しく適っていることであろう！（中略）それは人をへり下った心にならせる。というのは、神が定めた自然法則から、〔自分にとって〕好都合な結果ばかりを期待するどんな権利ももっていないことを、あるいは少なくとも失ってしまったことを、悟らせるからである。」

こういうわけで、全く外面的に規定せられた自然現象は、小我に捉われた立場から見るならば、ひっきょう不可解な偶然にすぎないけれども、謙虚な心でこれをみつめるならば、森羅万象少しの無駄もなく深い内面的連関においてことごとく神の心につながっていることが見出されるのである。〉（淡野、一九八―一九九頁）

カントの主張は、天譴論ではないわけです。こういった破壊は自然現象から起きるが、人間にとって重要な価値は目に見えるものではないでしょう、という方向に意識を向けていきます。

いずれにしても、当時ほとんどの人は天譴論を説いていました。天譴論からの脱出は、ある意味ではカントで完成しますが、その先駆として重要な役割を果たしたのが、ピエール・ベールです。それまで、彗星《すいせい》の接近とは神の意思であると捉えられた（「最悪だ」と思われた）のに対して、ベールは単なる物理的な運動に過ぎない、と主張しました。そこでカントとつながります。

〈こういうふうに自己本位の立場において偶然的に見えるすべてのものが、実は深い必然的連関においてあることを自覚するところに、真の宗教的立場の誕生がある。〉（淡野、一九九頁）

ここで言う「宗教的立場」とは、倫理・道徳のことです。悲惨な出来事が起きたとしても、それを神罰だと考えるのではなく、人間はそれにどう対処すべきか考えることが大事だ、と説かれます。

感性、悟性、理性

〈以上略述して来たように、「二律背反の批判的解決」という形でカントがその思想を次第に深めて来た――自然界から目的界へ、目的界から道徳界へ、そして最後に宗教界へ、――ここにわれわれは典型的な哲学的思索の展開を認めることができないであろうか。

カント前の近世哲学の二大潮流であるところのイギリスの経験論と大陸の唯理論という二つの異なる主張あるいは考え方が、カントの批判主義的認識論において綜合せられた仕方も、全く右の「批判的解決」の方式によってであった。すなわちカントは、すべてのわれわれの認識は経験と共にはじまるけれども、しかし認識を成り立たせるすべての要素が経験から由来するわけではなく、経験によって与えられた「素材」を結びつけて一定の認識にまで構成する「形式」は、経験に先き立つ〔広義の〕理性*から由来するものであることを明らかにすることによって、経験論の主張を素材の面において、唯理論の主張を形式の面において、共にそれぞれ生かそうとしたのである。

＊　カントが「理性」という言葉を狭い意味に使っている場合には、感性と悟性とから区別せられた最高の精神能力を指し、それに反して広い意味に使っている場合には、感性・悟性・〔狭義の〕理性をいっさいひっくるめた精神能力全体を指している。

カントによれば「われわれの認識には、感性と悟性という二つの幹がある。」そのうち感性は、外からの印象を――空間・時間という形式において――うけとる能力であるところから、「受容性の能力」と呼ばれる。しかもその際の空間・時間という表象は、まず第一に、いずれかの経験から抽象せられた概念ではなくして、いっさいの経験の根底にある必然的表象である。というのは、空間において何物も存在せず・時間において何事も起らないということは考えられるけれども、空間・時間そのものを捨象してしまうことは、不可能だからである。〉（淡野、一九九―二〇〇頁）

「空間・時間そのものを捨象してしまうことは、不可能」というのは、すなわち空間・時間は自明でアプリオリだということです。これについていくら考えても行き着けない、ということです。こうしてカントは、ニュートンの時空の概念を哲学的に整理したことになります。

ただ、この考え方は現代においては維持できません。それは、相対性理論によって自明とは言えなくなったからです。相対性理論では、限りなく高速に近づいて移動するものの中では、時間の流れが外側と比べて遅くなります。そのように、時空の相互連関が示されたので、時空は一定の流れをもった一定の関係で、普遍のものだという前提は、もはや成り立ちません。ただし、常識的には成り立ちます。なぜなら、高速に限りなく近い運動の中で、われわれは生活していないからです。

〈すなわち両者はいずれも、感覚的なるものの必然的前提となるものであるから、ア・ポステリオーリ（後天的）ではなくして、ア・プリオーリ（先天的）である、といわねばならぬ。〉（淡野、二〇〇―二〇一頁）

「アプリオリ」と「アポステリオリ」は、よく覚えておいてください。「先天的なもの（事前のもの）」と「後天的なもの（事後のもの）」で、その区別がきわめて重要です。

〈つぎに第二に、空間・時間は一般的な概念ではなくして、純粋な直観形式である。一般的な概念は、個々のものをその下に包摂することを、その基本的性格とする。例えば個々の樹木は、「樹木」という概念の下に包摂せられ・その下に属している。ところが個々の空間・個々の時間は、「空間」「時間」という概念の下に属しているわけではなく、実は空間・時間の一部分なのである。（中略）。ところで、無数に多くのものを――概念のように自己の下に（unter sich）ふくむのではなく――自己の中に（in sich）ふくむものは、直観である。それ故に空間・時間という「根源的な表象は、ア・プリオーリな直観であって、概念ではない。」かくして空間・

時間は、それによってのみ──われわれの知覚する──現象が可能になる条件あるいは制約であり、換言すればそれは認識主観が外から与えられる素材を整頓し秩序づける仕方である、といわねばならぬ。こういうわけで、われわれの経験するすべてのものは、空間・時間という制約を受けることなしには、われわれに知覚されることはできないという点から、空間・時間は経験的実在性（empirische Realität）をもつと称せられ、他面また、空間・時間は──決して認識主観の外に独立に実在する物自体の性質ではなくして──認識主観の直観形式であり、現象する限りの物に対して認識主観によって与えられる規定であるという点から、空間・時間は先験的観念性（transzendentale Idealität）をもつ、とも称せられるのである。〉（淡野、二〇一―二〇二頁）

空間と時間は最初からあるものだ、ということを前提にしないと、思考も学術もできない、ということです。難しく書いてありますが、時間・空間はすでにあるものだから疑うことができないものとしてある、ということを言っています。デカルトにおいては「われ思う」ということが、疑うことができないものでしたが、対してカントは、時間と空間は疑うことはできない、と述べました。時間・空間が前提、つまり経験する前にあらかじめそれがある（先験的だ）、としました。また、トランセンデンタル、つまり先験的であると同時に超越的でもある。事前にあるという意味では、時間と空間とは神さまだ、という構成になっています。

常識的には、これは正しいと言えます。例えばどんなに格差があっても、時間はわれわれに平等に与えられているからです。ただし空間は、トポスの問題があるので、だいぶ差が出ます。きれいに整備されたコンシェルジュ付きの、清掃もしてくれる3LDKの下鴨《しもがも》のマンションで勉強する人と、烏丸今出川《からすまいまでがわ》近くの湿気の多いシェアハウスで勉強する人では、勉強の効率が変わるかもしれません。トポスが違うからです。

ただ、流れている時間だけはみな一緒です。すると、時間管理が重要になってきますが、そのイメージが使われ、時間泥棒が出てくる小説が、ミヒャエル・エンデの『モモ』（大島かおり訳、岩波少年文庫、二〇〇五年）です。時間というものをどうやって捉えるかが、この小説のテーマです。

〈ところで右に述べたように、外から与えられる感覚の多様が空間・時間という直観形式によって整頓されたもの――例えば「太陽が照っている」「石が暖くなっている」というような偶然的なバラバラの事実判断あるいは知覚判断――は、それだけではまだ「自然認識」という名には値しない。一般に認識が成り立つためには、感性的直観において与えられた多様が、なんらかの仕方で結びつけられなければならない、すなわち綜合されなければならない。もちろん、空間・時間も綜合の一つの仕方ではあるが、しかしそれによって成り立つ世界は、せいぜいのところ最も抽象的な数量的世界である。それがいっそう具体的な――自然科学の対象であるような――「自然」の世界になるためには、感性の形式である空間・時間のほかに、さらにその上に――例えば因果性というような――悟性の形式が加わって、それによって必然的な形で綜合されなければならない。すなわち「太陽が照っている」「石が暖くなっている」という二つの知覚判断が因果性の形式によって綜合せられて「太陽が石を暖める」という形になったときに、はじめて自然認識になるのである。この「因果性」によって代表せられるような悟性の形式（＝悟性概念）によって、みずから積極的に認識を構成するところに悟性独自の機能がある点から、――先きに感性が「受容性の能力」と呼ばれたのに対して――悟性は「自発性の能

力」と称せられる。〉（淡野、二〇二―二〇三頁）

「悟性は『自発性の能力』」だ、ということです。知的操作のスペクトラムが浅いものが感性で、少し深まってくると悟性になり、ギューっと煮詰ってくると理性になる、というスペクトラムのイメージが当てはまります。スペクトラムなので、どこで悟性と理性を区別するか、どこで感性と悟性を区別するかは、実際は無理でしょう。

〈その悟性の自発的な構成機能、それがいわゆる「考える」ということにほかならない。感性は受けとり、悟性は考える。「感性なしにはわれわれにいかなる対象も与えられず、悟性なしにはいかなる対象も思惟されないであろう。内容なき思考は空虚であり、概念なき直観は盲目である。」（Kritik der reinen Vernunft, B. S. 75.）

こういうふうに悟性の形式である悟性概念によって――偶然的な素材が必然的に綜合せられ・秩序づけられるという形で――認識は成立するのであるが、その悟性概念そのものはもちろん経験から由来するものではなく、却って科学的認識としての経験を成り立たせるものであるという意味を含めて、カントは悟性概念に「純粋」という形容詞を冠して、「純粋悟性概念」と呼ぶ。いわゆる「範疇」（Kategorien）と称せられるものは、この「純粋悟性概念」（reine Verstandesbegriffe）の別の呼び名にほかならないのである。*〉（淡野、二〇三―二〇四頁）

範疇《はんちゅう》、つまりカテゴリー。ここでカントは、有名な、判断と範疇の関係の表をつくります。また「内容なき思考は空虚であり、概念なき直観は盲目である」という言葉は有名ですから覚えておいてください。

悟性は自然に対する立法者

〈＊「われわれは悟性のあらゆるはたらきをすべて判断に帰することができるから、悟性は一般に判断する能力というふうに考えられることができる。」（B. S. 94.）その点からすれば、判断の種類があるだけ範疇の種類がなければならない、ということになって、カントは判断表を手がかりとして、つぎのような範疇表を導き出しているのである。

	判断表	範疇表
一、量	全称的（すべての甲は乙である）	単一性
	特殊的（或る甲は乙である）	数多性
	単称的（この甲は乙である）	総体性
二、質	肯定的（甲は乙である）	実在性
	否定的（甲は乙ではない）	否定性
	無限的（甲は非乙である）	制限性
三、関係	定言的（甲は乙である）	実体性
	仮言的（甲ならば乙である）	原因性
	選言的（甲か乙かである）	相互性

四、様相

問題的	（甲は乙であろう）	可能性
主張的	（甲は乙である）	存在性
必然的	（甲は必ず乙でなければならない）	必然性

カントは、アリストテレースの範疇表が——原理を欠いたために——ただ手当り次第に拾い集めたものにすぎなかったのに反して、自分の範疇表が「体系的に——判断する能力という——一つの共通の原理からつくられたものである」ことを誇っているけれども、しかし判断表と範疇表との照応関係に不整合があることは一見して明らかであり、さらに一般化していえば、範疇表そのものを必ずしも固定した形で考える必要はないのであろう。〉（淡野、二〇四—二〇五頁）

この一二のカントのカテゴリーは有名なので、覚えておいてもいいでしょう。

〈以上述べて来たような形で展開されて行くカントの認識論の基本的な特色は、それが認識の問題を——事実問題としてではなく——権利問題として、はっきり自覚的にとり上げた点にある。（中略）カントは認識論固有の問題を、「われわれの認識はどういう根拠にもとづいてその真理性（＝普遍妥当性）を主張することができるか、」という権利問題の先験的究明に限定しようとする。『純粋理性批判』（1781）を判り易く書き改めた『プロレゴーメナ』（1783）が、第一編「如何にして純粋数学は可能であるか」、第二編「如何にして純粋自然科学は可能であるか」、第三編「如何にして形而上学一般は可能であるか」というふうに、「如何にして……可能であるか」（wie……möglich?）という形で問題を掲げていること自体のうちに、その間の事情をはっきり見てとることができるであろう。*

＊　イギリスの哲学者ロックは、その主著『人間悟性論』（1690）の主要なテーマとして、「人間の知識の起原・確実性および範囲の探究」ということを掲げている。経験論者としては、こういうふうに認識に関するあらゆる問題を包括的に同じ経験論の立場から究明しようとするのは当然であるといわねばならないけれども、しかしカントの立場からこれを批判的に見るならば、われわれの知識がどういうふうにして成り立って来たかという「起原」の問題は事実問題であり、これに対して、われわれの知識の確実性は何にもとづくのか、また、どの範囲にまでおよび得るかというのは権利問題であって、両者は性質を異にするものとしてはっきり区別せられなければならない、ということになる。この点においてカントはロックに対して可なり不満をいだいていたようであって、そのことはカントが――ヒュームに対しては「かの明敏なヒューム」（der scharfsinnige Hume）という言い方をしているのに反して――ロックに対してはただ「かの有名なロック」（der berühmte Locke）という呼び方をしているにすぎないことのうちに、はっきり読みとることができるであろう。〉（淡野、二〇五―二〇六頁）

カントは『純粋理性批判』を短い時間で書き上げました。神懸かりのようになって書いたため誤字も多かったので、全体として何を言いたいのかを、序文に書いたわけです。

ドイツの書物には「緒論」というものがあります。「緒」は「端緒」の「緒」で、糸口という意味です。ドイツ語で「Einleitung」と言いますが、今は「総説」などと訳されることが多いようです。『総説　旧約聖書』や『総説　新約聖書』もそうですが、まずは「Einleitung」という、全体がどうなっているかについてまとめるという、全体の総説が置かれるわけです。ざっくりと「こういう内容の本です」という要約を先に付けるわけですが、『プロレゴメナ』（篠田英雄訳、岩波文庫、二〇〇三年）というのは、それです。

要約は、全部を書いた後でないと書けません。ドイツの神学者の間では、「緒論」を書ける人が最も優秀な神学者だと言われます。それは、すべてを理解していないと書けないのが「緒論」だからです。一九八〇年代には、同志社大学神学部の先生がたが「緒論」付きの本を出していましたが、今なかなか出せないのは、全体をわかっている人がいないからです。「緒論」を付けなくてもいいという風潮に変わったのは、大きな物語には意味がなく、小さな差異、モノグラフだけでいいと考えるポストモダンの影響もあります。

「われわれの知識がどういうふうにして成り立って来たか～というのは権利問題であって」の部分は重要なので、線を引いておいてください。

〈経験論が主張するように、もし認識が経験だけで成り立つものならば、――ヒュームの因果律批判によって代表せられるような――必然性と普遍妥当性とに対する懐疑を免れることはできないであろう。それに反して、われわれ認識主観は――自然現象に関する法則的知識を感性的経験を通して「自然」から授けられるのではなく――先天的な範疇のはたらきによって「自然」に対してその法則をこちらから規定するのであるというふうに考え方を変えるならば、それによって認識の必然性と普遍妥当性を基礎づけることができる筈である。これは明らかに、「自然」と「認識主観」との関係の逆転を意味する。いわゆる「コペルニクス的転回」と呼ば

れるものが、すなわちそれにほかならない（中略）

右に述べたような「コペルニクス的転回」を行い、われわれの悟性自身が自然に対する立法者であると考えることによって、カントは——経験論をのりこえて——科学的知識の認識論的基礎づけをなしとげたのであるが、しかしそのことは決して人間の知識の無制限な拡大を保証するものではない。むしろ反対に、われわれの知識の真理性の保証は、その妥当範囲を制限（begrenzen）することと相表裏した形で、達成されたのである。（中略）経験できる範囲内での範疇の適用をカントは「内在的使用」（immanenter Gebrauch）と呼んで、われわれ有限な人間に許される理論的領域を、その内在的使用の範囲に限ろうとする。その範囲を逸脱して、経験を超えた対象にまで範疇を適用するいわゆる「超越的使用」（transzendenter Gebrauch）を敢てしようとするならば、それは明らかに「理性の越権」（Anmassung der Vernunft）であり、それによって生まれるものは単なる「仮象」（Schein）以外の何物でもない。しかも従来の唯理論の立場に立つ形而上学の諸体系は、いずれも右のような意味における越権を犯し仮象をふりまわしたにすぎないものとして、カントはその「独断」を厳しく批判する。（中略）

しかしこのことは決して、カントがあらゆる意味の形而上学を否定したことを意味するのではない。そもそも人間が「有限的存在」であるといわれる場合、それは人間が「柵」（Schranke）のかこいの内にとじこめられた存在」である、という意味ではない。単なる「柵」は、「ここから向うへは行けない」というだけの単なる行き詰りあるいは単なる否定（blosse Nagation）以上の何物でもないであろう。ところが人間がその有限性を自覚する場合の「限界」（Grenze）というのは、単なる行き詰りではない。限界とは、こちら側と向う側との間の境目にほかならないのであるから、そういう意味の限界が自覚されるということは、むしろその境目の向う側にあるものに対して積極的な関心がいだかれるようになることを意味するのである。カントが「私は信仰に場所をあけるために、知識をとり除かねばならなかった」（Kr. d. r. V. B. S. XXX）という真意は、かくしてはじめて正しく理解せられるであろう。すなわち、もし人間存在の関係し得る領域を大きく理論的領域と実践的領域の二つに分けるならば、カントは実践的領域（＝道徳・宗教の世界）を独立の領域として確立するために、自然の世界についての理論的認識に限界を設定したのである、ということができるのである。〉（淡野、二〇七—二一〇頁）

「私は信仰に場所をあけるために、知識をとり除かねばならなかった」は有名な言葉です。この「場所」の外側に物自体の世界があるわけで、それは神と言い換えても一緒です。ただしそれは動的な神ではありません。

そしてカント以後、宗教は道徳に吸収され、神学は倫理学に吸収されてしまいます。

その前に出て来た「コペルニクス的転回」という表現も、覚えておいてください。ものの見方が根本的に変わるという意味です。例えば仮に天動説（地球は動かず、空や星が動いている）をとっても、話が複雑になるだけで、説明は可能です。つまり天動説と地動説は、見方が違うだけで、一方が正しいというわけではありません。みなが天動説を信じているときは、これが通常科学とされ、地動説は異常科学だと思われます。しかしその異常科学のほうが世界をきちんと説明できることになると、異常科学が通常科学になります。こうしてものの見方が変わることが、パラダイム転換です。

ただ過渡期には、どちらが「通常」かはわかりません。新時代を先取りする学説が出てきた場合、学者の空間でそれが「異常科学」と受け止められるのは普通です。例えばＳＴＡＰ細胞（刺激惹起《じゃっき》性多能性獲得細胞〔Stimulus-Triggered Acquisition of Pluripotency cells〕の略称。二〇一四年発表時は万能細胞として注目されたが、数々の疑義・研究不正が示され、同年中に存在が否定された）が発表された時のように、異常だとは思っても、研究者はそれを頭ごなしには否定しません。時代を画する研究なら、それが異常科学として最初に現れることを、パラダイム論を通して知っているからです。

〈こういうふうにそれぞれ独立した二つの領域を認めることは、古来多くの人々を悩まして来た「必然と自由」の問題に対して、まさしくカント流の批判的解決を可能にする。まず、理論的認識の対象である自然の世界あるいは自然科学の対象界は、厳密に因果律の支配する世界である。「そこには自由というものはなく、いっさいは必然である。」これに対して「世界には自由による因果性（Kausalität durch Freiheit）がある」という主張が対立する。もし感性界の対象が現象ではなく——現象の元のものとしてその背後に想定せられる——物自体そのものと考えられ、そしていわゆる自然法則もその物自体そのものの法則と見なされるならば、右の矛盾は避けることができないであろう。同様に、自由の主体が他の感性的対象と同じく単なる現象と考えられる時にも、やはり矛盾は避けることができないであろう。というのは、同一の対象について同一の賓辞が、同時に肯定もされ否定もされることとなるからである。しかしもし、自然的必然性はただ現象にのみ関係し、それに反して自由はただ物自体にのみ関係するとするならば、自然因果性と自由による因果性との二種の因果性を想定あるいは許容するとしても、矛盾は起らないであろう。かくしてカントは、人間存在が経験的性格（empirischer Charakter）と可想的性格（intelligibler Charakter）との二重性格をもつことができるという根本的洞察の上に立って、前者は現象系列の一環にすぎないものとして当然自然的因果性に支配されるけれども、後者は本来現象系列の外にある物自体の性格として自由であり得るゆえんを明らかにすることによって、古来思弁的理性をさんざん悩ませた「意志の自由」の問題すなわち「必然と自由」の問題を批判的に解決して、二つの相反する主張がいずれも真（beides wahr）であることを示したのであった。〉（淡野、二二〇—二二一頁）

「賓辞」とは述語のことです。同一の主語による「黒犬は黒い」と「黒犬は白い」は、同時に成り立つことはない、と言っています。

啓蒙主義の克服

〈こういうふうにして、さきに理論的理性の立場での独断的形而上学を破壊したカントは、それとは全くちがった実践的自覚の立場において、新しい意味の形而上学を再建したわけであって、この意味においてカントに「形而上学者」の名が与えられても、決して不思議ではないのである。〉（淡野、二二一頁）

それはそうです。時間や空間、あるいは物自体も形而上的概念ですから。カントは近代的な、すなわちニュートン的な物理学の世界像と矛盾しない形での形而上学を打ち立てたのです。ちなみに神学において、ニュートン的世界観と矛盾しない形而上学を立てたのは、シュライエルマッハーだ、ということになります。

〈以上述べて来たような批判主義の根本精神に従って、二つの相容れない主張に対して二つの別々の領域を配当することによって、それぞれ固有の領域における・侵されることのない妥当性を確保させようとする批判的解決は、当然二元論の立場に立つことを余儀なくさせる。例えば、カント前の近世哲学の二大思潮である唯理論と経験論とは、カントの批判主義哲学の中へ流れ込んで共に受け容れられたのではあるが、しかし、唯理論の主張は認識を構成する「形式」の面において、経験論の主張はその「質料」の面において、というふうにその正しさがいずれもただ限られた範囲内においてのみ承認せられる限り、それぞれの主張内容は結局二元的なものとして、依然としてカントの体系の中に残るのほかはなかった。ここにカントの批判主義的な考え方の特色とその制限がある、といわねばならないのである。

カントの批判主義哲学が二元論の立場に終始したということは、これを思想史的見地から見るとき、積極・消極両様の意義と機能をもつ。すなわち、その積極的意義ないし機能とは、経験の素材となるものを外からただばらばらのままで受取る「感性」と、内から自発的にその素材を結びつけて秩序づけるはたらきをする「悟性」とを区別し、その悟性が正当にはたらくことのできる範囲を経験の内部に制限することによって理論的認識の他から侵されることのない妥当性を確保し、もって啓蒙主義を完成すると共にまたそれを克服して、経験界を超えた彼方に無限な高次の世界の成立し得る可能性を明らかにすることによって、浪漫主義の欲求をみたすべき地盤を開いた点である。〉（淡野、二二一―二二二頁）

啓蒙主義の克服が、一九世紀の――カントは一八世紀末から活躍しますが――大きな問題であるわけです。「啓蒙主義の克服」がキーワードです。理性によって世の中を解明していこうという啓蒙主義では、転落する者がたくさん出るから、それをどうやって克服するかという問題です。

啓蒙的理性だけですべてを説明することはできないので、その代わりに物自体を置く、あるいは啓蒙的理性で説明できないことは歴史的発展のなか未来において完成する、または心の中で解決するといった考え方が生まれました。心の中で解決する方法が、同時にロマン主義にもなります。

「もって啓蒙主義を完成すると共にまたそれを克服して」とあるように、「完成＝克服」となっています。一つの時代、一つの思想を完成するということは、次の段階に飛び出しているのと同じだからです。ヘーゲルが『法の哲学』（上妻精、佐藤康邦、山田忠彰訳、岩波文庫、二〇二一年）序説で言うように、ミネルヴァのフクロウは夕闇を待って飛び立ちます。それはつまり、一つの事柄が全体として認識できるようになるときにはすでに、それまでの時代が終わり、新しい時代になっている、というわけです。

〈これに対し、カントの二元論の消極的意義ないし機能とは、二元論の立場が本来帰一的傾向をもつ人間理性にとって決して究極的な立場ではないところから、二元的対立のさらに根源にさかのぼって両者を包越する一元的なものを求める方向に、人々の哲学的思索を駆り立てた点である。事実、カントにつづくフィヒテ、シェリンク、ヘーゲルなどのいわゆる「ドイツ観念論」の輝かしい発展は、カント哲学において残された問題をうけついでそれを解決しようとする努力によって生れた、ということができるのである。

以上見て来たようにカント哲学が啓蒙主義を完成すると共に克服して浪漫主義の栄える豊かな地盤を開いたこと、さらにこれを内容的にいえば、大陸の唯理論とイギリスの経験論の二つの流れを共に受け入れて、やがてまたドイツ観念論の流れ出る淵源となったことこそ、カント哲学が近世哲学史上の貯水池であるといわれることの正しい意味でなければならないのである。〉（淡野、二二二―二二三頁）

この淡野さんの教科書の流れでは、カント→フィヒテ→シェリング→ヘーゲルとなっていますが、これは通説的理解です。今の実証研究では少し変わって、カント→フィヒテ→前期・中期シェリング→ヘーゲル→後期シェリングという流れになっています。

シェリングはヘーゲルによって克服されたという見方が、決定的に変わったわけです。後期シェリングは今や実存主義の先駆、あるいは弁証法神学の先駆と見られています。

第八章　弁証法的思考と新カント学派——第三章第十二節を読む

フィヒテとシェリング

「第十二節　弁証法的思惟」に取り組みましょう。

〈カントはまず経験論にも或る程度の正しさを認めて、すべてわれわれの認識は経験と共にはじまるといったのであるが、その場合の経験とはひっきょう外から与えられる経験の素材を指すものにほかならなかった。ところで、外から与えられるということが、もしわれわれの外にある——どういうものであるのかわれわれには判らない——物自体によってわれわれの感性が触発されることであるとするならば、それはわれわれの経験し得る範囲外にある物自体とわれわれの感性との間に因果関係を認めたことにほかならない。ところが他方カントは、唯理論が独断に陥ることなくその正しさを主張し得る条件として、純粋悟性概念すなわち範疇が、ただ経験し得る範囲内のものに対してのみ適用されねばならないことを力説したのであった。そうであるとするならば、因果の範疇はわれわれの経験の範囲外にある物自体には適用することができない筈である。しかも、経験の素材の所与性を前提することなしにはカントの認識論が根本から成り立たないとするならば、われわれはヤコビ（Friedrich Heinrich Jacobi, 1743—1819）と共に、「物自体を仮定することなしにはカントの体系の中へ入ることはできず、しかもそれを仮定してはカントの体系の中に留ることはできない」といわねばならないであろう。〉（淡野、二一三—二一四頁）

外側にある物自体とは、神の別の言い方です。さらに「神＝道徳」になります。なぜ道徳が神と同じになるかと言うと、「やれ」と言われるからやる、という性質のものだからです。「人としてやらなければならないことでしょう」という実践理性の領域は、最終的には神懸かり的になります。

〈物自体は確かに、カントの二元論的立場の限界を最もはっきりと示すいわば癌である。この癌は、それならば、どうして取り除くことができるであろうか。

すべてを打ち込んでカント哲学に傾倒し、カント哲学の問題を徹底的に考え抜いて行くことが、とるべき唯ひとすじ道であると信じるフィヒテ（Johann Gottlieb Fichte, 1762—1814）は、（中略）すべての懐疑はつぎの命題によっていっさい解消する旨を明言しているのである。すなわち「理性は実践的であり（Die Vernunft ist praktisch.）、それは活動的自我（tätiges lch）として非我に対して本来優越するものである」と。

フィヒテによれば、自我は単なる物のように、まず存在して、それから後に何かの働きをする、というようなものではない。自我は働くことにおいて、はじめて在るといわねばならないのであって、自我が自我を思惟する働きそのものが、自我の在り方にほかならないのである。従って自我においては、働きとその結果としての存在が一つであって、フィヒテはこれを「事行」（Tathandlung）と呼ぶ。純粋な事行としての自我においては、こういうわけで主観と客観とが一つであるけれども、現実に自我が自我として意識せられるのは、非我に対するものとしてであるから、自我をはっきりした形でうち立てるためには――すなわち「定立」（setzen）するためには、自我のうちに非我を定立しなければならない。かくして現実の意識においては、主観と客観とは対立する。（中略）自我は対立を克服し乗り越えて行くことによって、矛盾の綜合を期しなければならない。しかも自我の活動に対する障害として前面に立ちはだかる非我は、ただ一回の超克によって完全に姿を消してしまうものではない。自我が有限的存在である限り、一つの山を乗り越えても、すぐまたつぎの山が現われることであろう。山また山を踏破する活動を限りなく続けて行くところにこそ、自我の実践性がある。かくして「無限なるもの」とは、しょせん、こういう実践的活動を通して一歩一歩近づいて行く理念にほかならないのである。〉（淡野、二二四―二二六頁）

ここで言われる「自我」は、自分探しのようなものです。「私とは何か」をどれだけ追求しても、その先にまた同じ問いが出てきて、その私が私を引っ張っていく。自我が自我をつくり上げていく、という感じです。実践に適用し、つまり自分探しに専念し、「本当の私」をいつまでも追求していくと、袋小路に陥ります。自分探しを続けて、どれほどスペックを身につけても、満足できない自分が出てくる。次の段階では、そうして頑張っている自分が素敵だ、と思うようになっていく。これがフィヒテ（一七六二―一八一四）の基本的な考え方です。

〈「活動的自我」をふりかざした壮年期のフィヒテにおいて右のような意味において「理念」

にとどまった「無限なるもの」も、しかしながら晩年には精神的生の実在的根源と考えられるようになり、次第に宗教的色彩が濃厚になって来ている。この面においては「有限なるものの中における無限なるものの現在（Präsenz）」という浪漫主義の思想に相通じるものがないわけではないけれども、しかしフィヒテの特色はその無限なるものへの道を、芸術的あるいは宗教的な直観には求めずに、やはりどこまでも実践に求めた点にある。（中略）

フィヒテによって示されたような実践性を中心とする考え方の立場に立つ以上、機械的因果の領域としての自然と、自由な意志を本質とする人格的自我とが対立するばかりでなく、人間自身のうちにおいても、自然的なものと精神的なものとが対立することになる。しかし、こういうふうに人間を二元的緊張の分裂においてとらえる見方が強調されると、他面において自然と人間との根底に同じ一つの力・共通の根源的生命を認めようとする見方が魅力をもちはじめるのもまた、自然の勢であるといわねばならぬ。（中略）そういう立場に徹底した哲学的表現を与えたと称せられるシェリンク（Friedrich Wilhelm Joseph von Schelling, 1775―1854）によれば、一般に対象はその本質において主観と同じ性質をもっていることによってのみ理解せられるものであるから、一見われわれの自己と対立するように思われる自然も精神の色彩を有する場合においてのみ理解せられるのである。（中略）自然といい、精神といっても、その根本においては同じ一つのものであって、ただ前者においては客観の極（Pol）が優勢であるのに対して、後者においては主観の極が優っているというに過ぎない。（中略）自然内の眠れる精神は有機体の感覚能力において遂に自然の障壁を破って目覚めた精神となり、やがて認識・道徳・芸術の三つの活動となって現われる。こういうふうにしてこの世界は、自然の外部性から精神の内部性へ段階的に上昇して行く一大有機体となるのである。かように森羅万象はその根本において同じ一つのものであると見る同一哲学（Identitätsphilosophie）的世界観は、しかしながら、ひっきょうシェリンク独特の神秘的直観にもとづくものであって、このような神秘的無差別の世界は要するに「すべての牝牛が黒くなる夜」（ヘーゲル）である、といわねばならないのである。〉（淡野、二二六―二二八頁）

「このような神秘的無差別の世界は要するに『すべての牝牛が黒くなる夜』（ヘーゲル）である、といわねばならないのである。」には線を引いてください。ここは、ヘーゲルが『精神現象学』でシェリング（一七七五―一八五四）を批判した箇所です。存在の根底のようなものがあり、そこに行くとすべてが同一になる。一人ひとりの実存を掘り下げていくと、すべての人が自然との境界に接する場所に到達する。そうなると、個々の違いは無化されるため、みな真っ黒な牛ですねという、ヘーゲルによる批判です。ただ、一人ひとりが存在の基盤を掘り下げていくという考えは、実存主義の先駆になるので、きわめて重要です。

〈右に述べたようなフィヒテとシェリンクとが、カントとヘーゲルとの間に介在したことは、ヘーゲルにとっては或る意味において宿命的であった。――ヘーゲル（Georg Wilhelm Friedrich Hegel, 1770―1831）の哲学思想の中心をなすものが、いわゆる「弁証法的発展」の考えすなわちものはその内的矛盾によって必然的に発展するという考えであることは、いうまでもない。そこにおいては、すべてのものはやがて止揚あるいは揚棄さるべき契機として理解せられる。換言すれば、すべてのものはつねにより高いものへの過程として把握せられるのである。すなわち、好んで用いられる図式に従えば、即自的存在（An-sich-sein）はその否定としての対自的存在（Für-sich-sein）に、対自的存在はその否定の否定としての即自かつ対自的存在（An-und-für-sich-sein）に、〉（淡野、二二九頁）

「すなわち」以下は重要です。この動きを繰り返していくため、一種の無限弁証法になるわけです。

〈そしてその即自かつ対自的存在はやがてまた即自的存在としてその対自的存在に、こういうふうにして――簡単にいえば――いわゆる「正・反・合」の形を繰り返しながら無限に進展すべきものであって、かような無限的過程においては絶対の静止点は永久にあり得ない筈である。それにも拘らずわれわれは、ヘーゲルの哲学体系がその第三部「精神哲学」において、主観的精神から客観的精神に進み、さらにこの客観的精神が一躍直ちに絶対的精神に到達し、しかもそれが絶対的であるの故に螺旋運動が閉じられて体系が完結しているのを見出すのである。それればかりではなく、歴史の発展は近世ヨーロッパをもって完結し、道徳的矛盾はプロシャ王国をもって解決せしめられ、哲学史もまた彼自身の立場をもって完結せしめられているのである。それならばヘーゲルの哲学思想において、何故に弁証法的発展の要求する相対的無限的過程性がそれとは相容れないものであると思われる絶対的体系的完結性と結びつかねばならなかったのであろうか。再言すれば、ヘーゲルの哲学思想は何故にかような異質的な二つの要素を含まねばならなかったのであろうか。〉（淡野、二二九―二三〇頁）

「歴史の発展は～完結せしめられているのである。」には線を引いてください。こういう考え方により、古代アジアの独裁政においては、一人の人だけが自由だったわけです。中世の貴族政治においては、一部の人だけが自由だった。それがプロイセンになって初めて、すべての人が自由になる。このように発展していくと考えられているわけです。

二〇世紀にソ連は崩壊し、東西冷戦が終結します。そのとき、ヘーゲルのこの図式を用いて、歴史の発展は完結した、と言ったアメリカの思想家は誰でしょうか？　日系人で、アメリカ国務省の役人であるフランシス・フクヤマ（一九五二―）です。

ネオヘーゲリアンで、ロシアからフランスに亡命した、アレクサンドル・コジェーヴ（一九〇二―一九六八）という人がいます。彼の著書『ヘーゲル読解入門――「精神現象学」を読む』（上妻精・今野雅方訳、国文社、一九八七年）の読み解きを利用し、それを理論化して刊行したのが、フクヤマの著書『歴史の終わり』（新版、渡部昇一訳、三笠書房、二〇二〇年）です。『歴史の終わり』はヘーゲルの焼き直しで、東西冷戦終結をもって歴史は終わったので、以降は小さな差異だけの退屈な時代になり、大きな争いは生まれないと述べました。つまりアメリカの勝利が歴史の終焉《しゅうえん》であり、それによって市場原理主義が世界を席巻《せっけん》する。その後の世界は小さな差異しか生まない、ということです。ぜひ読んでください。フクヤマの説がなぜ成立しなかったか、ということが重要になるからです。

復習　カント

〈**カント**　Immanuel Kant　1724-1804　ドイツの哲学者。東プロイセンのケーニヒスベルク（現ロシア領カリーニングラード）に生まれ、同地で没した。（中略）

【**カント哲学の時代区分**】カントの哲学的活動の歴史を、まず①前批判期と、②批判期、③後

批判期とに大別し、さらに①を3期に区分することができる。〉（岩波、二九〇頁）

ケーニヒスベルクは、今はロシアへの入り口のようになっていますが、当時は海上交通の要衝でした。特にイギリスとの関係が深い街で、カントの頃にはヒュームをはじめイギリスのさまざまな思想の影響が入りやすい土地でした。

①は、現在ではあまり重視されていません。重要なのは次です。

〈②の批判哲学の時期は、1781年、『純粋理性批判』の出現と共に始まる（第二版、1787年）。この時期に属するのは、『プロレゴメナ』〔1783〕『人倫の形而上学の基礎づけ』〔1785〕『実践理性批判』〔1788〕『判断力批判』〔1790〕『単なる理性の限界内における宗教』〔1793〕などである。第三の後批判的時期、カントの創作活動の最終時期は、論理学、教育学、自然地理学、実用的人間学についての講義録の出版と、いわゆるオープス・ポストゥムムの構想である。後者は、1938年になって漸くG・レーマンによって編集出版されたものであるが、カントの批判主義とドイツ観念論の形而上学、特に自然哲学との決定的な結合紐帯をなすものである。〉（岩波、二九〇頁）

つまり、カントは哲学と学術を統合しようとした、ということです。

〈【カント哲学の骨格】『純粋理性批判』において、カントは直観と思惟、感性と悟性を認識の二大要素として際立たせ、両者の総合的統一を強調し、認識の「コペルニクス的転回」を遂行

して、形而上学や認識論の領域に考え方の革命をもたらした。〉（岩波、二九〇頁）

それまでは、客体である物に薄い膜のようなものが付いていて、それが飛んできてペタッと体に当たることで物事を認識する、といったイメージでした。そうではなく、人間の側から対象を見て、頭で考え、組み立てるのだ、とカントは言いました。認識主体、認識対象、認識作用という三項図式で捉《とら》えるようになったことは、コペルニクス的転回です。主体が逆になったわけです。

〈「内容なき思考は空虚であり、概念なき直観は盲目である」と言われるように、直観と思惟（概念）の総合としての認識が成立するためには、まず認識の素材・内容が直観の形式（すなわち「純粋直観」）としての空間・時間を通じて与えられなければならない（経験的実在論）。〉（岩波、二九〇頁）

だから純粋直観は先験的なものになります。疑いようがないものとして、ありとあるものとして置かれているということで、純粋空間、空間と時間は先験的です。

〈しかし、認識が普遍性を獲得しようとすれば、認識には経験的ならざる要素が必要である。実際にも、認識主観（悟性＝人間精神）は、経験の一切に先行しつつ経験から独立に、しかも各々の経験（内容）に適用されうる普遍的形式たる純粋悟性概念（カテゴリー）を自らの内に予め有している（超越論的観念論）。このように経験的実在論と超越論的観念論との一致点において、直観と概念の総合としての「アプリオリな総合判断」が成立し、その最高原則が「経験一般の可能性の諸制約は同時に経験の諸対象の可能性の諸制約である」として命題化されるのである。

さて経験の対象は、物自体ではなく、物自体の現象（現象体）にすぎず、経験不可能な物自体に関する純粋な思考の構成体、可想体（ヌーメナ）は、理論的科学的認識の対象たりえない。カントは、経験不可能な無制約者（世界、霊魂、神）を一つの理論的認識の対象の如く扱う、伝統的「特殊形而上学」としての合理的宇宙論・心理学・神学を批判して、これらの無制約者を自由、不死、神という三つの実践的理念の図式へと換骨奪胎することによって、実践的定説的形而上学（本来の形而上学）への道を開くのである。

人間は、その「経験的」性格に関しては、自然法則に従い、外的世界の影響下にあり、不自由であるが、「叡智的」性格に関しては、自由であり、ただ自らの実践理性（意志）に従ってのみ方向づけられる。〉（岩波、二九〇頁）

物自体は知ることはできず、物自体の現象体についてしか、われわれは知ることができない、という考えです。「叡智的《えいち》」に自由だというのは、こういうことです。例えば、大学生は単位を取り試験も複数受けないといけないという大学生としての制約の中にあります。しかし頭の中で「将来は編集者になって、こういう本をつくりたい」など、いろいろなイメージを思い浮かべ、それに向けて進むことができます。頭の中では何でも思い浮かべることができる、ということです。

現実の自分は、今は大学生だから、それはできない。しかしその足掛かりをつくっていくことはできる。そういう自由があるわけですが、それは制約の中での自由です。それでも制約＝箱があることで、目的のため何をすればいいかという、一種の目的論を箱に入れていくことができます。

カントにおいては箱、つまりカテゴリーが重要です。自分はどういう箱の中にいるのか。その箱＝制約を考えていくことが重要だ、とカントは言っています。

〈人間にとっては道徳法則（道徳律）は定言命法であり、道徳的行為は、幸福追求や愛や傾向性によってではなく、道徳法則への尊敬と義務の遵奉によってのみ可能である。こうした義務倫理学は、行為者の意志の自由と人格の不死性への実践的確信、道徳性とその報い（徳と幸福との一致としての最高善）の保証者たる神の存在への実践的確信によって支えられている（純粋実践理性の要請）。道徳性は意志の自律としての動機の純粋さに他ならず、宗教的な他律（神による限定）からも自由であり、法、国家、政治、歴史についても、道徳が支柱となり、永遠平和も倫理的・政治的理想として定義された。〉（岩波、二九〇頁）

永遠平和というのは道徳的・政治的理想だから、実際にそれを構築し実現することはできません。実現できない統制的理念です。ただ、こういう方向に向かって進みましょう、というわけです。

〈宗教を、我々のあらゆる義務を神の命令として認識することと定義し、神を最高の道徳的理想とするカントは、宗教論において、人間における根源悪を、原罪の如く超越的な悪としてではなく、人間が自由意志で自ら引き起こしたものとして、行為主体の自己責任の対象となし、宗教の根底にも道徳を置く。『判断力批判』において、（中略）最終的には、世界創造の究極目的が道徳性の実現にあるという道徳的目的論に、あらゆる他の合目的性も帰属されるのである。〉（岩波、二九〇―二九一頁）

永遠平和というようなことが、カントにとっては重要な統制的理念の目的になります。到達できないけれど、それに向かって進んでいかないといけない。

次の「カントに帰れ」は、新カント派につながる内容で、重要な概念です。先ほどカントからフィヒテ、シェリング、ヘーゲルまで来て終わったと思ったら、再びヘーゲル批判が出てきて、それが「カントに帰れ」というスローガンになっています。

〈**カントに帰れ**〉〔独〕Zurück zu Kant　19世紀後半に勃興したカント復興の運動のスローガンとなった言葉。新カント学派の先駆者であるドイツのレーヴェンベルク生まれの哲学者O・リープマンは、処女作『カントとその亜流』（*Kant und die Epigonen*, 1865）においてカント以後登場した哲学の主潮流、すなわちフィヒテ、シェリング、ヘーゲル、ヘルバルト等の哲学思想をカントの批判哲学の立場から厳しく批判して、諸章を「それゆえカントに帰らなければならない」（Also muß auf Kant zurückgegangen werden.）という標語をもって結んだ。それによればカントの理性批判の個別内容については、例えば〈物自体〉の理説のようにもはや妥当しえず維持できないにしても、カントの超越論哲学の批判精神はなお有効であり現代の状況において妥当性をもつ。それゆえカントの批判精神の復興こそ今日の哲学的課題である。（中略）

このようなカント復興の気運は、すでに1860年に師のK・フィッシャーによる批判哲学の叙述の出現やE・ツェラーのカント主義的研究活動、さらに当時の著名な自然科学者ヘルムホルツによる自然科学的基礎概念の認識論的探究の必要性に対する洞察等によって徐々に高まりつつあった。またF・A・ランゲの『唯物論史』〔1866〕の影響も見逃すことはできない。

これらの人々、とりわけリープマンとランゲによってカント主義復興の運動が推進され、新カント学派の発展に大きく貢献することとなった。〉（岩波、二九一頁）

今はカントをストレートに研究しても、純哲でカントを専攻する人以外には意味がありません。現代のわれわれに影響があるのは、新カント派です。

新カント学派

〈**新カント学派**〔独〕Neukantianismus〔英〕neo-kantianism　19世紀後半から20世紀前半にかけて、ドイツを中心にヨーロッパ講壇哲学の一主流となった学派。〉（岩波、八〇九頁）

講壇哲学とは、制度化された学問の中の哲学、大学で流行した哲学のことです。講壇とは、大学の教壇のことです。実際の社会にどれだけの影響を与えたかはわからないが、大学の中では影響力を持ちました、という含意があります。

〈当時急成長しつつあった個別科学の基礎理論たりうる厳密な学としての哲学の確立、哲学的論理学の整備、自然科学と精神・社会（文化）科学との区分、価値哲学の提唱などに特徴を有する。とりわけその初期においてカントの批判主義哲学の継承を標榜していたことから、〈新批判主義〉とも呼ばれた。また明治期以降、第二次世界大戦以前の日本の哲学界に多大の影響を与えたことでも知られている。〉（岩波、八〇九頁）

日本に対しては、一九六八〜六九年の学園紛争にまで影響を与えました。講壇マルクス主義などと言われますが、大学で学知として話す事柄と、家庭内の行動・社会の行動は関係がない、という考えです。「職業としての学問」という考え方が生まれたのも、これを書いたマックス・ウェーバー自身が新カント派の学者だったからです。

ポイントは、実験可能な法則定立的な科学と、実験ができない個性記述的な精神科学、あるいは人文社会科学を分け、それらを制度化したアカデミズムの中に入れた、ということです。ここに新カント派の意味があります。

〈【起源と動機】19世紀ヨーロッパ社会は、初頭のロマン主義的世界観が政治的に挫折し、後半は民族主義や帝国主義の台頭など個別性へと向から様相を呈する。哲学思想においても同様に、ゲーテ、シェリング、A・フンボルト等に代表される自然哲学のコスモス（調和）思想やヘーゲル主義の統合哲学などの大統一理論は、ヘーゲル派の分裂や二月・三月革命を期に急速に衰え、個別科学と自然主義的実証主義、歴史哲学などを中心とする個別化の時代へと移行してゆく。19世紀後半の伝統的哲学は個別科学からの不信感により沈滞し、ニヒリズムが目立つ一方で、俗流のダーウィン主義に基づく自然主義などが流行した。こうした変動の中で、一方では超越的理念に基づく独断的形而上学やそれへの反動としてのニヒリズム、ペシミズム等を排し、他方では自然科学的唯物論や進化論的な個別科学に追従するのでもなく、諸科学の厳密な批判的基礎づけとしての哲学の再構成・復権を目指す運動が生じた。その主要なものの一つが、１８７５年以降になって〈超カント主義〉（P・グリュン）、〈青年カント学派〉（ランゲ）

とも呼称されるようになった〈新カント学派〉（ファイヒンガー）の潮流である。〉（岩波、八〇九頁）

啓蒙《けいもう》的理性で問題のすべては解決できません。啓蒙的理性というのは競争につながるので、そこで負け組が出てきます。「競争では負けるけれど、僕の思いはすごく強い」「僕／私のほうがすごいんだ」という思いがロマン主義ですが、ロマン主義は成功しません。結果的に「この世にはいいことなど何もない！　みんな個々になればいいんだ。どうせ生まれてきたって、成績が良かろうが悪かろうが、最後はみな死ぬんだ」というニヒリズムに陥ります。啓蒙主義↓ロマン主義↓ロマン主義の挫折《ざせつ》↓ニヒリズムという流れになるのです。

ニヒリズムによってひねくれた者は、制度化されたアカデミズムの中には居場所がありません。だから彼らは講壇には残らず、アカデミズムや論壇から排除され、結果ニヒリストになります。「俺についてこい！」と言ってそのひねくれ者たちをまとめ、同じ制服を着せようとする、チョビヒゲおじさん（ヒトラー）が出てきます。だから、こういうニヒリズムの問題は重大なのです。

ニヒリズムの前には、必ずロマン主義の挫折があります。それは啓蒙主義的な競争に敗れた結果です。そのようなパターンを辿《たど》り、やがてニヒリズムの革命によってナチズムの土壌をつくるため、私はひねくれ者に厳しいのです。新カント派は、このような一連の流れが嫌いです。そのため啓蒙主義的な競争や何かとは別に「なぜ啓蒙主義的な競争ができるのか」といった観点から、内在的な原理を探ろうとします。なぜ自然科学と社会科学では真理観が異なるのか、誠実にデータを集めてもなぜ科学ごとに違う見方が生じるのか、そういった問題に向き合い、学知全体を鳥瞰《ちょうかん》できる方法はないかと考えるわけです。そういう観点から、新カント学派は「ふーん、この人が見るとこういうふうに見えるのか」と、カントが行ったカテゴリー分類に関心を示すわけです。

〈いわゆる新カント学派の内部には様々な思想傾向があり、特に後期のそれはカント主義からは大きく変貌してしまうが、概観すれば以下のような傾向が指摘される。第1にそれらは多くカントの認識論による理性批判ないし批判的形而上学を範とし、自然主義、俗流唯物論（自然科学的唯物論）、実証主義、歴史主義、超越的観念論などに対して批判主義的立場を標榜する。とりわけ超越論哲学の方法により科学一般に対して認識批判を行うことにより、諸科学の批判的基礎づけとしての哲学、ないしは根源的な論理に基づく批判的観念論としての哲学を構想するという方法を採ったのが〈マールブルク学派〉である。またそうした自然主義、実証主義の没価値的、没規範的な事実性に対して、カントの啓蒙主義的な人格観を根底として歴史貫通的に妥当する文化、精神、価値、倫理の思想的体系化を目指したのが〈西南ドイツ（バーデン）学派〉であり、判断の成立機制をめぐる態度決定論やロッツェの妥当論に基づいて精神科学、社会科学、文化哲学、価値哲学などの領域を開拓した。また新カント学派は法哲学、新カント派社会主義に代表される社会哲学、教育学、神学等にも影響を与え、19世紀末からはドイツ国内にとどまらず、伊、仏、英、日本にも新カント学派の学者、研究者を輩出した。〉（岩波、八〇九頁）

ドイツ「西南学派」とも言いますが、このバーデン学派が最も重要です。ウィンデルバントやトレルチもこの系譜に属します。歴史神学者の藤代泰三《ふじしろたいぞう》先生（一九一七—二〇〇八）の『キリスト教史』も、このドイツ西南学派の方法により書かれています。

〈【前史及び初期】（中略）１８３０年代にはシューベルトやローゼンクランツにより『カント全集』が出版され、同時期から60年代に至るハルテンシュタイン版全集の先駆となる。（中略）ランゲは『唯物論史』〔1866〕において、唯物論に対するカント主義的生理学の優位を主張し、初期新カント学派の基礎を築いた。彼らはカントの形而上学的主張を重視せず、もっぱら知覚におけるアプリオリズムという方法にのっとって理論を構築した。

こうした生理・心理主義的カント主義の一方で、初期の新カント学派として哲学史的には、カント復興の先駆となったヴァイセ（中略）青年時の著作『カントとその亜流』〔1865〕においてドイツ観念論を批判し、各章の結尾に「それゆえカントに帰らねばならぬ」と記したリープマン等の名が知られている。またカント哲学のより精確な理解を求めて、文献学的研究も60年代以降には本格化した。（中略）彼らの多くは生理・心理主義的カント理解を超えてあるいは批判的実在論、あるいは論理主義的なカント的アプリオリズムとそれに基づく批判的形而上学を主張し、70年代以降の新カント学派の盛期をもたらした。

【マールブルク学派】新カント学派は１８７０年代に入って活動の盛期をむかえる。ランゲによってマールブルク大学に招聘されたコーヘンは76年に教授となり、三批判書の論理主義的注解を著して自然科学の基礎論としてのカント哲学という解釈を打ち立てたが、それにとどまらず独自の「根源の原理」に基づいて、純粋理性の能動的作用による対象産出を核とする『哲学体系』を構想するに至った。このコーヘンを中心として１８９０年代に形成されたのが〈マールブルク学派〉と呼ばれる潮流であり、他の主な人材としては、（中略）コーヘンの弟子であり、精神科学や文化論、象徴理論に大きな足跡を残したカッシーラー（中略）等の名が挙げられる。この派にはコーヘンを始めとしてユダヤ系の学者が多く、また自然科学の認識論的基礎づけから出発して、現象学などの影響を受けた倫理学や、思惟と存在を包括するような理念的存在論へ至る者が多かった点も特色といえる。〉（岩波、八〇九―八一〇頁）

カッシーラー（一八七四―一九四五）は数学者で、確率論の専門家でもあります。

〈【西南ドイツ（バーデン）学派】一方、バーデン州ハイデルベルク大学では1872年以来K・フィッシャーが教えていたが、その後を襲ったのがヴィンデルバント、ラスク、さらにはリッカートであり、20世紀初頭以来の彼らを中心とする思想活動が、〈西南ドイツ（バーデン）学派〉と呼ばれる新カント学派の今一つの潮流を形成している。ヴィンデルバントは、師であるフィッシャーとロッツェから受け継いだ哲学史および価値論（妥当論）を統合し、自然科学の法則的説明による一般化すなわち法則定立的認識とは異なる文化科学、価値哲学の基礎を築いた。文化科学はカントの批判的方法、判断における目的論的方法を引き継ぎ、一回限りの歴史的、文化的事象を個性記述的認識すなわち価値評価を含む判断による総合的理解からとらえようとするものであり、これが西南ドイツ学派の基本的方向を決定する。彼の後継となったリッカートおよびその高弟のラスクは、認識主観における判断の性格をさらに徹底的に追究し、妥当性に基づく価値判断論を含んだ新たな〈哲学の論理学〉を開拓する。これは歴史的に見れば、〈実践理性の優位〉に立つ価値哲学の理論にとどまらず、古典形式論理学の最終的な展開となったものであり、また存在と認識の二元的対立の内にあった論理をより高次の意味論的構造に変成させるものでもあった。他にこの学派に関係する人名としては、（中略）リッカ

ートの方法論の影響下にある社会科学者M・ウェーバー等が挙げられる。〉（岩波、八一〇頁）

リッカート（一八六三—一九三六）は重要です。リッケルトとも言いますが、彼は『認識の対象』（山内得立訳、岩波文庫、一九二七年）という本を書きました。個性を記述するときには、著者の価値観が表れ、純粋中立的、純粋客観的ではなくなる。その代わり、どのような価値観に基づいて個性記述しているかという、いわば著者の偏見がわかる形で記述されねばならず、評価は読者に委《ゆだ》ねなければならない。リッカートの個性記述とは、このような考え方です。その点に関しては、私は新カント派の影響を受けているし、マルクス経済学者の宇野弘蔵《うのこうぞう》（一八九七—一九七七）なども同様です。

「法則定立的／個性記述的」という言葉が出ていますが、この新カント派的な考え方を押さえておくと、神学の場合は自然科学、社会科学、人文科学への架け橋がうまくつくれます。しかも制度化された学問とよく馴染《なじ》みます。ところがこのような流れが、ポストモダン思想の出現によって混乱し、今は「なんでもあり」といった様相を呈しています。

〈【法哲学・社会哲学その他】19世紀後半以降の社会理論は、社会ダーウィニズムや経済合理性の因果性のみに基づくような没価値的、没規範的な自然主義と、歴史や経済などの実質と歴史的法則性を結合した新たな統一理論であるマルクス主義という両極端の中で揺れ動く。社会科学に認識批判を導入しようとする新カント学派はこの問題に直面せざるを得ず、彼らの理想主義的な規範理論や価値哲学の影響を受ける社会科学者も多かった。法哲学の領域で新カント学派またはその影響を受けた者は、マールブルク系ではシュタムラーやケルゼン、西南ドイツ系ではラスク、ラートブルフ、ミュンヒ等が挙げられる。シュタムラーやケルゼンは、実質（内容）と形式、存在と当為という主知主義的な二元論を踏襲し、経済や社会性の実質を含む法理論に対して、純粋形式法学あるいは純粋当為形式による規範法学の優位を主張した。事実認識と価値判断の二元論を遵守したＭ・ウェーバーも、社会科学の領域に対しては独断的な形而上学ではなく、批判的理性による認識を重視するという点で新カント主義と呼ばれうる。（中略）トレルチや、ヘルマン、リプシウス、カフタンなどの神学および宗教哲学の領域でも、トレルチの師であるリッチュルに見られるように、倫理的な価値判断ないし当為を宗教的信仰と結合するカント流の道徳神学が存在している。〉（岩波、八一〇―八一一頁）

ケルゼンという人は、「純粋法学」を担った人で、今でも法哲学の本によく出てくる人です。「当為」（ドイツ語で「Sollen」、英語で「shall」）とは、平たい言葉で言うと「何々しなくてはならない」ということ。つまり、「やるべきこと」という意味です。

哲学史から見ると、トレルチやリッチュルといった神学者も新カント派に入ります。

〈新カント学派は、ドイツ国内の講壇哲学にとどまらず、英・仏・伊・日本などの諸外国にも影響を及ぼした。１９１０年に創刊され、ヒトラーの命により改称させられながらも41年まで継続した雑誌『ロゴス』には、多くの新カント学派の編者、執筆者が名を連ねており、外国人の名も散見される。（中略）

19世紀末から20世紀初頭において隆盛を誇った観のある新カント学派も、１９２０年代以降は凋落の一途をたどり、30年代には既に学派としても消滅してしまう。〉（岩波、八一一頁）

「理屈をつべこべ言うな。問題は、お前が総統さまにすべてを委ねることができるかどうかだ」というナチズム的発想が強くなったからです。新カント派には、暴力で国家を統一する発想はありませんが、逆に暴力でやられた時には弱いのです。ただ日本では「新カント学派」は続きました。

カントが出るまでは、批判という概念はあまり使われませんでした。相手の内在的な論理を捕まえ、それを対象にしてコメントしていく批判の手法はかつてもありましたが、それほど使われていなかったのです。時間と空間だけ自明にすれば、あとは森羅万象の事柄に関して全部分類できるし、相互連関を説明できる。世界を丸ごと捉えることは可能だ、と考えたのが新カント学派です。

しかし世界には、わからないところもあります。そのわからないところからやって来るのが、道徳です。「どうして平和を実現しないといけない?」「そうしないといけないものだからだ」と捉える。「なぜ人は人を愛さなければならない?」「そうなっているからだ」という組み立てになるのが、新カント学派です。基本的に伝統的なフレームは維持しながら、自分の議論を展開していきます。

伝統的なフレームを無視して独創的に書いてしまったら、誰も理解できないからです。フレームを重視するというのは、重要です。卒論を書くときも、まずは関係者の略歴や問題設定を書き、次に本文を書き、結論を述べる、こういう形式が重要なのと同様です。

認識能力の序列、快不快の要素

〈**悟性**〉〔独〕Verstand〔英〕understanding〔仏〕entendement　人間の知的認識能力の一つ。

（中略）

【概念史的背景】〈理性－悟性－感性〉という認識能力の序列は、カントによってはじめて明確に確立・主張されたものであり、ここに至るまでには多少の概念史的曲折があった。〈理性〉（Vernunft）、〈悟性〉（Verstand）にそれぞれ対応するラテン語は ratio、intellectus（更にギリシア語まで遡ると logos、nous）であるが、古代から中世さらに近世初頭にいたるまで、これらの概念相互の間に支配的な序列はむしろ intellectus － ratio － sensus（感覚）であった。すなわち総じてカント以前の時代においては intellectus と ratio の間の序列がカントにおけるのとは反対に考えられていたのである。これは単なる用語法の違いということではなくて、むしろまさに概念内容の変遷にかかわることである。すなわち、intellectus には今日むしろ普通に〈知性〉と訳されるときに含意されているような、（推論的間接的認識をこととする ratio〈理性〉にたいし）高度の直観によってはたらき、（ギリシア語の nous の含意をうけて）宇宙の根源そのものと渉り合うような究極性がある。人間にとって知的直観（intellectuelle Anschauung）は不可能だとするカントの有限主義のもとでは、こうした〈知性〉の基本的規定は抜け落ちて、感性的素材を加工して認識にまでもたらすロックの understanding（intellectus の英訳、イギリスという国柄からして、中世後期の唯名論での intellectus〈知性〉理解の流れを強く引く）の線につらなる方向に落ち着かざるをえない。この結果が、カントの意味での〈悟性〉概念の成立であり、またそれと密接に関連しての伝統的な〈知性（悟性）〉と〈理性〉の序列の最終的な逆転であった。〉（岩波、五二五—五二六頁）

ロゴスとヌースは、すでに出てきました。ヌースは「知性」などと訳しますが、これがフェアシュタント（Verstand）「悟性」となり、それに対してロゴスが「理性」となります。

アポリナリオス論争をもう一度確認してみましょう。神は理性を持つが、人間は悟性しか持たない。人間は理性を持たず、キリストは人間の悟性を共有せずに理性だけを持つ。これがアポリナリオスの説ですが、それだと人間は救済されないわけです。ここからも、理性と悟性、ヌースとロゴスの違いが、何となくわかるでしょう。神の知恵と人間の知恵、という感じです。

現在もそうですが、インテリジェンスは、インテレクトゥス（intellectus）から来ています。つまり「生き残るための知恵」といったタイプの知恵です。ラチオ（ratio）は、A＝B、B＝CだからA＝Cといった、論理的な知恵です。

「暑い」「寒い」のように、感覚とは即座に判断されるものです。ただ、間違える可能性があります。例えばドライアイスに触った瞬間は熱いと思いますが、実際はうんと冷たいわけです。感性はいろいろ間違える可能性があるけれども、ラチオは、A＝B、B＝Cだから、どんなバカだって間違えない。それに対してインテレクトゥスは、直観で本質を摑《つか》む能力なので、その能力がある人にしかわからない。それで、順番が逆になるのです。

感性とインテレクトゥスは、個人によって違ってきます。大当たりかもしれないが、大外れのときもある。それに対して、A＝B、B＝Cというラチオは誰も間違えない。だからバカでもわかるような確実なほうがいい、という考えのほうが地位が高くなったわけです。個人による天賦の才の差や、直観の要素というのは二次的で、理屈が通っているほうが偉いことになった、ということです。この考えはカント以降に生まれます。

われわれ神学のほうでは、依然インテレクトゥスのほうが上です。これが、他の諸学問を研究している人とわれわれの感覚の違いです。インテレクトゥスがあるかどうかは何によって決まるのでしょうか？　インテレクトゥスのある人は、生まれる前から決まっている。それは神から貰《もら》ったものだからだ。ダメなやつはダメだ、というのが神学的な考えですから、カントとは違います。「アプリオリ」は「問答無用で、最初からある」「それ自体で確立している」という意味で、ドイツ観念論の用語です。こういう哲学事典を読んで、私は「現実ではこういうことに当てはまります」と言えます。ところが、学生にはまだ難しいはずです。それは、用語にどの程度慣れているかによるのです。ドイツ観念論の用語に慣れていると、現実の問題にスムーズに転換できます。

〈『**実践理性批判**』（中略）こうした道徳法則の思弁的認識の不可能性は、カントによればむしろ実践的自由の自存的な確立、すなわち理論理性に対する〈実践理性の優位〉を示しているものとされる。〉（岩波、六六六—六六七頁）

どういうことでしょうか？　「やれ」と言われたからやるわけではない。「そうなっているから、そうなっているのだ」と言いますが、やりたくなければやらなくていいわけです。一つの同じ事柄でも、内発的にやることと強制されることでは違うので、内発的な行為にしか意味はない、という発想が実践理性です。倫理的なことは内発性が重要になります。この発想もカント以降です。

その意味では、「先生のために勉強しているんですよ」というのはダメです。やりたいという内発的な動機がないとダメだとカントが言うのは、生き方に関する問題だからです。知識の問題なら、強制されてでも考えればいい。それでも客観的な知識は身につけられるからです。ところが生き方の問題は、内発的でないと意味がなくなるわけです。

純粋理性や理屈、学問的には優れていても、人間性は最低だ、という人間をどうやって統合していくか。カントの世界だけでは、こういう人を統合できないではないか、といって大きな問題になります。それが、重要なのは人間性のほうだ、ということになってくるわけです。人間性のいい人は、頭もいいだろうという感覚に、近代は近づきます。人間性がいい奴は当然財産がつくれるし、理性的な判断もできると考えられ、例えば制限選挙が行われるようになります。だからカント主義は、エリート主義や教養主義にもつながりやすいわけです。

理屈で理解すること以外に、「私はこれが欲しい」という感覚、「不愉快きわまりない」「これはイヤだ（嫌いだ）」という感覚を入れて考察した著作が『判断力批判』（篠田英雄訳、岩波文庫、一九六四年）です。「欲しいけれど、こいつから貰うのはイヤだ」というようなときに、どうするか。理屈で正しいから、ということだけでは、決められない。こういう人と付き合うのはイヤだという感覚や、不愉快という要素も入れないと、人間を理解できない、と考えられるようになります。快（ああ、気持ちいい）・不快（ああ、嫌だ）の感覚を入れて人間をトータルに理解することで、人間的な洞察が深くなります。

理屈や必要性だけでは人を説得できません。理屈としてはやったほうがいいとわかっても、「確かに必要だけれど、こいつからだけは貰いたくない」という感覚があるのは事実です。利益や正しさ、美しさだけでは説明できないものがある。同じレストランに行くにしても、同じ本を読むにしても、強要されるのは不愉快です。だから快・不快の項目を入れて、人間のマトリックスを増やしたわけです。それらを入れないと人間の判断や認識はわからない、ということです。

同じ事柄でも、あるいは結果は同じでも、強制されるのはイヤなものです。しかも人の好き嫌いや何を美しいと思うかは差異の問題だから、自分でもどうにもしようがない。嫌いな人と無理に付き合わないといけないような状況は、自分の自由に対する侵害です。だから内発的な自由に基づいて、いろいろなことをしていくことは重要なのです。

カントの意義は、そういう人間の思想において好き・嫌い、愉快・不愉快は重要だと考えたことにもあります。自由を束縛するようなものは不愉快だ、とカントは考えたのでしょう。当然、考えが多元的になり、寛容になります。政治にもそれを適用できるのではないか、そうしないと全体主義になってしまう、と考えた。そのように全体主義の起源へと遡《さかのぼ》らせる考えが、まさに『全体主義の起原』（大久保和郎訳、みすず書房、二〇一七年）を著したドイツの政治学者（のちアメリカに亡命）ハンナ・アーレント（一九〇六―七五）にも影響を与えたことになります。

四日目

Day 4

第九章　唯物論と現代哲学――第三章第十三節、補章、むすびを読む

マルクス主義と唯物論

今日もまずお祈りをしましょう。天にましますわれらの父なる神さま、四日目になります。今日も学びの機会を与えてくださったことを感謝します。今日から全体の知識の完成と定着に話を向けていきます。あなたが送ってくださる聖霊のお助けによって、順調に進めていただけますように、このひと言の願いをわれらが主イエス・キリストの御名《みな》を通して、御前にお捧《ささ》げします。アーメン。

『哲学思想史』の「第十三節　唯物論とその超克」から始めます。

〈こういうふうに生産力と生産関係との矛盾という事態を大きく浮びあがらせ、社会推移の必然的関係を明らかにすることによって、科学をもって空想におき替えようとするところに、弁証法的唯物論の立場に立つ唯物史観の特色がある。（中略）今日においてはもはや、単なる意識をもって「現実的なものの造物主」と考えるほど単純な観念論者が存在しないように、単なる手放しの必然観を固執する唯物論者も存在しないであろう。否、世界を変革することがたいせつであるのにも拘らず、観念論者は世界をただ色々と解釈しただけである、と主張するのが

唯物論者なのである。それならば、変革は如何にして可能なのであろうか。〉（淡野、二五三―二五四頁）

これまで哲学者はさまざまに世界を解釈してきた。だが大切なのはその世界を変革することだ、と「フォイエルバッハに関するテーゼ」でマルクスは言っています。

マルクス主義者の内在的な理解においては認識即行動、理論即実践となるため、手をこまねいて見ている、ということはないわけです。これはカルヴァンの予定説（後述）に似ています。カルヴァンの予定説には、あらかじめ選ばれていることが確実ならば、何もしなくていいではないか、という批判がよく出てきます。そうではなく何らかの行動をするのは、選ばれている人間だという限りなき証明だ。選ばれている人間ならば、選ばれていることに喜びを感じ、その喜びを神に返さないといけない。ただ、神に直接返すことはできないから、他者に奉仕するという形で愛の実践をする。だから行動と結びつく、信仰即行動になっていく、ということです。その意味ではマルクス主義の考え方は、プロテスタンティズムと親和性があります。

〈ヘーゲルの観念弁証法においては、理性的普遍であるロゴスの自発自展的運動が、実在の真相であると考えられた。従って、そこにおいては個体は理性のえがく筋書通りに動く操人形と化し、その上、何人もその存在を疑うことのできない自然でさえも、ひっきょう「理念の自己外化」――すなわち、理念がいっそう豊かな内容をもって再び自分自身に還帰するために、一時自己ならぬ他者に身を変えた姿にほかならぬ、と考えられたのである。そして、こういう仮現にすぎないかのように見なされた自然の忠実な経験的研究を「精神なき」（geistlos）仕事として軽蔑した反動が唯物論となって現われたのであるが、しかしもし唯物論が単なる物あるいは自然の自発自展的運動を実在の真相であると主張するならば、そこには如何なる意味においても人間の主体的実践を容れる余地はないであろう。従って、唯物史観が実践的人間によって主張せられるものである限り、そのいわゆる「必然」は決して単なる「自然的必然」ではない筈である。（中略）もっとも弁証法的唯物論も、「世界のいっさいの過程をその自己運動において認識することは、それを対立の統一として認識することである」と主張する。しかし自然の内部における対立は、実はまだほんとうの意味の対立ではない。自然は自然でないものにおいて、その真の対立者を見出すのである。弁証法はこういう意味において相対立する二つの契機の飛躍的統一が実現せられるところにのみ語ることのできるものであるから、物質に対しては精神が、過去的必然に対しては未来的自由が、真正面からぶつかることなくして、われわれは厳密な意味における弁証法的実践——すなわち飛躍的統一を実現するきびしい実践の成立を主張することはできない。〉（淡野、二五四—二五六頁）

「自然の内部における対立は、実はまだほんとうの意味の対立ではない」と言っていますが、では本当の対立は自然と何の対立でしょうか？　それは人間です。精神云々《うんぬん》というのは、人間のことです。唯物史観の特徴は何かと言えば、世界のシステムを自然と人間のあいだの代謝システムであると考えることです。その意味で、本来はエコロジカルなシステムです。ところが、革命はロシアのような後発国で起きた。実はマルクスとエンゲルスのあいだには考え方の違いがあり、生産力と生産関係の矛盾という考えはエンゲルスのものでした。それがレーニン、スターリンに継承され、ロシア革命になったわけです。つまり、社会主義が生産力を上げていけば社会制度は変わるのだという、一種の生産力至上主義になり、生産性増大運動のようになりました。

しかし本来は、人間と自然の関係、及びその代謝を重視するのがマルクス主義の考えです。開発や生産力の増大が環境を破壊するという、環境を制約する要素が、本来は大きかった。すなわちマルクス主義的な唯物論は、自然をもう一度見直したわけです。ソクラテス以降の哲学では、関心が人間に向かい、それがずっと続いたが、再び自然との代謝に向かった、ということです。

マルクス自身の思想的な流れを踏まえるなら、最初は人間がどうなっているかに関心を向け、人間の研究をしました。それが次に人間の社会における人間の研究となり、その社会は自然との代謝で成り立っているのだから、最終的には自然観に関心が向かいました。自然の中の一部としての人類という、エコロジカルな世界観に包摂されていくのが、マルクス主義のシステムです。

二一世紀の今日、社会主義国の影響は少なくなり、例えば大学でのマルクス経済学の講座もほとんど行われなくなりました。しかし知的世界においては、以前のフランクフルト学派にしても、アメリカなら、ナショナリズム研究の必読書『想像の共同体』（白石隆、白石さや訳、書籍工房早山、二〇〇七年）で著名な政治学者ベネディクト・アンダーソン（一九三六―二〇一五）などもそうです。いまだ、さまざまな形でマルクス主義の影響は全く衰えていません。だから、われわれも勉強しておく必要があるのです。

〈ところで実践の成立しないところ、厳密な意味における「歴史」もまた成立すべくもないのであろう。こういうわけで弁証法的唯物論が根本的な二元性を否定するものである限り、それはみずから重視し力説するところの実践と歴史の廃棄に導くものである、といわねばならないのである。

もちろん弁証法的唯物論も、物質あるいは自然に対して意識あるいは精神の存在を認めないのではない。しかしその際、物質あるいは自然をどこまでも独立に存在する根元的なものと考え、それに対して意識あるいは精神は第二次的な・派生的なものであり、物質が発展する途上特定の段階に生ずる物質（脳髄）の特殊な属性（反映）にすぎないと見なすところに、その考え方の特色が見出されなければならないのである。それはどこまでも反映であって照応ではない。もし意識と存在とを相互に照応する関係において考えるならば、それは物心平行論の二元論に逆転することになるであろう。こういうわけで、一元論の立場を堅持する限り（中略）弁証法的唯物論の認める「精神」もひっきょう単なる派生的存在にすぎないものとして極めて影の薄いものとなるのほかはない。〉（淡野、二五六—二五七頁）

マルクス主義的には「模写」と言いますが、これがキーワードになります。われわれの意識は、環境、自然を模写しているに過ぎないという考え方です。

反動としてのニーチェ、オイケン

〈ところで、自然を軽視した観念論がその反動として唯物論に転化せざるを得なかったように、精神を軽視した唯物論はやがてその反動として極端な精神主義を喚び起すこととなったのである。「精神生活」を強調してやまぬオイッケン（Rudolf Eucken, 1846—1926）の思想などはその代表的なものであるが、それへの転回点を形づくるものとしてわれわれは一見病的にさえ見えるニーチェ（Friedrich Nietzsche, 1844—1900）の「貴族道徳」あるいは「超人」の思想を位置づけることができるであろう。

ニーチェの思想は、時代に対する反抗的な叫びであることをその根本性格とする。彼によれば、同情は人生を頽廃に導く。というのは、悲しみに同情することは人生の悲惨を二倍にすることだからである。人生を輝かしいものにする「進歩」あるいは「発達」は、ただ勇敢な競争の中においてのみ期待され得る。すなわち、力のすぐれた者が弱者を圧倒してその威力を発揮する場合にこそ、いっさいの文化は進歩するのである（貴族道徳）。その反対に、同情・博愛を説き優れた者のごきげんとりをして僅かに生存を保とうとするのは奴隷道徳であって、それはローマ人に征服されたイスラエル民族が考え出した弱者の道徳にほかならない。こういう主張を掲げることによってニーチェは、――あらゆる価値の転換（Umwertung aller Werte）が断行せられ奴隷道徳（Sklavenmoral）から貴族道徳（Herrenmoral）への転換が行なわれることによって――すべての人が超人（Übermensch）となることを理想として念願したのである。超人とは、力の満ち足りた自由人であり自分自身をあらゆる目的設定・価値評価の源泉とすることのできる人――従ってあらゆる低いもの・卑しいもの・弱いものに超然として、苦しみや悩みを意に介することなく、生命と力を充実させ高揚させるような目標に向って果敢に闘うことのできる人のことである。生れつき弱い性格の持主だったニーチェは、人間の弱さというものを知り抜いていただけに、自分自身とはちょうど正反対の強い性格の人間を理想として憧れたのであろう。しかし、それを単なる個人の問題にとどめないで「時代」そのものに対する痛烈な批判の観点としたところに、ニーチェの思想史上の位置が認められなければならないのである。〉（淡野、二五七―二五八頁）

ニーチェ（一八四四―一九〇〇）の考え方の中に、ルサンチマンという考え方があります。これは弱者の思想ですが、「ルサンチマン」とはどのような意味でしょうか？　弱者の強者に対する恨み、妬《ねた》み、などの感情ですが、単純な恨み・妬みとは違います。例えば学校に、明らかに自分よりも出来のいい学生がいるとします。そうしたら自分も勉強してその人に対抗する、あるいは議論等で対抗すればいいわけです。ところが自分は勉強していないため、議論で対抗しても負ける。そういうときに自分の家の中だけで相手が「ボコボコにやられている姿」を想像し、鬱憤《うつぷん》を晴らす。相手の目の前に出たら、何も言えない。心の中だけでいつも復讐《ふくしゆう》するような、ねじけた感情をルサンチマンと言います。ニーチェ自身は『道徳の系譜』（木場深定訳、岩波文庫、一九六四年）で、本来の反応、つまり行為による反応が拒まれているために、もっぱら想像上の復讐によってその埋め合わせをする者どものルサンチマン、という言い方をしています。

さらにニーチェは、キリスト教の愛はそういうルサンチマンから生まれた、と考えるわけです。すなわち、ローマ帝国に抵抗することができないため、本来は戦わないといけないのに、自分たちは敢《あ》えて愛の実践を選んだと考えるのだ、と。敵を愛していることにして、卑屈な者が自分の置かれている立場を合理化した、と。自分の手が葡萄《ぶどう》に届かないから「あの葡萄はすっぱい」と言って納得する心情（＝ルサンチマン）を描くイソップの「すっぱい葡萄」のようだ、と。

ルサンチマンは恨みのことですが、「俺には特別の価値観がある」と言って、その恨みの感情を自分が持っていることすら抑圧するわけです。だから自分のほうが上だ、といった発想になる。それは弱者特有のものです。自分が本当はバカにされ、下に見られていても、その相手のことを「とてもいい人なんです」と言うようなケースも、ルサンチマンの表れです。弱者は、そういう形で合理化するしかない。だからルサンチマンは、近代の競争社会には付き物なのです。

〈同じような反時代的観点からオイッケンは、当時の思想界の根本傾向を洞察して、それは自然主義と主知主義であると看破した。彼によれば、この二つのものは独立自存の人格を否定する点において、全く同一である。そこにおいては、すべてのものはそれ自身の価値というものをもたずに、ただひたすら移り変って行くものにすぎない、と考えられる。かような単なる有為転変の中に埋没したままで、自我意識をもった人間が永く安住していられる筈はなく、物質文明の進歩とは逆比例に、人心がますます不安に襲われてやまないのが当時の実際の社会相であった。しかしオイッケンによれば、人間の弱さ・はかなさを感じて不安にとざされている時こそ、かえってより高い生活への道が開かれているのである。というのは、何か永遠なものがわれわれの中に働かなければ、われわれの存在のはかなさがわれわれにとって悩みとなる筈はないからである。もしわれわれが徹底的に有為転変の世界にのみ属するものであるならば、われわれはただ世界と共に移り変って行くばかりであって、そこには何の不安も悩みもなくてすむであろう。しかし人間に、単なる現象の中につきてしまうもの以上のものがあればこそ、自己の弱さ・はかなさに打ち克とうとする戦が起るのであって、この事実を認める以上、われわれはもはや絶対永遠の存在を否定することができないのである。もちろんその永遠の世界というのは、自然界があるのと同じ意味においてわれわれに与えられた存在ではない。それは、人間がこの経験界に住んでいることによって生じるあらゆる制限を全く克服することによって、初めて達し得る境地である。それは全くそれ自身においてあり同時にすべてのものを包容する境地であって、このような境地においては人間そのものが一つの底知れぬ深みとなりそれ自身一つの神秘となるのである。——オイッケンのいわゆる「精神生活」(Geistesleben)とはこういうものを意味するのであって、それは多年親しんで来たアリストテレースのギリシャ的精神、アウグスティヌスのキリスト教的精神、ゲーテのドイツ的精神を一つに融合したものと見るべきであろう。〉（淡野、二五八―二六〇頁）

オイケン（一八四六―一九二六）は、今はほとんど忘れ去られたドイツの哲学者です。ドイツのイエーナ大学の先生になり、新カント派の一人として、法則定立的な自然科学や個性記述的な精神科学を教えます。「いかによく生きるか」など、生き方と関係しないアカデミズム内だけの哲学は哲学ではない。その時代ごとに、生きていく精神があるのだから、歴史の中でそれを捉《とら》えるべきだ、と主張しました。その後に出るディルタイの「生の哲学」にもつながる要素があり、日本では大正時代の教養主義のなか、「こういう人もいるのか」ということで影響力を持ちました。淡野安太郎《だんのやすたろう》がちょうど高校生、大学生の頃は、みなが争ってオイケンを読んだはずです。

〈しかしオイッケンのかような雄叫びも、その理論的内容から見るならば、ひっきょう過渡期の反動思想以上の何物でもない。〉（淡野、二六〇頁）

どういうことかというと、オイケンにおいても、コルプス・クリスチアヌム的（キリスト教共同体的）な文化総合がなされているわけではない、ということです。

ヘブライズム、ヘレニズム、ラティニズムが解体されていくプロセスで、われわれはバラバラにされてしまいます。新カント派はまず、自然科学と精神科学をバラバラにしました。それぞれの社会科学の中にもディシプリンがあり、それらのディシプリンによって個性を記述しますが、新カント学派は上位概念を持たないので、相対主義になります。つまり、みなバラバラになる。人間はバラバラで生きていけるのかという思いから、かつてのコルプス・クリスチアヌムの精神でもう一回まとめ上げようという、反動的な方向が生まれます。それはその通りです。

いろいろな科学がすでに分節化されているから、それを統合しようという動きが生まれたが、統合の理念まではつくれなかった。ヘーゲルの絶対精神のようなものではなく、反動的な思いつきに過ぎなかった、ということです。

神学部ではなく哲学科で卒論を書くには、オイケンは意外といいでしょう。過渡期に現れ、後への影響力はそれほど持たなかったものの、一世を風靡《ふうび》した人の問題点とその限界が明らかになるからです。以前流行しましたが、失敗した人の研究はとても重要なのです。失敗した人の限界についてよく見ていくと、似たようなものが出てきたときに、その限界がすぐわかるようになります。

〈唯物史観によってその独立性を奪われた精神生活を再建するためには、単に精神生活の意義を力説し説教するばかりでなく、厳密な理論的考察によって確たる地盤の上にそれを基礎づけなければならぬ。ところで真に自由な人間の主体性が――「必然」だけでは割り切ることのできない――歴史の世界においてのみ確保され得るとするならば、しかも他方、近世自然科学のめざましい進歩は必然的な法則に支配される自然界の存在を、もはや何人も疑うことのできないまでに確立したとするならば、人間のいわゆる「精神生活」を保証するためには、自然の世界の存在を十分承認した上で、なおかつ歴史の世界にも――自然によって脅かされることのない――独立の領域を確保しなければならないであろう。換言すれば、自然科学だけが唯一の学問ではなくして、自然科学と相並んで歴史科学もまた独立に成立し得るゆえんが、方法論的に明らかにされなければならないであろう。ところでこのことをよく成し遂げ得るものは、――それぞれの主張にそれぞれ固有の妥当領域を割当てることによって――さまざまな文化価値にそれぞれの独立性を認めようとする批判主義的な考え方を措いてほかにない。〉（淡野、二六〇―二六一頁）

新カント派ですから、その方法論とは、法則定立に対する個性記述のことです。「それぞれの主張にそれぞれ固有の妥当領域」がある。これが個性記述ですが、それぞれの問題にはそれぞれ固有の場があるというのは、どういう考え方でしょうか？　カテゴリーという考え方です。だから、次の記述にあるように、カントへの回帰になるわけです。ここは重要なので、次の一文に線を引いてください。分節化し、それぞれの分野に論理があるというのは、カントの範疇《はんちゅう》表の考え方です。だから「カントに帰れ」が新カント学派のスローガンとなります。

〈こういうわけでわれわれは、カントに還らねばならないのである（„Also muss auf Kant zurückgegangen werden" — Otto Liebmann : Kant und die Epigonen, 1865）。もちろん、単にありしカントは決してわれわれの要求をみたしては呉れないであろう。というのは、カントによって基礎づけられた学問は、当時の歴史的事情の下にニュートンの物理学以上のものではあり得なかったからである。それ故にわれわれは、ありしカントを超越してあるべかりしカントを新たによみがえらせることによって、新たな時代の課題を解決させなければならぬ。この意味において、真にカントを理解することはカントを超越することである、といわねばならないのである（„Kant verstehen, heiβt《引用者補記》 über ihn hinausgehen". —Windelbahd : Präludien, 1884）。

（中略）カント前の哲学が説いたように、もし認識ということが――人間の意識を離れて存在する――実在を模写することであるとするならば、真理であることを要求し得る学問は実在に関して唯一つしかあり得ないことになるけれども、カントが明らかにしたように、認識が一般に構成されるものであって、いわゆる「事実」というようなものも与えられた素材を認識主観の形式によって構成した結果成立したものにほかならぬとするならば、構成の仕方の異なるに従って、すなわち材料に対する加工の仕方の異なるに従って、それぞれ種類を異にする二つあるいはそれ以上の学問の成立が可能である筈だからである。こういうわけでリッケルト（Heinrich Rickert, 1863―1938）は、――自然科学を法則定立的（nomothetisch）、歴史科学を個性記述的（idiographisch）として区別したヴィンデルバント（Wilhelm Windelband, 1848―1915）の考え方を継承して、――学問の性格を特色づける方法論的形式（methodologische Formen）に普遍化（Generalisierung）と個性化（Individualisierung）の二つの方向を区別し、前者によって自然科学的概念構成が成立し後者によって歴史科学的あるいは文化科学的概念構成が成立するものと考えた。〉（淡野、二六一―二六二頁）

「こういうわけで」以下に線を引きましょう。このことについて書いた本が、先述のリッケルト『認識の対象』です。われわれは基本的にこの枠組みに従って、自然科学とそれ以外のものを区別しています。神学は当然、個性記述に入ります。学知とはこういう意味だ、ということです。

リッケルト、コーヘンの考え方

〈すなわち、自然科学がいっさいの現象を価値の見地から離れて（wertfrei）――時と所を超えて普遍的に妥当する一般的法則の下に――特に因果の法則の下に包摂しようとするのに対して、歴史科学は価値の見地から見て（wertvoll）本質的なものとそうでないものとを区別し、一回的なもの・個性的なものを選択記述することを特色とするものとして成立する。もっとも、歴史科学が価値の見地から見て選択記述するということは、決して一定の現象を非難したり、もしくは称讃するという意味において評価することと同一ではない。かような実践的な態度をもって評価をすることは、学問としての歴史学の客観性を危うくすることになるであろう。それ故に「価値の見地から見て」とはいっても、それは純粋に理論的な態度をもって価値に関してより本質的なものとそうでないものとを区別することでなければならないのである。

リッケルトによれば、およそ学的認識が成立するためには、三段の手続を経なければならぬ。すなわち第一に「この赤」「この青」というように最も究極的と考えられる知覚も、すでに「この」という所与性の範疇（Kategorie der Gegebenheit）をまってはじめて可能であり、つぎに第二に、こういうふうにして成立した一回的な事実はそれ自身何の連絡もない不統一なものであるから、こういう個別的な事実に統一を与えてこれを客観的実在（objektive Wirklichkeit）すなわち秩序のある統一的世界とする範疇がなければならぬ。リッケルトのいわゆる構成的範疇（konstruktive Kategorie）と称するものがすなわちそれであって、その一例としてこの知覚とかの知覚とを結合する因果性の範疇をあげることができるであろう。もちろん、この場合カントの認識論における因果性の範疇と混同されてはならない。（中略）換言すれば、カントにおいては因果性の範疇によって構成されるものは、直ちに自然科学の対象としての自然であるけれども、リッケルトにおいてはさらにそれに学問的な加工（wissenschaftliche Bearbeitung）

が施さるべき地盤としての客観的実在にほかならない。（中略）それ故に、カントの純粋悟性概念としての因果性すなわち因果法則は、リッケルトにおいては客観的実在に加工してそれを学問的認識とする一つの方法論的形式に相当するといわねばならぬ。ところで、このような「普遍化」が客観的実在に対する一つの加工の仕方にすぎない以上、同一の客観的実在に対してそれとは違った加工の仕方すなわち「個性化」が許されなければならないことはいうまでもない。こういうわけで同じ客観的実在が、それが普遍的法則に従って規定せられる限りにおいては自然科学の対象となり、一回的あるいは個性的なものを表現するものと解せられる限りにおいては歴史科学の対象となるのである。（中略）

こういうわけでリッケルトは（中略）自然科学と歴史科学との単なる不可通約性の確定をもって満足することはできず、さらに進んであらゆる科学の共通の根底となるものを求めて、その上に成立するさまざまな学問的認識の相互補充によって universal な体系的統一の実現され得る可能性を示そうとしたのではあるが、しかしその際、体系的結合をヘーゲル学派のように一元的に考えずに、あくまで二元的に――というよりは彼自身の言葉でいえば他定立的 (heterothetisch = anderes—setzend) に組織しようとするところに、その考え方の根本的な特色が見出されなければならないのである。すなわち、リッケルトはあらゆる場合を通じて、一見無差別に見える何らかの統一が実は少なくとも二つのちがった要素の相互の関連によってのみ成立するものであることを示そうとする。例えばこの世界全体 (Weltall) を実在と価値とに分つのをはじめとして、知覚し得るものと理解し得るもの、感性的なものと叡知的なもの、さらにまた、内容と形式など、いたるところ一 (das Eine) と他 (das Andere) を根本的に区別するのである。しかし、こういうふうに二つの領域がはっきりと分けられる以上、全く異質的なこの二つの領域がどうして互に結合されるかということは、しょせん困難な問題として残るのほかはないであろう。〉（淡野、二六二―二六六頁）

一と他の結合という問題に挑んだ者として、次にマールブルク学派の創立者コーヘン（Hermann Cohen, 一八四二―一九一八）が出てきます。

〈（中略）彼は認識を構成する形式を、彼独特の意味において「純粋なもの」（das Reine）と解することによって、この難点を克服しようと試みたのである。コーヘンにおいては「純粋」とは、単に経験を構成するアプリオーリーであるという先験的意義以上に、自分自身から内容をつくり出す創造的意味をも含んでいるのである。それ故に彼は、「綜合」（Synthesis）というカント的な表現の代りに、「生産」（Erzeugung）という言葉を用いる。すなわちコーヘンによれば、思惟は本来生産的（erzeugend）である。従って思惟に対して与えられるものは、外から与えられるのではなく、内から要求せられるものであり、また問題として課せられるものである（das Gegebene = das Aufgegebene）。（中略）

右のような見地からコーヘンは、カントが受容性（Rezeptivität）の能力としての感性を、それとは独立のちがった根拠をもつ自発性（Spontaneität）の能力としての悟性の前に置いたこと、および感性を触発するものとして物自体を仮定したことを、純粋に認識論の立場からは維持し難いことであると考える。コーヘンによれば、時間的あるいは空間的に直観することも、実はそれ自身すでに思惟の作用であって、どういう意味においても思惟に先き立って実在するというようなものは、あり得ないのである。エレア学派のパルメニデースが「思惟即実在」と説いたことは、コーヘンにとっては千古不磨の教訓であると思われた。もっとも、コーヘンにおいては思惟するということは単に考えることではなく、思惟が思惟として発展することすなわちはたらくことである。ところではたらくということは、はたらきがそれみずから存在することである。すなわち、つくり出す思惟のはたらきそのものが、つくり出される思惟の内容なのである（Die Erzeugung selbst ist das Erzeugnis; die Tätigkeit selbst ist der Inhalt.）。

こういうふうにコーヘンは思惟をいっさいの実在の根本とし、すべての科学的知識もかような純粋思惟の内面的な発展にほかならぬと考える。それならば、いわゆる知識の内容として思惟によって要求せられる感覚は、いったいどういうものなのであろうか。彼によれば感覚はまだ実在の知識というようなものではなく、単に実在の一つの指標（ein Index des Wirklichen）であるにすぎない。ちょうどa・b・cなどのアルファベットは——言葉を形づくる符号であるけれども——まだ言葉そのものではないようなものである。感覚は思惟の力によって論理化されて、はじめて実在の知識となるのであるから、論理化されない以前の感覚はいわば思惟の光によって照らし出さるべきくらやみである。コーヘンはこのまだ論理化されない意識（Bewusstheit）を論理化された意識（Bewusstsein）から区別し、「論理化されない意識は神話であり、論理化された意識は学問である」（Bewusstheit ist Mythos; Bewusstsein ist Wissenschaft.）という。〉（淡野、二六七—二六九頁）

ここで学問と神話のあいだに連続性をつけるわけです。その意味で、学問と神話は同じことなのです。論理化されていると学問になり、論理化されていないと神話になる、ということです。

コーヘンは、ユダヤ思想家でもありました。なおかつ新カント派、マールブルク学派の創始者でもありました。神学と哲学のあいだの差を論理化すると、同じ事柄を別に表現したものに過ぎない。コーヘンがこれを明らかにした、というのは重要です。

〈それならば、明るい学問はどういうふうにして暗い神話から生れ出るのであろうか。認識はすべて判断をもって始まる。そして最も根源的な判断は、コーヘンによれば、無限判断（das unendliche Urteil）である。それならば無限判断は、どういう意味において根源の判断（das Urteil des Ursprungs）――すなわち有限な或るもの（das endliche Etwas）を根源的にすなわち無限から生み出す判断となり得るのであろうか。この問に対してコーヘンは「無という廻り路において判断は或るものの根源を示す」（Auf dem Umwege des Nichts stellt das Urteil den Ursprung des Etwas dar.）（引用者補記）と答える。それならば無の廻り路とは、いったい何を意味するのであろうか。

例えば「霊魂は不死である」という無限判断について見るに、この場合の「不死」（unsterblich）はその中に「死すべき」（sterblich）でない無限の領域を含んでいる。「不死」は従って一種の無限である。しかもこの無限な「不死」は、ただの虚無すなわち絶対の皆無（das absolute Nichts）ではない。絶対の皆無からは何ものも生れないであろう。故にこの場合の無は相対的な無（das relative Nichts）であって、そこから有限な或るものが生み出さるべき無である。すなわち、われわれが「霊魂は不死である」と判断するとき、その「不死」は絶対的に何ものをも否定するものではなくして、かえって「不滅」という霊魂の本質を言い表わしているのである。それは明らかに、霊魂に関する有限な或るもの（das endliche Etwas）であって、ひっきょう「無」による「有」の限定にほかならないのである。こういうわけで、コーヘンは「或るもの」とは「無でないもの」（nicht-Nichts）である、という。（中略）しかし、無限の無（unendliches Nichts）から有限の或るもの（endliches Etwas）にまで一足飛びに進むことはできず、両者の間には無限の連続がなければならぬ。コーヘンは否定による弁証法的運動というようなものを認めない。コーヘンによれば、Aが真理を示し存在を示すものならば、non-A は虚偽であり非存在でなければならぬ。non-A はそれ自身で自立することはできず、いわば否定されるために生み出されるもの、というよりはむしろすでに否定された後に生れる亡霊である。それは思惟の内容ではなくして、否定の作用に映じ来る幻影であるといわねばならぬ。こういう幻影にすぎないと考えられる「非存在」を自体的存在とすることによって成立する弁証法が、コーヘンにおいて承認されないのは、当然である。コーヘンによれば、事物は弁証法が説くように否定的媒介によって動くのではなく、根源の無からの連続的な生産によって動くのである。こういうふうにしてコーヘンは弁証法のめざすところを根源と連続の原理によって明らかにしようとする。ところで、根源すなわち無限の無（unendliches Nichts）とそれから生み出される実在とを連続的に結びつけるものは、「無限に小さなもの」（das Unendlich-Kleine）のほかにはない。これすなわちコーヘンにおいて、微分法の原理（Prinzip der Infinitesimalmethode）が重要な役割を演ぜざるを得ないゆえんである。

（中略）実在とはこういう連続的な運動によって生み出される・それ自身連続的なものにほかならぬとするならば、コーヘンが「論理の内において実在を基礎づけることに成功した」と誇称するのも、一応無理からぬことと思われるのである。

しかしコーヘンがここでいう「実在」とは、われわれがその中で現に生きてはたらいている現実ではなくして、ひっきょう数学的自然科学の対象となる実在以上のものではなかった。〉

（淡野、二六九―二七三頁）

神性と人性がただの一点のみで接し、そこで方向性が決まると主張する、ネストリウスのキリストに似ています。キリスト論的な内容です。キリストは微細な点になるけれども消えない、神は最も卑小なものになるけれど消え去らないという考えは、微分法的な考え方に似ています。

弁証法とのさまざまな接点

〈数学的自然科学の対象となる実在は、あるいは微分的なものの連続的運動によって生み出されるものであるかも知れない。しかし、われわれがその中で現にはたらいている実在すなわち、いわゆる歴史的社会的現実が、決して単なる連続的運動によって生み出されるものでないとするならば、かような現実は微分法の原理の全くおよばない限界をなすものといわねばならぬ。（中略）生きた現実は決して、一元的なものの連続的運動としてとらえられるほど単調なものではない。むしろ、相対立する二元的なものの張り合いとその飛躍的統一を限りなく繰り返しながら、非連続の連続として動いて行くものこそ、われわれの生きるこの「現実」そのものの姿にほかならない。こういうわけでそれは、弁証法的世界と呼ばれるのに最もふさわしいものである、といわねばならないのである。

ところで真の意味において弁証法的な世界は、唯物論が主張するように物質がもっぱら優位を占める世界でもなければ、観念論が主張するように精神がもっぱら優位を占める世界でもなく、また、物質と精神とが単に並存する世界でもない。物質が物質を超えてこれを否定するものに直面し、精神が精神を超えてこれを否定するものに直面するところ、そこにはじめてほんとうの意味においての弁証法的な世界が具現されるのである。〉（淡野、二七三—二七四頁）

「物質が物質を超えて」以降の箇所は独自の考え方を示しています。線を引いてください。観念論と唯物論から出てくる互いの接点を対話と位置づけ、弁証法で見る、というモデルです。

〈そこにおいては、物質は精神を制約し精神にはたらきかけるものではあるけれども、それは決して単なる一方的限定ではなく、精神は物質からはたらきかけられるということを通して逆に物質に対してはたらき返すのである。（中略）それがわれわれの歴史的社会的現実というものの姿にほかならぬ。生きた人間の世界においては、単なる一方的限定というようなものはあり得ない。環境がもし一方的に人間をつくるものならば、それは自然の世界ではあっても、人間の社会ではない。従ってそれはもはや、厳密な意味において「環境」であるとはいえないのである。ほんとうの意味の環境は人間にはたらきかけて人間をつくりつつ逆に人間によってつくり返され、人間は環境にはたらきかけて環境をつくりつつ逆に環境によってつくり返される。こういうふうに相互にはたらきかけ合うことによってのみ、環境は人間と共に、人間は環境と共に、はじめて真の意味において成長することができるのであって、かような動的連関をはなれて人間本来の在り方というものはあり得ないのである。〉（淡野、二七四—二七五頁）

こうした生態史観、環境をもって哲学を捉える見方をこの時期に示すのは早いです。『哲学思想史』の初版は一九四九年、新版が出た一九六二年も高度経済成長初期です。その時点ではまだ誰も環境の話などしていません。当時は産業開発が進められ、その後に公害問題が噴出してきます。煙の出る煙突をシンボルにする町がたくさんあった時代で、当時は実存主義とニーチェが最も流行《はや》っていました。

ニーチェは競争社会が激しくなると、必ず流行ります。負け組が、それでも勝っているのは自分だと言いたいとき、ニーチェが便利に使われやすいからです。実存主義やニーチェは、自分可愛さが透けて見えるから、共通していじけた感じがします。神学とは相性が良くありません。

〈ところで実存主義は、われわれ人間が日常とかくぼんやりと自己を忘れて個性をもたないいわゆる「ひと」の中にすなわち大衆の中に埋没しがちなのを戒めて、人間本来の在り方は神の前にただ一人単独者として立つことである、とその在り方の厳しさを自覚させてくれる点において大いに学ぶべきものを含んでいるけれども、しかしただ一人の単独者的実存を人間本来の在り方であるとするその根本の立場そのものが抽象的であることは、何人も否定することができないであろう。〉（淡野、二七五頁）

「神の前」と言うけれど、神の前でたむろしている人は、すでに神と共にあるから「単独者」ではありません。「単独者」とは、神なしで単独で、一人で立つ、ということです。

〈これに反して、弁証法的唯物論の立場に立つ人々が、一般に人間の在り方――行為する人間はもちろん、認識する人間でさえも――決して抽象的な一個人ではなくして、歴史的に形成された社会的生活環境の中において実践的に活動する具体的な人間であることを指摘したことは、大いに傾聴すべき真理であるといわねばならぬ。しかしこのように、実践的に活動する具体的な人間を人間本来の在り方と考える限り、われわれはもはや――ひたすら物質に優位を認めようとする――唯物論の立場にとどまることはできないであろう。単独者を主張する実存主義が抽象的であるように、物質に偏する唯物論もまた抽象的であるといわねばならないからである。物質と精神との対立を承認した上で、しかも両者を綜合統一する立場、それこそ真の弁証法の立場であるといわねばならぬ。（中略）すなわち、弁証法的世界の現実が動くということは、現実によってわれわれが動かされることであると共に、逆にまた、われわれが現実を動かすことでなければならないのであって、こういう動的交錯の中に動いて行く「現実」の中にはたらき・「現実」と共に生きることが、われわれ人間の具現すべき真実の姿であるとするならば、実存主義の主張する単独者としての実存と弁証法的唯物論の主張する社会的実践の主体とは、ここにいわゆる弁証法的に綜合せられて、真に具体的な人間の在り方を規定することになるであろう。〉（淡野、二七五―二七六頁）

「弁証法的世界の現実が動く～具現すべき真実の姿であるとする」はポイントです。次に、『キリスト教史』（藤代泰三、講談社学術文庫、二〇一七年）「序論」の方法論を述べた箇所にある「相互連関」という語を確認してみましょう。

〈歴史とはどのようなものであろうか。ディルタイのいうように、私はそれは非常に複雑な政治的経済的社会的文化的宗教的相互連関（依存とともに抵抗も含まれる）に立つ総体であると考える。〉（藤代泰三『キリスト教史』講談社学術文庫、二〇一七年、三五頁）

一人ひとりの人間がいて、見えなくても互いは互いにつながっている。藤代《ふじしろ》先生がよく言いましたが、そうした相互連関の中で歴史は成り立つのだから、中のたった一人、最も小さいものを変えるだけでも歴史は成立しない。弁証法的で複雑ですが、そういう相互連関体のことを言っています。

〈さて、近代の学問の判断の基盤にあるものは理性で、そこにおいては歴史も理性によって分析し解明すれば十分であるとされる。これは実証主義の立場である。しかし歴史はただ理性によって解明されるというほど簡単なものであろうか。この点についてわれわれはまず歴史を営む人間について考えなければならない。〉（藤代、三五頁）

人間は合理性のみに還元されない、ということです。すなわち生き物はアルゴリズムであり、命とはデータの集積であるという考えとは異なるわけです。

〈ディルタイによれば人間とは物理的精神的存在、つまり身体と理性と感情と意志を有する存在である。この視点から、歴史とは人間・社会・歴史に関する学であり、これをディルタイは精神科学（Geisteswissenschaft）という。ディルタイによれば文学、芸術学、法学、経済学、社会学、心理学、歴史学、哲学、宗教学等、自然科学に属さない学問はすべて精神科学なのである。この人間・社会・歴史に関する精神科学が、単に理性によって解明できるものであるわけがない。もちろん精神科学においても理性も十分に、そして徹底的に駆使される。

さて私はキリスト教の歴史をキリスト教史とよびたいが、このキリスト教史研究においてどのような立場に立つかがまず問題となる。ディルタイの立場に立つ私にとってはそれはキリスト教精神史である。キリスト教精神史とは、身体と理性と感情と意志を有するとともに、キリスト教信仰に立脚する人間あるいはその集団がかかわる歴史を意味する。〉（藤代、三五―三六頁）

「私にとってそれはキリスト教精神史である」と、藤代先生は言っていますが、これは淡野安太郎が言うところの思索史や思想史と同じ意味です。ただし淡野さんの場合はキリスト教信仰ではなく、ヒューマニズムに立って歴史や人間を見ています。それが思想史であり、思索史である。言説の連続ではなく、その背後にある人間を見ていくのが、淡野哲学思想史の特徴です。その意味で、『キリスト教史』とアプローチが似ているわけです。

〈またキリスト教精神史とは、時間的に前後に継続するものだけではなく、横に並ぶもの、すなわち同時的存在をも考慮に入れて解明しようとする学、すなわち歴史の流れを、その流れが立つ巨大な全体像に即して明らかにしようとする学である。重ねて強調するが、キリスト教精神史とは、人間や歴史を精神の面からだけ探究する学ではけっしてなく、血もあり肉もある人間、すなわち身体的理性的意志的感情的人間がかかわる歴史を、できるだけ多面的に相互連関的に探究しようとする学である。

しかし前述したように私はキリスト教信仰という概念をこの身体的理性的意志的感情的人間に付加したい。この点において私はディルタイに学びつつもその立場からでているのである。このことはキリスト教精神史研究にとって非常に重大なことである。というのは一般に宗教に関する精神科学において、人間や歴史の理解に宗教的見地から検討を加えることは不可欠なことであるからである。それどころか、この宗教的なものが、種々な面から成りたち、歴史の営みにかかわる人間を統一体として結合させるものなのである。従ってキリスト教精神史とは、キリスト教信仰に立脚する身体的理性的意志的感情的人間がかかわる複雑な相互連関に立つ歴史に関する研究であるということになる。〉（藤代、三六―三七頁）

それはそうでしょう。『キリスト教史』は人間の救済をベースとする主体的な問題ですから、主体的な事柄を客観的に描く行為の範疇表からはずれています。だから神学をやる人には、キリスト教との親和性が高い淡野さんの教科書が合うわけです。キリスト教信仰は前提とされていませんが、人間を前向きに捉えるヒューマニズム、近代的な人間中心主義の立場をとっています。人間なんてどうでもいいのだ、強者が勝ち、弱者が負けるだけのことだ、という立場には立たないわけです。『哲学思想史』にはこうあります。

〈哲学は実在の変らない永遠の姿をもとめる。しかし、変らない永遠は決して動く現実から離れてそれ自体でじっとしているものではなく、瞬間現在となって生きてはたらくものこそ真の永遠であるとするならば、この現実に徹して現実を生き抜くことこそ永遠にあずかる唯一の途であり、この途を精進することなくして生きた哲学はあり得ない、といわねばならないのである。〉（淡野、二七七頁）

「生の哲学」とアトム的人間観

「補章　現代哲学の動向」へと進みます。

〈十九世紀文化の発達は分化の進むことであった。従って、専門が細かくなることが直ちに進歩を物語るものと考えられ、学芸一般の世界においても「分類」それ自体が意味のあることであるかのように思われたのである。（中略）

ところで、分化は物から独立した精神の所産である。物それ自体には分化はない。それなればこそ、専門の研究業績が日と共にその数を増したのにも拘わらず、いっこう物の真相は明らかにならない、というような嘆声がひそかにもらされたのであった。精神の物からの独立は、物に対する精神の勝利であると共に、また、その悲劇でもあった。それならば、十九世紀の精神はいかにして物に対する独立の栄誉をかち得、また、それはいかにして悲劇に終ったのであろうか。

十九世紀は資本主義がその大道をまっしぐらに進んだ時代である。資本主義の発達は、農業および工業などの生産部門に対する商業のヘゲモニーを招来する。ところで商業のヘゲモニーとは、金が物から独立して逆に支配権を振うことである。（中略）携え歩くのに不便な現物に代って、一片のペーパーが現物と同等に見なされるようになって、商業はいよいよ盛んになり、逆にまた商業の躍進的発展はすべてのものをペーパー化しないではおかなかったのである。

ペーパーは当の物ではない。しかもそのペーパーをもつことが物をもつこととして通用する世界は、それ故に決して単なる事実の世界ではなくして、事実から遊離してつくり上げられた人間特有の約束の世界であり、事実関係とは別に創設された権利関係の世界である。時と処に束縛された「事実」から離れてそれとは全く独立に、自由に契約し自由に活動し得る新たな存在秩序を創設したことは、確かに十九世紀の成しとげた世界史的偉業である、といわねばならないのである。しかしその反面に、絶大な犠牲が払われたことを見逃してはならない。「事実」の拘束から解放されて自由に活動できるようになった人間は、実は個性をもった人間ではなかった。それは機構的連関によって平均化された面（persona＝仮面）をかむって登場した人間である。その面は平均化された面であるから、誰でも代ってかむることができる（代理）。さらに、それは量的に分割されることもできれば（持分的共有）、量的に結合されることもできる（法人の単独所有）。このようなことが単なる事実関係において不可能であることは、いうまでもない。事実から離れた純然たる権利関係においてのみ、どういう事態でも自由につくり出すことができるのである。しかしその場合、事実から遊離すると共に、人間それ自身もまたいつのまにか姿を消してしまっていることが注意されねばならない。商業的世界の特質を一身に凝結して出来上った「株式会社」がフランスで「無名会社」（société anonyme）と呼ばれていることは、興味あることでなければならぬ。もちろん株式会社で無名の会社は一つも存在しないであろう。それにも拘らず株式会社が無名会社と呼ばれるわけは、株主がその企業に決して個性をもった人間として参与するのではなく、ただ純資本的に参与するにとどまり、いわば無名の資本自体が企業者だからである。〉（淡野、二七八―二八一頁）

ここで言われているのは、会社は会社で意思を持つという、法人という考え方についてです。「法人格」という言葉もあります。

〈それなればこそ株式会社を組織するものは株式であって株主ではない、といわれるのである。こういうふうにして人間がつくった企業組織が人間から独立して自動的に活動を開始するとき、それをつくった筈の人間がかえって抗すべくもなくそれに引きずられ圧倒せられ、遂にはその生活をさえ脅かされるようになったのである（金権支配の社会がどういう世相を呈するかは、万人のすでに知りつくしているところである）。こういうふうに人間の精神は物から独立して自由に活動できる新天地を創造したと思ったのにも拘らず、人間はまず個性を失い、ついでさらに、自分のつくった機構の圧制下にうめき苦しまざるを得ないこととなったのである。〉（淡野、二八一頁）

七〇年以上前に刊行された本ですが、株価至上主義のことが述べられていて、現在に近い印象を抱く資本主義分析です。それは、当時が高度経済成長の前だからです。

高度経済成長によって、社会のパイが大きくなります。そのまま格差が拡大すると社会主義革命が起こるから、政府は再分配政策を取りました。教科書の無償配布がなされ、老人福祉政策や国民皆保険体制が導入されたのもすべて、六〇年代なのです。

それ以前の日本はやはり格差が大きく、自由主義的でした。大企業に就職した人と中小企業に就職した人では、所得が全く違いました。加えて株を持っている人は、やはり金持ちだった。七〇年以上経って一周回り、このような時代に近づいてきているのです。ただし当時は、自分は労働者階級だ、貧困層だと思っている人が多くいました。ところが今は客観的に見れば貧困層でも、その圧倒的多数は自分を中産階級だと思っている。これが当時との大きな違いです。

〈思想の学的自覚としての哲学の世界においても、同じ歩みを指摘することができる。前世紀後半における自然科学のめざましい発達は、未知の領域を次々に開拓することによって、人間の視野を著しく拡大すると共に、もはやその実在性をどうすることもできないと思わさせる程に自然の世界・物の世界を大きなものにしてしまったのではあるが、しかし人間がパンだけで生きるものでない以上、やはり物に脅かされない精神の安住の場所を求めずにはおれなかった。しかも物の存在はすでに厳然としたものであるとするならば、物の存在の確実性を十分認めた上で、同時に精神の独立性をも確保し得るような途が見出されなければならぬ。ところでその手引を与えるものは、恐らくカントの批判主義のほかにはない。というのは、批判主義こそは、それぞれの領域を限界づけることによって、その限界内におけるその領域の確実性を保証すると同時に、限界の向う側においては他の領域がそれにも劣らぬ確実性をもって成立し得る可能性を用意するものだからである。こういうふうにして「カントに還れ！」の標語をかかげて新カント派が華々しく登場して、自然の世界に対する文化の世界の実在性を確立したのではあったが、しかし価値の世界が存在の世界から独立にうち立てられると共に、おのずから精神が物から遊離することを免れることはできなかった。前世紀末から今世紀初頭にかけて理想主義の哲学がそのきらびやかな体系を誇示したその当時においてもすでに「生からの隔り」(Lebensferne!) という不満の声が放たれていたのであった。〉（淡野、二八二—二八三頁）

生や生命を回復しようとする運動は、「生の哲学」という運動になります。

この「生の哲学」の人たちは同時に、解釈を重視したがる解釈学者でもあります。解釈とは、テキストを誤読する権利を主張します。テキストは原著者の意図を超えて解釈される、というように。

だから往々にして、原著者より解釈者のほうが、より深くテキストを解釈することがある、解釈がすべてだ、という考え方を生み、これはディルタイから現代思想ではドイツの哲学者ガダマー（一九〇〇―二〇〇二）に継承されます。

〈なぜなら、存在から遊離した価値の世界は、生きた人間にとってはあまりにも縁遠い血の気のない世界だからである。すなわち、人間の精神は自然の世界から独立に自己固有の世界を確立することができたと思ったのにも拘らず、その世界は意外にも人間自身を置き去りにして遥か彼方に離れ去ったのである。しかしながら人間を置き去りにした精神文化は、しょせん空中の楼閣であった。前の欧洲大戦の結果、大変な破壊と殺人とが行なわれたのを目の前に見たとき、人々の心はもはや宙に浮いた理想主義によってはとうてい満たされる筈もなかったのである。〉（淡野、二八三頁）

神学において、このような地点から出てきたのが、弁証法神学です。

〈物から離反することによって独立を誇った精神がその罪の報いとして空虚さと不自然さとに悩んでいる状態――それが二十世紀精神の最初の姿である。うつろになった精神をみたす途は、素直に物に還ってそこから再出発するのほかはない。「事物そのものへ」（Zur Sache selbst!）とは、偽りのない内心の叫びである。経済の世界において「金の経済」に対して「物の経済」を顧みないわけには行かなくなったように、学問の世界においても――存在から遊離した理論の体系をうち立てる前に――まず事物そのものの語るところに耳を傾けなければならなくなったのである。

（中略）心的要素を摘出し呈示することによって要素心理学の立場をうち立てようとしたヴント（Wilhelm Wundt, 1832—1920）も、複雑な精神現象が単なる心的要素の結合によってはつくされないものであるという厳然たる事実を前にしては、むしろ進んで物質現象と精神現象との相異を積極的に主張せざるを得なかったのである。すなわち、物質現象の揚合《ママ》には2＋2＝4であるけれども、精神現象の場合には、二と二との綜合は決して単なる四ではなくして、二つの要素が綜合されることによって両要素の中になかったものが全く新たに創り出されるということを2＋2＝4＋αという形をもって表わし、これを創造的綜合の原理（Prinzip der schöpferischen Synthese）と呼ぶ。〉（淡野、二八三—二八五頁）

どういうことでしょうか？　例えば三人の人がいて、そこに一人加わる場合でも、その一人が好ましい人か、イヤな人かによって、3＋1は単なる4ではなくなる、ということです。

人間を考えた場合、加算するという操作自体に問題があります。それはこの場合の人間観が、アトム的に還元した人間だからです。仕事もそうです。「このプロジェクトに一人加わりました」と言っても、厄介者のような人が加入するなら、いないほうがいいわけです。それは、加算するという要素に問題があり、人間はそれぞれバラバラなのだから取りあえずアトムに還元しようとする考えに問題があります。人はそれぞれに能力が違い、しかもみな自分のほうが能力が高いと思っているところがある。人間性もそれぞれ違います。同じ大学にいても、前向きに勉強している者もいれば、ルサンチマンの塊となって、いつも妄想の中で人を叩《たた》き潰《つぶ》すことだけ考えている者もいる。だから簡単にアトム的に還元することはできないわけです。

〈しかしながら、要素心理学の立場においてかような創造的綜合の原理を主張することは、原子論的な考え方そのものの内部からの崩壊を物語るものにほかならない。というのは、プラス・アルファは決して2＋2という原子論の立場を補充し補強するものではなくして、逆に、精神現象をもやはり2＋2という方式で理解しようとする考え方自体の非真理性を暴露することになるからである。（中略）

問題解決の根本は、まず人間の精神が自分の筆で勝手な想像図を描くことを断念するにある。そしてなんのこだわりもなく事物そのものの語るところに耳を傾けるならば、そこにおのずから事物の真相が示されるのである。たとえば、ピアノのキィを四つたたいて或るリズムを被験者に聴かせ、つぎにそれぞれ少しずつ右にずったキィを四つたたいて、それを聴いた被験者が前と全く同じリズムであると答えた場合、要素心理学はこれを何と解明するであろうか。たとい少しずつでもキイが違っている以上、異る要素の結合によって同じものがつくり出されるというようなことは考えられない筈だからである。誤の根本は、ばらばらの要素を根元に想定するにある。ところが真実は、われわれにとって本当に根元的なものは、一つ一つばらばらのものではなくして、すでに一定の形を具えた全体（das gestaltete Ganze）であり、構造をもった場である。〉（淡野、二八五―二八六頁）

「ところが真実は～構造をもった場である。」は重要なので、線を引いてください。言語がそうです。言語というのはトータルな場であって、単語の意味だけ知っていても言おうとしている内容を理解できないし、文法だけ知っていても無理です。

〈ここに想い到るならば、異るキイをたたいて同じリズムの感覚が成立しても、何の不思議もない。実に「形を具えた全体」あるいは「構造をもった場」の観念こそは、二十世紀精神の誇るべき創見であって、かような観点に立つことによってすべての事物は全くちがった姿をもって現われるようになったのである。そこで、もし十九世紀的な考え方を原子論的考察(atomistische Betrachtung)と呼ぶとするならば、二十世紀的な考え方は全体性的考察(ganzheitliche Betrachtung)という名をもって特色づけることができるのである。（註―ここでいう全体性的考察といわゆる全体主義と何の関係もないことは、多言を要しないであろう。）〉（淡野、二八六頁）

逆にいうと、全体性的考察と全体主義には関係があります。

二一世紀は再び原子論の時代です。それは新自由主義に覆われているからです。一人ひとりが個別のもの、同じものとしてスタートし、機会が平等で、勝者が総取りするという考えが新自由主義です。ポピュリズム（大衆迎合主義。一八九一年に結成され、農民を中心とする社会改革運動を起こしたアメリカ人民党「ポピュリスト党」によって広まった言葉。語源はラテン語で「人々」を意味する「ポプルス」。政治的に疎外されていると不満を覚えている人々を、彼らがエリート、既得権益層や保護されていると見なすマイノリティを非難、攻撃することで動員しようとするのが特徴。一般的にアメリカではポジティブに、ファシズムを経験したヨーロッパや日本ではネガティブな意味で使われる）も同様です。ポピュリズムは民主主義の一形態ですが、いわゆる伝統的民主主義とは違う点があります。ポピュリズムでは、選挙で五一％の票を獲得した人が総取りしていいわけですが、伝統的民主主義では総取りせず、少数派の部分を残すわけです。その比率が五一%かどうかはわかりません。多数派が絶対多数の六七%を取るかもしれませんが、三三%は少数派のぶんとして残します。民主主義的に選ばれても少数派の場所を残すのが、通常の自由民主主義です。それに対してポピュリズムでは、多数派による独占が起こります。

選挙制度においては、表面上は一緒です。ところが、強行採決がいい例ですが、聞く耳を持たずに採決、採決で乗り切ってしまう。審議を尽くした後で採決しても勝つのに、それをしない。審議を尽くすことが自由民主主義の要素ですが、ポピュリズムは、勝てば全部取っていいという発想になります。背後にはアトム的人間観があります。

フッサール、ハイデガー、キルケゴール

〈全体性的な観点からすれば、物理現象が——離れてある——物と物との間の作用ではなくして「場」の構造として理解されなければならないように、従来知るものと知られるものとの間の作用と考えられた認識もまた意識の場の構造として解明されることとなった。すなわちフッセル(Edmund Husserl, 1859—1938)の現象学によれば、作用と対象とは相対立するものではなくして、意識の構造における作用的側面であるノエシス(noesis)と対象的側面であるノエマ(noema)として両者は互に相対応し合い、ノエシスはノエマを構成しノエマはノエシスを反映するという関係に立つ。〉(淡野、二八七頁)

ここで現象学を確立したドイツのユダヤ系哲学者フッサールが登場します。

〈そこで純粋対象―意味中核―意味層およびそれの様々な性格化というノエマ面の構造に対応してノエシス面における様々な意識の変様が精密に分析せられて、全きノエマ・ノエシスの構造が明らかにせられたのであった。かような現象学的な構造分析は、単なるいわゆる「純粋意識」の領域に限らるべきではなくして、さらに文化の諸領域ないし歴史の世界にまでおよぶべき筈のものであるが、しかしそれらのことはフッセルにおいては結局課題として残されるのほかはなかった。ところでフッセルの現象学的分析を自己の哲学の方法として採りあげ、「事物そのものへ」の要望の線に沿うていっそう具体的な「存在そのもの」の構造を明らかにしようとするものが、ハイデッガー（Martin Heidegger, 1889―）の現象学的存在論あるいは基礎的存在論にほかならぬのである。しかも、その存在そのものが――古代の哲学者の場合のように――ただ客観的に向う側にあるものとして眺められるのではなくして、――自分自身もそのただ中に在りながらあらゆる存在の中でひとり自己の存在をよく了解していると考えられる人間存在を通して存在そのものの真相を究明しようとするところに、ひとたび近代の洗礼を経て自己意識にめざめた現代人の特色がある、といわねばならないのである。

こういうふうにして人間自身にとって最も直接的な現実存在すなわち実存（Existenz）を基本的なものと考えるという意味において、現代哲学の代表的なものは、広い意味において実存哲学であるということもできるわけであるが、しかしその場合にも、実存の現存在的性格に重点をおくか、それとも可能存在的性格に重点をおくかに従って、思想全体の傾向に相当大きな違いが出て来ることはもちろんである。（中略）もちろん、人間は有限存在であることがその最も本質的な特徴なのであるから、〉（淡野、二八七―二八九頁）

「人間は有限存在であることがその最も本質的な特徴」とは、ひと言で言えば、死ぬ、ということです。人間の有限性とは結局、死を克服できない、ということを指します。

〈自己の有限性を自覚する以上、もはや瞬時たりとも安住することはできず、常に不安にかられることを免れ得ないのではあるが、現存在を人間本来の在り方と観念する人たちの考え方においては、なるほど人間はたえず不安の中に在るものではあるが、しかし、そういう不安な人間が存在している次元そのものは比較的安定しているものと前提されているのであって、それなればこそ、その次元から無自覚な存在の仕方の中に自己を喪失することを、非本来的な在り方に「転落」すると呼ぶのである。

しかし人間が有限存在であるということの意味は、決して比較的安定した次元で不安に直面することにあるのではなくして、むしろ自己の存在する次元そのものが少しも定まらないところに、その真の意味が見究められなければならぬ。人間存在における有限の限は制限（Schranke）ではなくして限界（Grenze）である。制限とは、もはやそれ以上進んで行くことのできない壁である。壁であるが故に、それにつき当れば停止するのほかはない。そしてその壁の向うに何があるかは知りようもないのである。ところが限界は決して壁ではない。限界はその本性上向う側にあるものを予想し、こちら側と向う側との二つの領域の境界として成立する。それは境界であるが故に、それをとび越せば向う側に行けるのである。人間が自覚存在であるということの最も根源的な意味は、こういう意味においての「限界」を自覚すると共に、それをとび越えて向う側に行かずにはおれない内的衝動を自覚することである。〉（淡野、二八九—

二九〇頁）

向こう側とは、死です。死が飛び越えられないということなら、ずっと生きているということになります。ところが、向こうに行けてしまいます。つまり自殺衝動です。近代において実存主義が出てくる前に、マサリク（一八五〇―一九三七。チェコスロヴァキアの哲学者、政治家。第一次世界大戦後のチェコスロヴァキア初代大統領も務めた）やデュルケームらをはじめとした自殺論がたくさん出てくるわけです。

〈否、いっそう厳密にいえば、その「限界」というのは実は同じ平面（次元）の上にある境界ではなくして、低い次元と高い次元との間にある境界である。従ってそれをとび越えるということは、低い次元から高い次元へ飛躍することにほかならない。ところで上昇し得る可能性は当然、下降する可能性と相表裏する。〉（淡野、二九〇頁）

死とのあいだの限界を、今度は人生の段階におけるチャレンジというものに置き換えたわけです。失敗したら「転落」するので、何かに挑む人は、常に転落の不安に駆られるわけです。これは皮膚感覚でわかるはずです。入試も公務員試験も就活も、すべてそうですから。高所を望むということは、それがうまくいかない時は、自分がダメになるのではないかという不安と裏表な関係にあります。そして現に入試などで、失敗を機にダメになる人がいるわけです。

〈清浄な境地にまで昇華することのできる人間は、同時に醜悪な罪の中に沈むことのできる人間でもある。むしろ罪に悩む人間であればこそ、救済への途がひらかれるのであろう。人間が可能存在であるということの深い意味は、ここに見出されなければならぬ。とするならば、人間にとって単なる現存在は、もはや決して真実の存在ではない筈である。人間はさらにそれを越えて第二の飛躍を、あるいは第二の超越を敢行しなければならぬ。ヤスペルス（Karl Jaspers, 1883―）の形而上学の世界は、こういうふうにして展開されて来るものと解すべきであろう。

五

右に述べたように、同じく実存を基本的なものと考える場合にも、実存の現存在的性格に重点をおくか、それとも可能存在的性格に重点をおくかに従って大きな違いが出て来るわけであるが、しかし今日のいわゆる実存哲学はそれがいずれもキェルケゴールの「単独者」の思想の流れを汲むものであるところに、真に現代的であることをふりかざす哲学としては、すでに出発点から一つの重大な制限を脊負っているものといわねばならないのである。――キェルケゴールにとっては神と大衆との間に立つただひとりの人（単独者）としてのソークラテースの姿がつねに彼を導くたいまつであった。しかもキェルケゴールはソークラテース以上に人々から理解されなかった。「人々は、彼らが私を理解してくれないという私の訴をさえ理解してくれないほど、私を理解しない」とキェルケゴールは嘆いた。〉（淡野、二九〇―二九一頁）

それは理解しないでしょう。「単独者」であると、「自分だけは特別だ」と思い、働きもせず、教会の守番か何かで生活には不自由がないキルケゴールが理解されないのは当たり前です。「周りの連中のレベルが低すぎて、僕の悩みは誰にも理解されない」と言うような人は、やはり友だちができないし、理解してもらえないものです。

別の形態もあります。実はキルケゴールのように思っていて、誰のことも嫌いなのに、敢えて社交的にし「僕はすべての人が好きです。すべての人を尊敬しています」と言うような形態です。こういうタイプの人も多いし、彼らも「単独者」です。

〈こうして、ひとに理解されずにただ独り立っているという孤独感――単独者の意識はおのずから深まらざるを得なかった。大衆の悪意ある注目、侮辱的なあざけりを沿《ママ》びながら「受難」の道を歩みつづけることによって、その道徳的ないし宗教的な厳粛さが強くなればなるほど、キェルケゴールの「単独者」はいよいよ一般大衆から切り離されて行ったのである。そして「大衆は非真理（虚偽）である」と繰り返しいい放ち、自己を失って大衆の中に埋没した人間を動物とひとしくなったもの、いな物にまで非人格化されたものと思い込んだキェルケゴールは、その全著作活動を通じて人々をしてその自己の破滅にめざめさせ・もって本来の自己に立ち返らせようと、不断の努力をつづけてやまなかったのである。いわゆる実存哲学において、何故に大衆の中に埋没する平均的存在が非本来的存在と呼ばれるかの由来を、ここにはっきりと見出すことができるであろう。〉（淡野、二九一―二九二頁）

「お前たちは意識が低く、絶望的な状況にいることに気づいていない」「俺は絶望的状況であることに気づいているから、お前たちとはレベルが違う」「勉強などしても無駄だと、俺はわかっているから勉強しない。それに気づかず、一生懸命勉強や就活をするお前たちよりは、俺のほうが世の中をずっとわかっている」という理屈です。一応、筋は通っています。

しかし、世の中には受け入れられないでしょう。ただ、受け入れられないことが真理だという思考回路なので、人から嫌がられれば嫌がられるほど「気持ちいい」という感じになるわけです。

〈しかし現代の社会において人々が日常、大衆の中に入って平均的存在として生活していることとは、果して人間が非本来的な在り方に転落している姿なのであろうか。人間が自己をまず平均的存在として客体化することなしに、この二十世紀の社会において果して公共生活を営むことができるであろうか。自給自足の素朴な経済生活が可能な時代ならいざ知らず、この複雑広汎な経済機構の中において、大衆を馬鹿にした「単独者」が果して正当な生存権と発言権とをもち得るであろうか。「単独者」であることはもっぱら精神的な意味であるというかも知れない。しかし、単に自分ひとりを潔しとしてその「深さ」を誇る独我論は、ひっきょう精神的貴族主義以外の何物でもなく、それはしょせん個人の趣味以上のものであることはできないのではあるまいか。人と人との間柄の中に生きることを生命とする人間が、大衆からきり離されてただひとりで本当に救われる筈はないのである。

大衆を馬鹿にする高慢な心をそのままもち続けながら、真に自己を滅し自己に死する、というようなことはあり得ない。「汝」から離れて私があり得ないように、われわれ人間の自己とは要するに大衆の中の自己であり大衆に対する自己である。〉（淡野、二九二―二九三頁）

それはそうです。われわれも大衆の一員だから、その中で周りを見つつ、自分たちは生きているわけです。その現実からスタートしないといけない、ということです。

〈大衆の中に自己を滅却することが、従って自己に死する第一歩であり、そこから初めて本当の自己が死して生きる途がひらかれるのである。キェルケゴールがかがみと仰いだソークラテースは、決して大衆を馬鹿にはしなかった。アテナイの街頭に出て誰彼の差別なく共に語り合うことによって、その対話の中から少しでも普遍的な真理に近づこうと努力すること二十年、しかもその結果は眠りをむさぼる馬に対するうるさいあぶのようにきらわれ遂には死刑まで宣告せられながら、それでもなお年来の主張である「普遍概念尊重」の精神に従い、その結晶としての国法の命のままに、従容として毒杯を仰いで死についたのである。〉（淡野、二九三頁）

プラグマティズムの道具主義、新実在論

この後の「六」では、インストルメンタリズム（instrumentalism）、道具主義という考え方が特に重要です。例えばハンマーでカレーをつくることはできません。われわれはどんな道具を持つかによって認識が変わり、その実践世界も変わる、という考え方です。

われわれは知識人の卵です。何を身につけないといけないでしょうか？　学知です。学知にも、エピステーメー（知となる部分）と、テクネー（語学や数学の計算技術、また訓練による論理学の技術など）があります。テクネーという道具を持っていないと、われわれが認識できる範囲も違ってきて、社会に働きかけるものが違ってしまいます。だから道具を持っているか、いないかによって、できることも認識も違ってしまいます。この道具主義という考えは、決定的に重要です。

なぜ勉強しないといけないか、なぜスペックを身につけないといけないか、なぜカンニングをし

てはいけないいか、なぜ「優」をくれる学習科目だけ取ってはいけないか。そういうことをしても道具が身につかないからです。道具がないと、認識も行動もすべて制約されてしまいます。

〈ところでわれわれの経験内容をなすものは、決して普通考えられるようにばらばらの個々の事実ばかりではない。従来観念論は、一般に経験の内容は単に多様な無統一なものであるとははじめから決めてかかったが故に、それを統一するものとして経験を超えたいわゆる「先天的な」概念の働きを必要としたのであるが、しかしそれは理性と経験、主観と客観とが当然相対立するものであるという先入見にとらわれているからにほかならない。かような先入見をいっさいぬぐい去って、なんのこだわりもなく、最も直接的な純粋経験（pure experience）に徹するならば、そこには単に多様な事実ばかりでなく、それらを結びつけるさまざまな関係もまた直接に知覚せられるものであることが見出されるのである。この「関係の事実性」ともいうべきことを主張したことは、ジェイムズ（William James, 1842—1910）の徹底的経験論（radical empiricism）の従来の経験論とは異る一つの大きな特色である。それが徹底的とみずから称するゆえんは、われわれにとって最も直接的な経験はそれ自身すでに統一をもったものであり、全体として自足的なものであるから、いわゆる知る者（knower）と知られるもの（object known）との間に成り立つと考えられる「認識」も、経験の外にあるものと経験の内にあるものとの間の関係ではなく、実はいずれも同じ経験の内にあるものとして、経験の一部分が他の部分を知る関係であるというふうに、すべてを経験の内部において解明しようとするものであるからにほかならない。もちろん、経験が全体として自足的なものであるということは、決してそれが静止したものであるという意味に解されてはならない。ものごとの真相は、どこまでもわれわれの行動（doing or acting）との関係から明らかにされなければならぬ。デュイー（John Dewey, 1859—1952）によれば、われわれは知る者（knower）である前に、まず為す者（doer）である。
　従って単に「知る」という態度は決して究極的な立場ではなく、ただ行きつまった状態の打開を考案する場合にしばらく立ち止る態度に過ぎないのであって、結局はそれがわれわれの行動を将来に向って開展する器具（instrument）として役立つのでなければ無意味である、という。彼のいわゆる器具主義（instrumentalism）あるいは真理道具論は、真理が具体的生活の中で働くものでなければならないことを強調した点において、——それはアメリカの社会を地盤とするものであるとはいえ——確かに一つの卓見であるといわねばならないのである。
　真理道具論を説くデュイーは実在の問題については極めて素朴的であって、学問的考察を全然用いない常人の世界がそのまま実在である、という。そして「あらゆる学問の研究は、あらっぽい・いわば肉眼でよく見える経験にまで立ちもどって始めなければならない」と主張するのであるが、こういう立場に立つならば、通常その本性上個性的なものであるが故に共同研究などは不可能であるとされている哲学の分野においても、共同研究が十分可能になる。（中略）実用主義者・新実在論者・批判的実在論者たちは同じ経験論の立場に立って——主観的観念論や主知主義や絶対主義をその共同の敵としながら——しかも互に三つどもえになって討論を開始し、アメリカの哲学界は急に活気を呈するに至ったのである。〉（淡野、二九四—二九七頁）
　特にデューイ（一八五九—一九五二）の道具主義は、アメリカ的な思想の最も良質な面を代表しています。

〈新実在論はまず、形而上学（哲学）を認識論から解放せよ、と主張する。なぜなら、事物の性質は決して知識の中に求められるべきものではないからである。事物の姿を主観的な観点からただ直観的に描こうとする態度を排して、ありのままのものを分析して簡単な要素に到達しようとする新実在論の立場からすれば、知るということもまた在るということの中に起るものとして、空間とか数とか物理的性質とかいうものと全く同列になって現われなければならぬ。通常、知識があればそこには知る者（主観）とそれに対する知られるもの（客観）とがあると考えられるのであるが、その「そこに」（there）というのは実は両者の関係が保たれる「野」（field）にほかならない。そして、その「野」においてあるものは心的でもなければ物的でもない。それはしいていえば「中性的有」（neutral entities）と呼ばるべきものであろう。（中略）すべてのものがその根底においてこういう中性的有から成り立つものであればこそ、いわゆる客観的な自然の観察についてはもちろん、例えば快苦というような全く主観的と考えられるものについても、共に語り合うことによって互に同感し同情することができるのである。（中略）

右に述べたように、新実在論は一名「汎客観論」と呼ばれるくらいで、知ることを在ることの一部分に帰してしまってその独立性を認めないのであるから、事物はあるがままにある・あるいは知られる通りにあるというのほかはなく（中略）こういう素朴な見解は、知覚に与えられるものを性急にそのまま実際の事実であると決めてしまう本能的動物的信仰に満足を与えることはできても、真の知見を満足させることはできないというのが、批判的実在論の出発点である。批判的実在論者によれば、意識に直接現われるものは単に与えられる・あるいは気づかれるとのみいうことのできる対象である。その対象は存立（subsist）するということはできても、存在（exist）するということはできず、ましてそれ自体において真であるとも偽であるとも決定することはできない。その真偽は実用主義的な方法に訴えて決めるのほかはない。すなわちジェイムズの挙げている例を借りれば、もし森の中で道に迷った人が牝牛の足跡を見出し、それをたどって行けば人家に出て乳を飲むことができるであろうと考え、その方向に進んで行って遂に望を達したとすれば、その考えは「人家」という有用な事実にまで導いて行ってくれたのであって、こういうふうにしてその考えの真であることが証明されるのである。かようにとにかく一応値打のある案内の機能（the function of a《ママ》 leading that is a worth while）の中に真理の実体を見出そうとする点において、批判的実在論はプラグマティズムの嫡子とも称せられるのである。〉（淡野、二九七—二九九頁）

ただ、このように真理観を示すと、倫理的には大きな問題が生じます。今のモデルで考えてみましょう。つまり牛乳を飲むことを目的として、牛の足跡を見たわけです。となると、今あなたが紅茶を飲みたいとしたら、たとえ少し前に飲んだばかりだったとしても、「紅茶を飲んだ？」と尋ねられた場合は、「飲んでいない」と答えることが正しい、ということになります。紅茶を飲むという目的に照らせば、そうなります。

例えば、Xさんの信用を落としたいと考えた場合は、「Xさんのことは嫌いです」と言わないほうがいいでしょう。「Xさんのことを、私はとても尊敬しているのですが、Xさんのほうがきっと私を嫌いだと思います」。こういうことを繰り返し言うと、第三者はこう感じるようになります。「Xという人は、誠実に付き合おうとしている相手を偏見で、あるいは若干自分の能力が高いからバカにしているイヤな奴だ」と。すると、先の発言は戦略的に正しい発言になるわけです。

こういう真理観からは、発話主体の誠実性という、重要な要素がだんだん抜け落ちてきます。目的合理的には、相手の反応も考え、腹で考えていることと真逆な内容を口にする、ということが大いに起こり得ます。自分を良い人間に見せることが目的だとして、「私は良い人間です」と言うのが実存主義者です。これでは恐らくレベルが低いから、変な人だと思われます。「いやいや、私はバカです。私はお腹が真っ黒の人間ですが、Xさんのように立派な人は尊敬しています。でも、彼は私をガン無視します」。そう言えば、それだけ誠実に接したのに、ガン無視しているXさんのほうが変ではないか、とみな思うわけです。

するとXさんのほうも戦略的に対応しなければいけないので、完全な無視はせず、適宜挨拶《あいさつ》ぐらいはするようになります。このように、信用が落ちない環境をつくるには、といったことを考え始めると難しいところがあります。だからプラグマティズムを体得している人は、面倒なところがあります。プラグマティズムを体得している人は、スペックを身につけることへの動機が強いところがあります。それによって自分の可能性も強まるからです。スペックを付けるのに一番いい方法は、真似ることです。「この人と同じようにしたらうまくいくだろう」と、仮に相手に嫌われても背伸びをして、極力同じことをします。最後にはそのスペックを身につけ、真似した相手を蹴《け》っ飛ばし、成果を自分で取るということになるわけです。

新実在論は、こういう人間の思考を明らかにしたことに画期的な意味があります。結局、哲学はすべて人間学だから、面白いでしょう。その人がどういう人かということは、哲学史の鋳型を見ることで、だいたいわかってきます。

〈新実在論は事物をありのままに認めようとするのあまり「汎客観論」に偏して人間自身の存

在性を甚だ影のうすいものにする結果となり、これに対し、プラグマティズムと批判的実在論は、いっさいをわれわれの「行動」との関係によって明らかにしようとする点において具体的な人間生活の次元を開拓したのではあるが、しかし「する」ことが要求通り成功してわれわれを満足させたから真理であり、その際「なし」得たところにすなわち「ある」世界が容認さるべきであるということによって、果して真理の厳しさと実在の深さとがつくされるかどうかは、また別問題である。〉（淡野、二九九—三〇〇頁）

その通りです。要求どおりに成功して満足したから正しいかと言えば、それは別問題です。この真理観は発話主体の誠実性という、大きな問題を指摘しています。

哲学の総合的精神

〈物事が実際的な効果をもって現われるような世界が、人間の生きる唯一の世界ではない。むしろ、人間にとって最も根源的な事実は「生」の事実である。従って人間世界におけるすべてのものは、——哲学もまた——生から出て生に還らねばならぬ。こういうふうに生の根源性ないしは自足性を主張しようとする傾向の思想を広く総称して「生の哲学」と呼ぶならば、生の哲学は確かに実存哲学およびプラグマティズムと共に二十世紀前半を代表するなまなましい哲学思想である、といわねばならないのである。

ただしかし、生の哲学は「真理を採って生命を捨てる」か「生命を採って真理を捨てる」かの二者択一に対して後者をえらんだニーチェを最も近い先駆者とするものとして、一般に非学

問的であるというそしりを免れない一面を具えていることを認めなければならぬ。〉（淡野、三〇〇頁）

その後の箇所に線を引きましょう。

〈というのは、根源的な生は単に表象ばかりでなく・衝動・意志・感情をも統一した全体的なものとして、それを自然科学的認識の方法によってとらえることができないのはもちろんであるが、それの客観的な表現を――ディルタイ（Wilhelm Dilthey, 1833―1911）のいうように――追体験（nacherleben）することによって了解（verstehen）しようとするならば、それは結局「生を生そのものから了解する」ことになるのであって、その場合の了解の実体を明確に規定することは困難だからである。〉（淡野、三〇〇―三〇一頁）

人間は、理屈だけで説明できる存在ではありません。感情を持ちますが、その感情にもプラス面とマイナス面があり、また習慣や「こうしたい」という意志もあります。それらを全部統一したものが人間だから、簡単には還元できないよ、と言っています。「自分だったらこうするだろう。それなのになぜこの人はこうしたのか？」と思う時は、一度その人間になって追体験してみるしかない。この人はなぜこういう人になったのか？　とシミュレーションするわけです。追体験は解釈なので、ずれることはありますが、このような道筋で考えていくのが「生の哲学」です。追体験という、学問には還元できない方法によって人間を理解するのが「生の哲学」です。

恐らく人間を理解するには、「生の哲学」のこの解釈学的な方法――追体験を重視する――を取る以外ないと思います。「生の哲学」は、自分が今抱えている問題に向きあうには、私は最も有効な手法だと思います。ただ、そのように人に成り代わって一つひとつ考えるというのは、しんどい作業です。人を変えることはできないから、なおさらです。ある人が何かを考えることを禁止することはできないので、そういう人なのだと理解したうえで、どう付き合うか、あるいは付き合わないか決めるしかない。付き合わなくても、いったん招き入れたら、どうしようもありませんが。悪魔を呼び出すのは簡単でも、追い払うのは大変です。だからどうしたらいいか悩み続けながら、哲学を一所懸命学ぶわけです。そこに哲学の意味があります。

〈かように生の哲学はまず方法的見地から見て多くの不明確さを残すばかりでなく、さらに体系的見地から見るならば、自然科学の対象界に対して精神科学の対象界の独立性を主張し、その構造連関を分析してこれを類型的に記述するというだけで、哲学の仕事は終るべきではない。哲学は何よりもまず学問でなければならぬ。しかも最も原理的な学問でなければならぬ。ところで原理とは、いうまでもなくもろもろの特殊的なものの根底にあってその核心としてはたらくものである。特殊的なものの生命となってはたらかないような原理は、それ自身生命のない原理であり、原理にして原理ではない。従って、生きた原理がそれだけで遊離してとらえられるというようなことは、あり得る筈はないのである。こういうわけで最も原理的な学問であるべき哲学は、それだけになおさら却って様々の実証的なものと深く結びつかねばならないのであって、もし哲学が他のもろもろの実証科学の研究と全く無関係に、単なる「生」の世界・精神の世界にのみ沈潜して唯その深さを誇って得々としているならば、それは哲学が——少なくとも学問としては——みずから墓穴を掘るものであるといわねばならないであろう。この点に関して、前世紀末から今世紀の三十年代にまでおよぶ四十年以上の永い著作活動を通してベルグソン（Henri Bergson, 1859―1941）の残した偉大な足跡は、最後に述べるようにわれわれに多くのものを教えるのではないかと思われるのである。〉（淡野、三〇一―三〇二頁）

「生の哲学」の危険性について述べています。追体験という方法を取ることで、「そうなっているのか」という解釈が先行し、社会の構造等に関してギリギリまで実証性、客観性、論理性を重視して分析する作業を一挙に省略してしまう。これは危険なことです。

どんなにイヤだなぁと思う学生がいても、相手が学生である限り、大学は知を伝達する場なので、フェアに教えます。大学とはそういうカテゴリーの場所だからです。授業に遅刻するのがいけないのも、知というカテゴリーの場所のルールに反するからです。そのカテゴリーということを押さえておくと、イヤな人と付き合うのも楽になります。とはいえ基本は解釈学をもとに――間違いや誤読の可能性はありますが――その人がどういう人かを理解しようとします。

もう一つ大事なのは、やはり道具です。たくさん道具を持ち、経験を積むことで、パターン認知ができるようになります。いわゆる勘も、実は今までの経験量の多さによるパターン認知の成功に過ぎない場合が多い。「この人は、ちょっと問題がある」といった判断も、長い経験によって可能になります。学生のほうが頭が柔軟で時間もあるから、クイズ王のような人にはなりやすいでしょう。しかし体系知として、発話主体の誠実性を身につけ、相手が本心で何を狙っているかを摑《つか》むような力は、経験値により獲得できるものでしょう。哲学とは、そのようなことをすべて含みます。「むすび」に入りましょう。

〈前世紀後半のめざましい自然科学の発達によって物質の世界がすみずみまで究明せられその地盤がいよいよ拡大強化せられるのを前にして、ベルグソンにまず課せられた問題は、こういう厳然とした物質に対して精神が如何にしてその独立性と尊貴性とを主張し得るか、ということであった。（中略）従ってベルグソンにとってのつぎの問題は、一応領域を異にするものとしてそれぞれの独立性が認められた物質と精神とが、如何に相互に交渉し浸透し合うかということであった。そういうわけで、高く樹立された形而上学を経験の地盤の上へもち来たすこと（porter la métaphysique sur le terrain de l'expérience）によって形而上学的実証主義（positivisme métaphysique）ともいうべき方向に自己の思想を具体化することが、一八九六年の『物質と記憶』につづき二十世紀に入ってからのベルグソンの歩んだ途であった。ベルグソンはフランス哲学一般の特色を述べた箇所でいっている。「一つの観念を徹底的に考えることは、あまりにたやすい。難事はむしろ必要な所で演繹をとどめ、諸特殊科学の研究とまた絶えず実在と接触を保つことによって、その観念を適当に屈曲させることである、」と。〉（淡野、三〇二―三〇三頁）

「ベルグソンはフランス哲学一般の特色～」以降に、線を引きましょう。要するに、学問的に理屈で詰めていく作業は、それほど難しくないのです。本を読み、知恵を働かせていけばいい。実際の人間社会と、その学問や研究をどう接触させるかが難しいのです。誰一人として同じ人間はいないから、教科書通りの結果が得られることはない。その意味では学問的な成果を曲げ（屈曲し）ないと現実は理解できない、すべてが応用問題だ、と言っています。

〈そしてさらに言葉を続けていう。「かような意味においての哲学は実証科学と同じ精密さをもつことができる。そして科学と同じように、哲学はひとたび獲得された結果を次々に附け加えつつ絶えまなく進歩することができるであろう。哲学はこういうふうにして――決して諸学大集成（une grande synthése）であるなどと主張するわけではないけれども――やはり一つの大きな綜合的な努力（un grand effort synthétique）なのである、」と（La Science Française, nouvelle édition, pp. 19―20.）。〉（淡野、三〇三―三〇四頁）

哲学とは「綜合的な努力」、しかも実際に生きていく上でのマネジメント能力だ、ということです。しかも哲学は、一度獲得されたものを付け加えていくことができる。これが哲学の究極の実用性だということです。哲学をやった人は、社会にせよ人間にせよ、それらを総体として捉えることができ、対応できるようになる、ということです。

〈もちろん、綜合のない分化が盲目であるように、分化のない綜合は空虚である。真の綜合は、分化を内に含むことによって、分化が進めば進むほどそれだけ却ってその内容を豊かならしめるような綜合でなければならぬ。そして、こういう意味においての綜合的精神こそ、現代哲学いな今後の哲学の中核的推進力とならねばならないのである。〉（淡野、三〇四頁）

われわれは、多様でバラバラな断片的な知識を総合していく力を身につけないといけません。これは中世のスコラ学者が言った、「博識に対立する総合知」という考え方でもあります。このような「総合知」を蘇《よみがえ》らせる必要があります。大きな物語を語る力を付けていくことが哲学の意義だ、という考え方でポストモダンとは正反対の発想です。ポストモダン的な現代思想が行き詰っている状況で、その本丸を崩す作業には意味があります。その作業は本来的な哲学に戻るために重要です。

復習　トマス・アクィナス

最後にルターとカルヴァンに言及したいと思いますが、まずはマクグラスの「6・26　トマス・アクィナス――恩恵の本性について」から始めましょう。「日常的な〜」の段落からがアクィナスのテキストです。

〈6・26　トマス・アクィナス――恩恵の本性について

アクィナス（一二二五頃―七四）が一二六五年にラテン語で書き始め、彼の死をもって未完に終わった『神学大全』*Summa Theologiae* は、中世神学の最も偉大な業績であると広く認められている。アクィナスはこの箇所で、「恩恵」という言葉が理解され得るいくつかの仕方を論じ、正しい意味では恩恵は、神によって人間の魂に植えつけられる超自然的な何かであると主張する。（中略）

日常的な言葉を用いれば、普通、「恩恵」は三つの仕方で理解される。第一は、ある者への愛を意味する。例えば、兵士は王の好意を受けている、つまり、王は兵士に好意を持っているという場合である。第二は、無償で与えられる賜物を意味する。例えば、「わたしはあなたにこの親切をしよう」と言う場合である。第三は、無償で与えられた恩恵に対する返礼を意味する。すなわち、「われわれは受けた恩恵に感謝する」という言い方をする。これら三つのうちの第二は第一に依存している。ある者が愛のゆえに他の者に無償で何かを授けるということが起こるからである。そして、第三は第二に依存している。なぜなら、無償で授けられた恩恵に対しては感謝の行為がふさわしいからである。

それゆえに、「恩恵」が第二と第三の意味において理解されるならば、無償で与えられた賜物自体であろうと、その賜物に対する感謝であろうと、恩恵を受け取る者のうちに何らかのものを残すことは明らかである。……ある者が神の恩恵を持つということは、人間の内に神から発した何らかの超自然的なもの（*quiddam supernaturale in homine a Deo proveniens*）が存することを意味する。

【解説】

神学用語である「恩恵」の意味を明らかにすることに加えて、この箇所では、アクィナスが日常的な意味とより明確な宗教的意味を関連づけて考察していることを見ることができる。これは、創造主である神のわざのゆえに、世界の物事と神的な創造主との間にある種の対応が存すると考えるアクィナスの類比の理論を反映している。アクィナスは、関連的な用語よりも存在論的用語で恩恵を理解していることにも注目せよ。「ある者が神の恩恵を持つということは、人間の内に神から発した何らかの超自然的なものが存することを意味する」。この見解は、恩恵を「神の好意」（*favor Dei*）と理解する宗教改革の見解とは対照的である。〉（マクグラス下、一〇一—一〇二頁）

アクィナスは、恩恵の話をここからさらに進めて、「有り余る恩恵」ということも言います。「有り余る」ほどに神の恩恵は大きいわけで、しかもその恩恵は教会に保全されます。だから教会こそが、救済をなすことができる。それは、神からの恩恵はひたすら信仰することで得られるという信仰義認論とは違っています。教会によって認可、認知されることによって救われる、というのがアクィナスの考えです。

〈【研究のための問い】

1　「恩恵」の、日常的に用いられる三つのおもな言葉をあなた自身の言葉で説明せよ。アクィナスはこれらをどのように神学的に応用したか。すべて等しく有益であるか。〉（マクグラス下、一〇二頁）

一番目は「ある者への愛」（兵士は王の好意を受けている）です。これを自分の言葉にすると、例えば「生徒は先生の好意を受けている」というようなケースになります。

二番目は「無償で与えられる賜物」。「わたしはあなたにこの親切をしよう」といって親切な行為をするけれど、見返りを求めていない。例えば何か（ペットの小動物など）を可愛いがっているときには、見返りを求めません。こういう例が当てはまります。

三番目は「恩恵に対する返礼」。何かをあげたら、何かを返してくれる。親切にすると、こちらも親切にしてもらえる、という話です。意外かもしれませんが、勉強をすればキャリアにつながる、という例も三番目に当てはまります。

トマス・アクィナスにとって「恩恵」とは何でしょうか？　人間の中には、他人に何かをやってあげようと思う心がある、その思いは神から来る、ということです。プロテスタンティズムの場合は、恩恵は神から来るだけで、人間の中にその思いがある、とは考えません。恩恵が人間に備わるものだという考え方は、カトリック的です。プロテスタント神学では、先生の恩恵で生徒を可愛がっているのではなく、神さまが先生を通して生徒に愛のリアリティを示している、と考えます。極端に言えば、個人的には仮に「この野郎！」と思っていたとしても、「この学生には適性がある」と感じ、神さまとの関係においてこの生徒の面倒を見ないといけないと思っている、という構成になります。当然、見返りは求めません。

ピコ・デラ・ミランドラの人間観

次はイタリアの人文主義者ピコ・デラ・ミランドラ（一四六三―一四九四）です。彼は、新プラトン派で、新プラトン主義と中世神学の調停、融合を図った人です。淡野さんの『哲学思想史』にはピコ・デラ・ミランドラが抜けている点が、非現代的です。現代の哲学思想史には欠かせない存在です。まず、マクグラスの概要説明を読みましょう。

〈6・31　ジョヴァンニ・ピコ・デラ・ミランドラ――人間の本性について

ジョヴァンニ・ピコ・デラ・ミランドラ（一四六三―九四）は、イタリア・ルネサンスの代表的な代弁者の一人である。彼は二四歳であった一四八六年に、『人間の尊厳についての演説』を行った。この「ルネサンスの宣言」はきわめて洗練された拡調の高いラテン語で書かれ、創造についての伝統的なキリスト教の教理の重要な展開を表している。人間は、自己の本性を、ある固定したかたちで与えられるのではなく、それを自分で決定する能力を持つ被造物として表現された。人間は確定した像を持たず、創造者によって促されて完全を追求する。この演説の見解は、後期ルネサンスでは非常に大きな影響を及ぼすようになった。神の面前で人間の自律をうたう啓蒙主義的主張を準備するものと見なすことができる。〉（マクグラス下、一一三頁）

人間の自己決定論という考えは、実はピコ・デラ・ミランドラから来ているわけです。彼のテキストに進みましょう。彼は、哲学が人間主義へと展開する上で画期的な人物だと見られています。

〈父なる神は、至上なる建築家であり、われわれが見ているこの「世界という家」、すなわち神性が宿る最も堂々たる神殿を、「隠れたる知恵の法」によってすでに造られた。神は超天界を精神で飾り、天球に永遠なる魂を住まわせ、下位の世界の汚れた不潔な部分をあらゆる種類の多くの動物で満たした。しかし、このわざを終了なさる時に、かの熟練工は、これほどの偉大なわざに感嘆し、その美を愛し、その壮大さを驚嘆する誰かが存在することを欲した。すべてが成し遂げられた時（モーセとティマイオスが証言しているように）、神は最後に人間を創造することに心を向けられた。〉（マクグラス下、一一三―一一四頁）

この考え方だと、人間と動物は本質的に異なることになります。要するに、ほかの汚れたものと違い人間は神聖だ、動物に対しては人間が優先される、という考え方です。

〈しかし、原型の中には、新しい被造物を造り出すためのものはなく、宝庫の中にも、神の新しい息子に遺産として贈るものはなく、全世界のどこにも、この息子がこの世界を観察する席は空いていなかった。あらゆるものは今や完全であった。そして、あらゆるものは最上位、中間位、最下位に割り当てられていた。

しかしそれでも、御父の力の本質において、創造の最後のわざを失敗するということはあり得ないことであり、さらに、御父の至上の英知の本質において、思慮の欠如のために決定的な事柄を躊躇するということはあり得ないことであった。そして、他のあらゆるものに関して神の寛大さを称賛する定めにあるわれわれ被造物が、自分自身に関してはそれが欠けていることを見出すことは、御父の慈しみ深い愛の本質においてあり得ないことであった。

ついに最高の熟練工は、この被造物に固有なものを何もお与えにならなかったが、他のあらゆる被造物の固有の資質を分け前として持つことを定められた。それゆえ、神は確定できない像をした被造物である人間を世界の中央に置き、次のように語りかけられた。「アダムよ、われわれはあなたに定まった住みかも固有なかたちも特有な役割も与えない。（中略）他のすべての存在の本性は、われわれによって規定された法の範囲内に限定され、制限されている。しかし、あなたは何の制限によっても束縛されず、あなたの手中にゆだねたあなたの自由意志に従ってあなたの本性を決定すべきである。われわれは、世界にあるものは何でも容易に観察できるように、あなたを世界の中心に置いた。われわれはあなたを、天上のものとしても、地上のものとしても、死すべきものとしても、不死なるものとしても造らなかったが、それは、あなた自身が自尊心のある自由な形成者として、あなたの好むかたちにあなた自身を形作るためである。あなたは、動物のより低い秩序へと堕ちることもでき、神的な命を持つより高い秩序へと再び上がることもできるであろう」。

【解説】

この格調の高い、そして時に華やかな修辞的な作品は、人間の本性についてのルネサンス的洞察を示している。それは多くのキリスト教的要素を含み、人間は、創造された秩序と創造者を驚嘆し、理解し、崇める能力を所有し、特に創造の高さを表すものであるという人間に関する見解を含んでいる。だがまた、この演説は、創造された秩序の中で人間の置かれた位置について新しい考え方をも展開している。ピコ・デラ・ミランドラは、人間は創造の中で固有の位置も固有の役割も割り当てられていないと強調する。自由と知性をふさわしく用いて、人間が自らの位置と役割を決めることができることは、人間の特権であり、責任である。それゆえ、人間は動物のレベルに堕ちることもでき、また神のレベルに上がることもできるのである。

【研究のための問い】

1　この論述の基本的な主題は、人間は自らの固有の本性を自分で決定しなければならないということである。ピコ・デラ・ミランドラは、この教義のためにどのような根拠を示しているか。〉（マクグラス下、一一四―一一五頁）

まず、人間を世界の中央に据えたわけです。そして神さまが語った言葉のなかで、ポイントは次の箇所にあります。「しかし、あなたは何の制限によっても束縛されず、あなたの手中にゆだねたあなたの自由意志に従ってあなたの本性を決定すべきである」。つまりピコが示した根拠は、神さまがそのようにして人間をつくった、としていることです。「創世記」冒頭部をそのように解釈し、人間は自己責任で上ることもできれば、下がることもできる、と受け取れることになります。

こうしたピコの理解は、人間の本性に関する伝統的キリスト教の見解と、原罪の有無において最も異なっています。人間が努力次第で上昇もできるし、また下降もあるというのは、原罪観がないことを示しています。これは近代の人間です。その意味で、近代を先取りしているわけです。

中世までのキリスト教では、原罪理解が前提でした。だから悪があり、悪に満ち溢《あふ》れているのが自然状態でした。それが、自然法でひっくり返ります。そのように思想がひっくり返る地点にいるのが、ピコ・デラ・ミランドラです。

最後に、プロテスタンティズムの公理系である信仰義認をもう一回、きちんと押さえておきましょう。「第一二に、信仰の～」からがルターのテキストです。

〈6・33　マルティン・ルター――信仰義認について

一五二〇年にドイツで出版されたこの文章において、ルターは、結婚が花嫁と花婿を結びつけるのと同じように、信仰は信者をキリストに結びつけるという考えを展開している。したがって、魂はキリストと結婚するがゆえに、罪から「離れ、自由」となる。ここでルターの言葉づかいは、「キリストと一つになる」ために「罪と離婚する」というイメージを暗示している。この結びつきを通して、キリストは信者の罪をのみ込み、信者はあらゆるキリストの豊かさを共有する。この文章では、ルターが信仰について、諸命題に知的に同意することをはるかに上まわるものと見ていることが強調されている。信仰は、キリス

トと信者との間の生きた個人的な関係を確立する。（中略）

第一二に、信仰の意味は、神の言葉が自由で聖なるあらゆる恩恵に満ちていると魂が理解することのみではない。花嫁が花婿と一つに結びつけられるように、信仰は魂をキリストと一つに結びつける（*voreynigt auch die seele mit Christo*）。そのような結婚から、聖パウロが言っているように（エフェ五・三一―三二）、その結果、キリストと魂とは一つの体となり、両者は良くても悪くてもあらゆるものを共有することになる。すなわち、キリストが所有されるものは信者の魂のものとなり、魂が所有するものはキリストのものとなるということを意味する。したがって、キリストはあらゆる良いものや聖なるものを所有され、これらは今や魂のものとなる。魂は多くの悪と罪を持っているが、これらは今やキリストのものとなる。ここに喜ばしい交換（*froelich wechtzel*）と苦闘が起こる。キリストは神であって同時に人であり、いまだ一度も罪を犯したことがなく、その義は打ち破られることなく、永遠で全能である。（中略）豊かで高貴で聖なる花婿であるキリストは、この貧しく卑しく罪深い小さき娼婦（*das arm vorachte boetzes huerlein*）をめとり、彼女からあらゆる悪を取り除き、キリストのあらゆる良きものを彼女に授けるとしたら、なんと幸せな結婚（*ein froehliche wirtschafft*）ではないか。もはや罪が魂を圧倒することはできない。なぜなら、今や魂はキリストに見出され、キリストによってのみ込まれているからである。そのため、魂は花婿において豊かな義を持っている。

【解説】

ルターのここでの関心は、いかに信仰が信者に益をもたらすかを説くことである。信仰の重要な役割は、キリストと信者の間の親密な関係を確立することであるとルターは強調する。（中世の著作家は「愛」に帰した多くの特質を、ルターは「信仰」に帰している）。この関係は個人的な面と法的な面を持っている。それは、人間の結婚が両方の側面を持っていることと同様である。ある事柄が真実であると信じることと、キリストとの親密で個人的な結びつきをもたらす神への個人的な信頼とをルターがいかに区別して描写しているかに注目せよ。ルターは晩年の著作において、「イエス・キリストというこの宝を捕らえる」「つかむ信仰」（*fides apprehensiva*）について言及している。この見解は、ここに引用したテキストによって先取りされている。このテキストの文章は、特に当時の結婚においては夫の爵位が自動的に妻に授与されることを当然のこととする点で一六世紀に書かれたものであることを反映している。

【研究のための問い】

1　結婚のイメージがこの文章で広範囲にわたって用いられている。ルターがこの類推の上に基礎づけ、あるいはこの基礎に基づいて説明している主要な論点は何か。〉（マクグラス下、一一九—一二二頁）

それは、結婚によって、相手の持っているものをすべて持つことができるという、当時の習慣・慣習です。人間は原罪を持っています。原罪が形になると、悪になります。悪を体現しているのは悪魔です。つまりわれわれの原罪は、われわれ自身の悪魔性に由来します。悪魔性を持つ人間が、原罪を持たないキリストと結婚することによって悪から免れる、という構成です。

例えば身分の低い女性が身分の高い男性と結婚すると、その女性の身分は高くなります。キリストとの結びつきも、その構成と一緒だということです。この結婚の譬《たと》えは、当時の身分制の文脈を知らないとわかりません。

〈2　われわれは実際には罪人であるにもかかわらず、あたかも義人であるかのように神がわれわれを扱ってくださるという点で、ルターはキリスト教的生を「法律上のフィクション」という見地から見ていると、ある学者たちは述べている。結婚の類推はこの解釈に一致するものか、それとも対立するものか。〉（マクグラス下、一二二頁）

法律上のフィクションとは何でしょうか？　われわれは罪を持っているけれど、教会に帰属することによって、あたかも罪なき者として生きている。この「あたかも罪なき者として生きている」ことが、法律上のフィクションに当たります。

結婚の類推は、この解釈には対立します。それは結婚によって、実体的に変わるからです。罪からの解放がフィクションとして表されるのではなく、実体となるのが結婚です。あたかも義人のように扱われるということではなく、キリストを信じることで正しい人になることが結婚だ、という理屈です。認識論的にのみ変化する法的フィクションが、キリストに従うということで存在論的にも変化するという考え方です。

カルヴァンの予定説

次はカルヴァンです。「命の契約は〜」からがカルヴァンのテキストです。

〈6・36　ジャン・カルヴァン――予定について

予定の教説はジャン・カルヴァン（一五〇九―六四）にとって重要なものである。カルヴァンは、ある者は永遠の命に定められ、ある者は永遠の死に定められていると言明する。「二重予定説」として知られるこの教説は、救いへと選ばれた者だけが実際に救われると主張する。いかにカルヴァンが「予定」と「予知」の違いを明確に際立たせているかに注目せよ。（中略）

命の契約はすべての人に等しく宣べ伝えられているのではなく、さらに、宣べ伝えられている人々の間でも、常にあるいは等しく同じように受け入れられているわけではない。このような相違のうちに、神の裁きの驚くべき深みが明らかにされる。すなわち、このような違いが、神の永遠の選びの御意志に従うものであることは疑いないからである。もしある者には救いが進んで差し出され、ある者はそこに近づくこともできないことが、神の御意向によることが明らかであるとすれば、重大かつ困難な問題が起こる。この問題は、神の選びおよび予定について敬虔な精神によって理解される時のみ解明され得る。これは、多くの人々にとって困惑する問題である。なぜなら、人々の群れの中から、ある者は救いに、ある者は滅びに予定されるということほど、まさに気まぐれに見えることはないからである。しかし、そのような困惑は必要でないことが以下の議論で明らかになるであろう。恐れを引き起こす闇の中で、この教説が有用であり、しかも、とても甘美な実をもたらすことが明らかになる。われわれの救いは、神の無償の憐れみから来ることを、われわれは、神の永遠の選びを理解するまでは確信すべきであるが、決して明確に確信するには至らないであろう。すなわち、この選びは、神がすべての人々を差別なく救いの希望のうちに受け入れたのでなく、ある者に対しては拒否されたことを、ある者には与えられたという対照によって、神の恵みを明らかにするのである。〉（マクグラス下、一二九―一三〇頁）

次の一文は重要なので、線を引いてください。「神の予定によって、神はある者を命の希望のうちに受け入れ、他の者に永遠の死を定められる。」（マクグラス下、一三〇頁）。

〈敬虔な人と見なされることを望む者は誰も予定を否定しない。しかし、予知を予定の根拠とする者たちをはじめ、この教説を大いに嘲笑する者たちがいる。確かに、予知と予定の教説は神のうちにある。けれども、一方が他方を条件とするというのは、道理に合わない。〉（マクグラス下、一三〇頁）

予知とは、「来年、〇〇大学に入れます」「あなたはこういう女性と結婚します」「明日、地震がありますす」というようなものです。一方で予定とは、隠されたものなので、人間にはわからないが、確実に起きるもののことです。その意味で、予知と予定は本質的に違います。

〈われわれが、神は予知されると言う時、それは万事が常にいつまでも神の目のもとにあるという意味である。そこで、神の知りたもうところには、未来もなく、過去もなく、一切は現在なのである。ちょうどわれわれが心に記憶することを思い浮かべるように、神は現在を、単に概念として心に抱くだけではなく、神の前に置かれたものを現実に眺め、また識別したもう。そして、この予知はあまねく全世界の果てにまで、さらに、あらゆる被造物にまで及ぶ。一方、神の永遠の聖定をわれわれは予定と呼ぶ。神は聖定によって、それぞれの人間に起こるべく欲されたことを決定された。なぜなら、すべての者は平等の状態に創造されたのでなく（*non enim pari conditione creantur omnes*）、ある者は永遠の命に、ある者は永遠の断罪に、あらかじめ定められているからである。したがって、誰でも人は、それぞれどちらかの目的に向けて（*conditus*）造られているので、命に、あるいは死に予定されているとわれわれは言う。〉（マクグラス下、一三〇頁）

「なぜなら、すべての者は〜」以降に線を引きましょう。その定められている内容をわれわれが予知することはできませんが、感じることはできます。それは学業や仕事における成功によって、です。神によって選ばれている人間とは、他者に奉仕しないといけないので、その人の受けるものは他の人より多いわけです。だから仕事や学業において、そのような人たちは成功する、と言えます。成果が上がるということは、あらかじめ選ばれているからである。ただそれは自分の力によるのではなく、「選び」によってである。だからそれは神に返さなければいけない、と考えるわけです。

成果とは例えば、資本主義社会なら資本主義的な蓄積であり、学問においては無償で学知を伝える、あるいは学派をつくっていくエネルギーになるわけです。近代におけるイノベーションや発展の論理は、この仕組みを知ることでわかるわけです。逆に無限に自然を壊していくという源泉も、そうしたエネルギー（一生懸命やりすぎて、ワーカホリックになった結果）にあります。

例えば学業や仕事が不振で、どんなに努力してもうまくいかないときはどう考えればいいでしょうか？　一人ひとりは、神の「選び」によってそれぞれ定められている場所がある。それなのに、自分の我を通して選ばれた場でないところに居座り、そこに自分である証明があると勘違いしている、とまずは考えないといけないでしょう。つまり、場所を変える必要があります。

ルターの召命観、ベルーフ観と、カルヴァン派のベルーフ観は違うのです。ルターの場合は、「お前の稼業がおまえの仕事だから、そこで一生懸命やれ」と言います。カルヴァンは「神さまに選ばれていないから、その場でうまくいかないのだ。うまくいかないのは、選ばれている自分の場所ではないからだ」と考えます。その意味では、自分探しにつながります。

ただ、選ばれていない人は、カルヴァンが言うように前向きには捉えないわけです。「どうせ俺なんか、いくら努力しても」「生まれがすべてだからな」「いや、俺が正しいのを理解できない世の中がおかしい」などと考えます。そのように考える人は、生まれる前から決まっているのです。つまり「滅び」に定められているため、そういう発想になるわけです。

それは、今うまくいっていない人を否定するのではありません。うまくいっていないのは、神さまに与えられた場所とは違うだけだ、と言っています。そのミスマッチは、人間の我によって起こるので、どの時代にもあることです。

〈【解説】

予定は時折、カルヴァンの神学大系における中心であると言われることがある。これを弁護することは難しい。その理由の一つは、カルヴァンの神学大系が「中心」を持っているようには思われないからであり、もう一つは、彼がそれ以外の教義や主題に、より熱烈な関心を持っているように思われるからである。カルヴァンが特に予定に関心を持った理由の一部は、ヒエロニュムス・ボルセッタとの激しい論争にあった。この論争のために、ジュネーヴにおいてカルヴァンの思想のこの側面が、彼が意図した以上に注目されることとなった。カルヴァンが予定を、ある者を生へ、ある者を死へと選ぶ神の御意志として明確に定義していることに注目せよ。この点で、予定は、ある者を救うという神の御意志にのみ関わるとするアウグスティヌスの見解（6・12）と対照的である。〉（マクグラス下、一三一頁）

アウグスティヌスの場合は、すべての人は救われるという、万人救済論になってしまいます。一部のプロテスタンティズムに見えるとはいえ、少なくともキリスト教が万人救済説をとっていないのは確かです。だいたい予定説をとる人は、自分は選ばれた側にいると思っています。選ばれていない側にいると思っている人は、予定説はとりません。そのことと関係しますが、予定説は全体として、強者の論理になる傾向があるのです。

カルヴァン派は勝ち組だと言えるのか、勝ち組の人でないとカルヴァン教会に留《とど》まれないのか、難しいところです。実際、長老派の教会に貧乏な人はいないように思います。「チャリティをしましょう」と言って教会に来た人がみな金持ちで、そうでないといづらい雰囲気があります。カトリックや正教の教会は、貧しくても平気ですが、長老派教会は中産階級上層部だけが集まっているような雰囲気はあります。

〈【研究のための問い】

1　「命の契約はすべての人に等しく宣べ伝えられているのではなく、さらに、宣べ伝えられている人々の間でも、常にあるいは等しく同じように受け入れられているわけではない」。この冒頭の言明によってカルヴァンは何を意味しているのか。そして、彼はどのような結論を引き出すのか。〉（マクグラス下、一三一頁）

人間はみな平等ではなくバラバラで、しかも宣《の》べ伝えられている人、つまりキリスト教徒のあいだでも程度の差がある、ということです。それは努力で何とかなるものではなく、生まれる前から決まっている、ということです。別の言い方をすると、努力する能力があることも、生まれる前から決まっている、ということです。その結果、ある者は選ばれ、ある者は滅びるという二重予定説と言われるようになります。

この考え方に立つと、逆境には強くなります。どんな逆境にあっても、自分は選ばれた者だから、今回の試練にはどのような意味があるのかと考えるようになるからです。マイナス面としては、どんな状況になっても反省をしないということです。ただ、根性はあるので、その意味で生き残る確率は高いでしょう。

〈2　「すべての者は平等の状態に創造されたのでなく、ある者は永遠の命に、ある者は永遠の断罪に、あらかじめ定められているからである」。テキストの中でこの文がどこにあるかを確認せよ。この文によってカルヴァンは何を意味しているか。この結論に彼はどのようにして達するか。この結論は何を示唆するか。そして、この問題に関してどのようにアウグスティヌスの教説と関連づけているか。〉（マクグラス下、一三二頁）

この文によって意味しているのは、二重予定説です。アウグスティヌスの「予定説」とはどう違うでしょうか？　アウグスティヌスが説くのは、単純な予定説です。要するに選ばれている者だけが予定されていて、選ばれていない者については言っていません。一方でカルヴァンは、それでは不十分だと考え、選ばれていない者は滅びると予定されている、と言いました。つまり神は両方を選んでいる、とカルヴァンは考えたわけです。

実際には排中律であり、選ばれていなければ滅びるわけだから、結局はアウグスティヌスも同じことを言ってはいるのです。しかし、敢えてそれを明示しないのに対し、カルヴァンは明示しているわけです。そうすると、先鋭化します。

カルヴァンの義認論

カルヴァンの義認論を続けて確認しましょう。「神の前に義とされる〜」からがカルヴァンのテキストです。

〈6・38　ジャン・カルヴァン——義認論について

一五〇〇年頃までには「義認」という言葉は「義とされること」であると広く理解されるようになっていた。それはアウグスティヌスの著作の中に始まり、義認は出来事と過程の両方を含むものと解釈されていた。しかし宗教改革によって、義認は、罪人は神の前で義とされることを宣告される出来事として、限定的に法廷的用語で定義されるようになった。そして義認の後に、信者が義となるようにされる過程である聖化が続く。この箇所でカルヴァンは、法廷的義認の概念について古典的説明を明確に言い表している。（中略）

神の前に義とされることは、神の審判において義と見なされ、義のゆえに受け入れられたと見なされることである。……信仰によって義とされる者は、行いによる義認から離れて、信仰によってキリストの義を把握し、この義を着ることによって神の前に罪人としてではなく、義なる人として現れる。それゆえ義認は、神がわれわれを義なる者と見なして、愛をもって受け入れてくださることによる受容であると簡潔に理解されるべきである。それは、罪の赦しとキリストの義の転嫁とから成る。……

われわれはキリストの義の仲立ちによってのみ神の前に義とされることは確かなことである。それは、信者は自分自身が義なのではなく、キリストの義が転嫁されることによって義にあずかることができることを意味する。（中略）

【解説】

カルヴァンはここで義認を「法廷」的概念として理解され得ることを示す。義認は、信者が神との正しい関係に入ることにおいて、キリスト教的生の始まりとの関連で定義されている。そしてキリスト教的生は、聖性へと成長する聖化と関連する。それとは対照的に、アウグスティヌスにとって「義認」は、キリスト教的生の始まりと「義とされる」過程との両方を意味する。——この理解はトレント公会議（6・39）によって発展する。

【研究のための問い】

1　「神の前に義とされることは、神の審判において義と見なされることである」。カルヴァン

はこの冒頭の論述をどういう意味に解しているか。〉（マクグラス下、一三五―一三六頁）

あくまでも神が裁判を行う時の義で、地上の裁判とは違い、その判決基準は神しか知らないとカルヴァンは言っています。正しい行為をした、あるいは悪をしたと人間が思っても、それは神の専管事項だから関係ない、それと無関係に神は審判する、とカルヴァンは考えるわけです。

〈2 「信者は自分自身が義なのではなく、キリストの義が転嫁されることによって義にあずかることができる」。テキストの中でこの文がどこにあるかを確認せよ。この文によってカルヴァンは何を意味しているか。そして、この問題に関してどのようにトレント公会議の教理（6・39）と比較しているか。〉（マクグラス下、一三六頁）

つまり人間は原罪を持っているから、その人自身はまったく正しくないわけです。しかしキリストを信じることによって、キリストの義のおかげで、その人は無罪になるという考え方です。人間的な要素はまったく意味がない、と考えるのがカルヴァンです。それに対して、信仰と正しい行為を重視するのがトレント公会議のカトリックの立場です。「罪人の義化は〜」の段落が公会議のテキストです。

〈6・39　トレント公会議――義化について

トレント公会議は一五四七年一月一三日に閉じられた第六総会において、ローマ・カトリック教会の義化の教理についての明確な教令を提示した。特に興味深いことは、出来事と過程の両方から、すなわちキリスト者としての生が始まる神のわざと、神が信者を新しく生まれ変わらせる過程の両方を含んだかたちで義化が定義されていることである。（中略）

罪人の義化は、次のとおり短く定義できるであろう。義化とは、人間が第一のアダムの子として生まれた状態（*translatio ab eo statu in quo homo nascitur filius primi Adae*）から、第二のアダムであるわれわれの救い主イエス・キリストによる恩恵と「神の子」（ロマ八・一五）の状態への移行（*in statum gratiae et adoptionis filiorum Dei per secundum Adam Iesum Christum Salvatore, nostrum*）である。聖書に、「水と聖霊とによって生まれなければ、神の国に入ることはできない」（ヨハ三・五）と記されているように、福音によると、この移行は「再生の洗い清め」なしに、あるいはその望みなしにはあり得ないのである。〉（マクグラス下、一三七頁）

「洗い清め」というのは、つまり清い生活をして、正しいことをするよう努力しろ、チャリティをしろ、ということです。

〈【解説】
トレント公会議は、カルヴァンの義認の本質（6・38）についての見解に強く反対する。そして、元をたどれば、ヒッポのアウグスティヌスと関連した考え、つまり義化は人間の本性の再生と刷新の過程であり、罪人の外的状態も内的本性も変えるものであるという考えを熱心に擁護する。トレント公会義では、義化には再生の概念が含まれている。この短い教令は、義化の過程について記された第七章で詳説される。そこでは義化は、「罪が赦されるだけではなく、恩恵と賜物とを自発的に受けることによる内的人間の聖化と刷新でもある。この恩恵と賜物とによって不義なる者が義なる者となるのである」ということが強調されている。〉（マクグラス下、一三八頁）

「洗い清め」とは清い生活と正しい行動です。つまり、受け止める人間の主体がないと、恩寵《おんちょう》のみでは救われないという考え方です。だから教会で清い生活をし、きちんと努力しなさいという考え方になるわけです。

一方で、そういう人間的な行為はいささかも関係ないというのがカルヴァンの考え方です。ルターの基本はカルヴァンと一緒ですが、カルヴァンほど強調はしません。その意味で、本質においてはプロテスタンティズムのほうが、より反知性主義的で神懸かり的です。プロテスタンティズム、特にカルヴァン主義は神の絶対性や恣《し》意性を強調するので、構成としてはイスラムのハンバリー派に近いのです。気をつけないと、単一神論（独裁神論）になる可能性があります。カルヴァンにおいては圧倒的な神の唯一性が強調されます。だからカルヴァン派の場合は、三一神論（三位一体論）の三の側面を重視する東方神学と合わせて理解しないと、三一神論の理解が一（唯一神としての神）に寄り過ぎてしまうわけです。

あとがき――「正しい戦争」を支持しないために

本書は講義録をベースにしているので読みやすい。そこで、「あとがき」では本書を踏まえた応用問題について読み解いてみることにする。

二〇二二年二月二四日、ロシアがウクライナに侵攻した。これは世界史的な大事件だ。東西冷戦終結後のロシア観を改めなくてはならない。ロシアは日本にとって現実的な脅威になった。

現在、日本のマスメディアは、当然のことだがウクライナに同情的になり、ロシア叩《たた》きが進行している。ウクライナに対して少しでも批判的な発言をすると、インターネット空間ではバッシングの対象になるという状態だ。また、ロシアの論理を解説するだけでも「ロシア寄りだ」と大きな反発を受ける。このような現状は危険だ。情勢分析は、心情や価値判断を一旦《いったん》は括弧の中に入れて、冷静に行わなくてはならない。

ところで、国際政治には重要な掟《おきて》がいくつかある。その一つが、同盟の掟だ。あえて明文化すると二条からなる。

第一条　同盟国は常に正しい。

第二条　同盟国が誤った場合も、第一条を適用する。

つまり、客観的事情がどうであろうと同盟国の立場を支持する、というのが既存の国際社会の掟なのである。日本にとって米国は唯一の同盟国だ。従って、政策的に日本がウクライナ問題に関して米国から独立した立場をとることはできないのである。

政策的にはそのような限定があるにしても、情報に関しては、事態に即して対象の内在的論理を捉《とら》えなくてはならない。

私は、ロシアに対する経済制裁でプーチン政権が倒れることもないし、ウクライナ政策を軟化させることもないと見ている。その前提となるのが、ロシアの民衆の不思議な権力者観である。

普段は「プーチンは強権的だ」「いつまでも同じ奴が大統領なのは飽き飽きした」「プーチンがクリミアを併合したりするものだから、制裁を受け、苦しい政策が続く」と言っている人たちが、外国人がプーチン氏を非難すると、「わが大統領を侮辱するな」と食ってかかってくる。これは、家の中で父親の悪口を言っていても、外で家族以外の者から「お前の父親はひどい人間だ」と言われると不愉快になるのに似ている。経済制裁で国民生活が厳しくなると、その怒りはプーチン政権に対してよりも、制裁をかけている国とその指導者に対して向かう。そして、外国に依存せずに国内で国民生活に必要な物資を生産すべきだという気運が高まる。

また、ロシア人の情報リテラシーは高い。政府系メディアの報道を額面通りに受け取ることはない。ロシアでは、欧米に本社を持つインターネットテレビ局のロシア語放送が充実している。知識人はそれらを見て、情勢を自分で判断する。

欧米や日本では、ロシアの国営メディアが情報操作を行っていて、国民は正確な情報を知らず、政府に操られているという見方が根強いが、それも一面的な見方だ。もちろん、ロシアも情報操作を行っている。ただし、ロシア国内でソ連時代のような情報統制はなされていない。ロシアの国営メディアもロシアに批判的な外国の報道を紹介している。

ロシアのインテリジェンス機関は、国内外での情報操作とともに、ウクライナの情報操作を暴く作業も行っている。

具体例を紹介しよう。二月二五日の動画投稿で、ウクライナのゼレンスキー大統領が涙を浮かべ、二四日に黒海《こっかい》のズメイヌィー島（蛇島）でロシア軍との戦闘があり、「（ウクライナ）国境警備隊の全員が英雄的に死亡したが、降伏しなかった。彼らには死後、ウクライナの英雄勲章が授与されることになる」と述べた。

ところが、二六日にロシアの「第1チャンネル」（公共放送）のニュースは、ズメイヌィー島の国境警備隊員八二人は全員、自発的に武器を捨ててロシア軍に迎え入れられたと、セヴァストーポリ港でウクライナ兵が下船して携行食糧とミネラルウオーターを受け取る様子を顔がわかる動画とともに報じた。翌二七日、「第1チャンネル」にはゼレンスキー氏が名前を読み上げ、死後叙勲した国境警備隊員のうち二人が顔を出してインタビューに応じ、「自分は生きている。国境警備隊員は全員降伏した」と述べた。

〈ウクライナに侵攻したロシアの軍艦の脅しに屈せず、全滅したとみられていた島の守備隊が「無事生存」していることが分かった。ウクライナ海軍が明らかにした。

（中略）ウクライナのゼレンスキー大統領はその後、同島にいた兵士13人はロシアの爆撃を受けて全員「英雄的な」死を遂げたと発表。しかし、ウクライナ海軍の28日の声明はこれが事実ではないことを示している。

海軍によると、同島の兵士はロシア軍による2度の攻撃を撃退したものの、最終的には「弾薬不足」により投降を余儀なくされたという。〉（三月一日CNN日本語版ウェブサイト）

ロシアから証拠を突きつけられて、ウクライナも真実を認めることを余儀なくされた。

プーチン氏の論理を読み解くうえで、優れた本がある。アレクサンドル・カザコフ『ウラジーミル・プーチンの大戦略』（原口房枝訳、東京堂出版、二〇二一年。原題は『北の狐 ウラジーミル・プーチンの大戦略』サンクトペテルブルク、二〇二〇年）だ。カザコフ氏は、ロシアの政治学者で与党「公正ロシア」の幹部会員で、私の親友だ。

ソ連時代末期の一九八七〜八八年、外務省研修生として私がモスクワ国立大学に留学したとき、哲学部科学的無神論学科で机を並べて勉強したのがカザコフ氏だ。同氏は拙著『自壊する帝国』（新潮文庫、二〇〇八年）の主要な登場人物でもある。

学生時代、カザコフ氏は反体制運動の活動家で、ロシア人でありながらラトビア人民戦線の幹部で、ソ連からラトビアを分離独立するべく奮闘した。念願が叶《かな》い、ラトビアは独立し、ソ連は崩壊した。しかし、新生ラトビアではロシア系住民が抑圧されてしまう。カザコフ氏はロシア語学校の擁護運動を展開したところ、ラトビアに有害な人物と認定され、国外追放になった。

モスクワで暮らすようになったカザコフ氏にプーチン大統領の側近が目を付け、政権側の社会活動家兼政治学者になる。また、二〇一四年から一八年まで「ドネツク人民共和国」のザハルチェンコ首長の顧問を務めた。この間、カザコフ氏は論文や著作を書かなかった。文字通り、戦いの日々が続いたからだ。一八年八月三一日にザハルチェンコが暗殺されるとカザコフ氏はモスクワに戻り、政治活動と評論活動を再開した。

カザコフ氏の著作『北の狐 ウラジーミル・プーチンの大戦略』は、ロシアの政治エリートの間で話題になり、短い期間で三刷になった。同書で、プーチン大統領が自分の戦略を隠す理由についてカザコフ氏はこう述べている。

〈例えば、アメリカの大戦略はオープンであると言える。このことから、なぜ、プーチンはその大戦略を秘密にしておくのか問うことも可能だ。答えは、奇妙なことかもしれないが、単純である。プーチンがその大戦略の秘密を、たとえ近い将来の目的や遠い将来の目的だけでも明らかにすれば、彼は……敗れてしまうだろう。その大戦略が成功するかどうかは、まさにそれがすべての者にとってどれほど秘密のままになっているかに左右されるのだ。

具体的な例を挙げて説明しよう。ウクライナとドンバスについてである。これらの地域に対するプーチンの計画と戦略を知っていると言える者はいるだろうか？ 例えば、もし近い将来にドンバスを、そしてその後、崩壊の時を経てウクライナ全体を一部ずつロシアに統合するつもりだとプーチンが公然と宣言したとしたら、この戦略的な目的の達成は容易になるだろうか？ 無論、否である。すべての敵、反対者、そして慎重すぎる友人たちにさえ、プーチンの「グレートゲーム」を破壊するためには、どこに反撃したらいいのか、わかってしまうだろうからだ。〉（アレクサンドル・カザコフ［原口房枝訳］『ウラジーミル・プーチンの大戦略』東京堂出版、二〇二一年、四四―四五頁）

プーチン氏は今回ウクライナに軍事介入したことで、大戦略を一歩前に進めた。カザコフ氏が本書に記しているように、今後、プーチン氏はウクライナをいくつかの小国家に分断して、時間をかけてロシアに併合していくことを考えているのだと思う。

重要なのは、プーチン氏の軍事行動の背景には明確なイデオロギーがあることだ。この点についてのカザコフ氏の指摘も興味深い。

〈私がプーチンのイデオロギーと呼んでいるものは、あらゆる問題に答えを与えるような入念につくられた理論ではない。それはむしろ、現代世界における針路を決めるための海図となり得る、複雑な価値体系である。そして「なにが善くて、なにが悪いのか」を見分けること——すなわち、意思決定の際に自覚的な選択をできるようにする、価値の座標システムなのである。プーチンにとって価値の座標システムは、その多くの発言から明らかなように、道徳的な特質を有しており、宗教の、キリスト教（正教）の教会の伝統に根差している。この伝統の枠内での、プーチンのイデオロギーにおける重要な概念は、その大戦略の究極の構想におけるのと同様、合意、調和、平和（和解）、均衡（釣り合い）である。だからこそ、プーチンが正教の伝統から公然と選び取り、組み立てているのはなによりもまず、すべての世界宗教、総じて大宗教にとっても同様のものであり、和解と合意に役立てることができる価値——自由と公平、尊厳と名誉、慈愛と勤勉、近しい者への愛と神への愛なのである。〉（前掲書、四四二—四四三頁）

プーチン氏は独自の正義感に基づいて、ウクライナへの侵攻を決断したのである。プーチン氏の理解では、この「特別軍事行動」は、ウクライナの隣人をナチス主義者と民族排外主義者のくびきから解放する愛の実践なのだ。しかも、プーチン氏のキリスト教理解では「正しい戦争」が存在する。

〈最もアクチュアルなものとして指摘しておきたい第二の側面、それは「力による悪への抵抗」と「正しい戦争」の概念に対するキリスト教的リアリズムの態度である。「力による悪への抵抗」について言えば、イリイン（引用者註＊ソ連から追放されたロシア人哲学者。ヘーゲルの研究家でロシアの保守思想に強い影響を与えた。プーチンが演説や論文で言及することが多い）の同名の重要な著作を参照することをお薦めする。おそらくプーチンはこの著作についてよく知っているだろう。これは、世界における悪の出現を食い止めるために、他の手段がないのであれば、祈りと共にであれ剣を用いてこれを食い止めることがキリスト教徒にとっては義務（！）であることを根拠づけている著作である。〉（前掲書、四四三―四四四頁）。

私は、このような「正しい戦争」という考え方を支持しない。しかし、プーチン氏だけでなくロシアの政治エリートの多くが、こうした思想に基づいてウクライナ侵攻を正当化しているという事実は押さえておく必要がある。

プーチン氏の戦争を読み解く際にも、哲学思想史の知識が不可欠になるのだ。

本書を上梓《じょうし》するにあたっては、KADOKAWAの岸山征寛《きしやまゆきひろ》氏にたいへんにお世話になりました。どうもありがとうございます。

二〇二二年三月二三日、曙橋《あけぼのばし》（東京都新宿《しんじゅく》区）の自宅にて

佐藤《さとう》　優《まさる》

参考文献一覧

※【編集部注】講義（本文）内で言及した作品に加え、読者の勉強に資する作品も加えた。各哲学者・神学者・思想家の作品を列記するのは紙幅の問題もあり、割愛している。巻数が膨大な『神学大全』『教会教義学』なども個々の書誌情報は割愛した。

講義のテキストにした淡野安太郎『哲学思想史』をはじめ、淡野『社会思想史』、大井正、寺沢恒信『世界十五大哲学』などの入門書から、気になった個別の学者の著作を手に取ってほしい。日本では多くの作品が文庫をはじめ、安価な形態で翻訳されているので活用していただきたい。

各項、著者名の五十音順に掲載。

【講義で用いたテキスト】

アリスター・E・マクグラス編『キリスト教神学資料集』上下巻、古屋安雄監訳、キリスト新聞社、二〇〇七年
淡野安太郎『哲学思想史　問題の展開を中心として』角川ソフィア文庫、二〇二二年
藤代泰三『キリスト教史』講談社学術文庫、二〇一七年
共同訳聖書実行委員会『聖書　新共同訳』日本聖書協会、一九八七、八八年
『岩波哲学・思想事典』岩波書店、一九九八年

【講義で言及した作品】

アリストテレス『動物誌』上下巻、内山勝利、神崎繁、中畑正志編『新版　アリストテレス全集8・9』

岩波書店、二〇一五年
アレクサンドル・コジェーヴ『ヘーゲル読解入門　「精神現象学」を読む』上妻精、今野雅方訳、国文社、一九八七年
イマヌエル・カント『純粋理性批判』全三巻、篠田英雄訳、岩波文庫、一九六八年
同『判断力批判』上下巻、篠田英雄訳、岩波文庫、一九六四年
同『プロレゴメナ』篠田英雄訳、岩波文庫、二〇〇三年
エミール・デュルケーム『自殺論』宮島喬訳、中公文庫、二〇一八年
遠藤周作『沈黙』新潮文庫、一九八一年
カール・バルト『教会教義学』オンデマンド版、新教出版社
カール・マルクス『経済学・哲学草稿』城塚登、田中吉六訳、岩波文庫、一九八二年
カール・マルクス、フリードリヒ・エンゲルス『ドイツ・イデオロギー』新編輯版、廣松渉編訳、小林昌人補訳、岩波文庫、二〇〇二年
柄谷行人『哲学の起源』岩波現代文庫、二〇二〇年
ゲオルク・ヴィルヘルム・フリードリヒ・ヘーゲル『法の哲学』上下巻、上妻精、佐藤康邦、山田忠彰訳、岩波文庫、二〇二一年
ゴットフリート・ライプニッツ『単子論』河野与一訳、岩波文庫、一九五一年
同『モナドロジー　他二篇』谷川多佳子、岡部英男訳、岩波文庫、二〇一九年
聖アンセルムス『プロスロギオン』長沢信寿訳、岩波文庫、一九四二年
高山岩男『世界史の哲学　戦後日本思想の原点』こぶし文庫、二〇〇一年
竹田青嗣『現象学入門』NHKブックス、一九八九年
ダンテ・アリギエーリ『神曲　地獄篇』三浦逸雄訳、角川ソフィア文庫、二〇一三年
同『神曲　煉獄篇』三浦逸雄訳、角川ソフィア文庫、二〇一三年

同『神曲　天国篇』三浦逸雄訳、角川ソフィア文庫、二〇一三年
トマス・アクィナス『神学大全』全三九冊、創文社オンデマンド叢書
夏目漱石『それから』角川文庫、一九六八年
夏目漱石『門』新潮文庫、一九四八年
西田幾多郎『善の研究』岩波文庫、一九七九年
ニッコロ・マキアヴェリ『君主論』新版、池田廉訳、中公文庫、二〇一八年
ハインリヒ・リッケルト『認識の対象』山内得立訳、岩波文庫、一九二七年
ハンナ・アーレント『全体主義の起源1　反ユダヤ主義』新版、大久保和郎訳、みすず書房、二〇一七年
同『全体主義の起源2　帝国主義』新版、大島通義、大島かおり訳、みすず書房、二〇一七年
同『全体主義の起源3　全体主義』新版、大久保和郎、大島かおり訳、みすず書房、二〇一七年
ピエール・アベラール、エロイーズ『アベラールとエロイーズ 愛の往復書簡』沓掛良彦、横山安由美訳、岩波文庫、二〇〇九年
ピエール・ベール『彗星雑考』野沢協訳、法政大学出版局、一九七八年
フランシス・フクヤマ『歴史の終わり』新版、上下巻、渡部昇一訳、三笠書房、二〇二〇年
フリードリヒ・シュライアマハー『神学通論』加藤常昭、深井智朗訳、教文館、二〇〇九年
フリードリヒ・ニーチェ『道徳の系譜』木場深定訳、岩波文庫、一九六四年
ブレーズ・パスカル『パンセ』全三巻、塩川徹也訳、岩波文庫、二〇一五年
ベネディクト・アンダーソン『想像の共同体　ナショナリズムの起源と流行』白石隆、白石さや訳、書籍工房早山、二〇〇七年
マックス・ヴェーバー『プロテスタンティズムの倫理と資本主義の精神』大塚久雄訳、岩波文庫、一九八九年
マックス・ホルクハイマー、テオドール・アドルノ『啓蒙の弁証法』徳永恂訳、岩波文庫、二〇〇七年

ミヒャエル・エンデ『モモ』大島かおり訳、岩波少年文庫、二〇〇五年
ユヴァル・ノア・ハラリ『サピエンス全史』上下巻、柴田裕之訳、河出書房新社、二〇一六年
同『ホモ・デウス』上下巻、柴田裕之訳、河出書房新社、二〇一八年
同『21 Lessons』柴田裕之訳、河出文庫、二〇二一年
ユルゲン・モルトマン『希望の神学』高尾利数訳、新教出版社、二〇〇四年
ヨシフ・スターリン『弁証法的唯物論と史的唯物論』国民文庫編集委員会訳、国民文庫、一九五三年
ヨハン・ヴォルフガング・フォン・ゲーテ『ファウスト』全二巻、手塚富雄訳、中公文庫プレミアム、二〇一九年

【さらに学ぶために資する作品】

※キリスト教史、中世思想、宗教改革を学ぶのに資するものを主にそろえた。

宇野弘蔵編『経済学』上下巻、角川ソフィア文庫、二〇一九年
大井正、寺沢恒信『世界十五大哲学』PHP文庫、二〇一四年
鎌倉孝夫、佐藤優『はじめてのマルクス』金曜日、二〇一三年
同『21世紀に『資本論』をどう生かすか』金曜日、二〇一七年
佐藤優『宗教改革の物語　近代、民族、国家の起源』角川ソフィア文庫、二〇一九年
同『宗教改革者　教養講座「日蓮とルター」』角川新書、二〇二〇年
上智大学中世思想研究所編『キリスト教史1　初代教会』平凡社ライブラリー、一九九六年
同『キリスト教史2　教父時代』平凡社ライブラリー、一九九六年
同『キリスト教史3　中世キリスト教の成立』平凡社ライブラリー、一九九六年
同『キリスト教史4　中世キリスト教の発展』平凡社ライブラリー、一九九六年

同『キリスト教史5　信仰分裂の時代』平凡社ライブラリー、一九九七年
同『キリスト教史6　バロック時代のキリスト教』平凡社ライブラリー、一九九七年
同『キリスト教史7　啓蒙と革命の時代』平凡社ライブラリー、一九九七年
同『キリスト教史8　ロマン主義時代のキリスト教』平凡社ライブラリー、一九九七年
同『キリスト教史9　自由主義とキリスト教』平凡社ライブラリー、一九九七年
同『キリスト教史10　現代世界とキリスト教の発展』平凡社ライブラリー、一九九七年
同『キリスト教史11　現代に生きる教会』平凡社ライブラリー、一九九七年
上智大学中世思想研究所編訳・監修『中世思想原典集成 精選1 ギリシア教父・ビザンティン思想』平凡社ライブラリー、二〇一八年
同『中世思想原典集成 精選2 ラテン教父の系譜』平凡社ライブラリー、二〇一九年
同『中世思想原典集成 精選3 ラテン中世の興隆1』平凡社ライブラリー、二〇一九年
同『中世思想原典集成 精選4 ラテン中世の興隆2』平凡社ライブラリー、二〇一九年
同『中世思想原典集成 精選5 大学の世紀1』平凡社ライブラリー、二〇一九年
同『中世思想原典集成 精選6 大学の世紀2』平凡社ライブラリー、二〇一九年
同『中世思想原典集成 精選7 中世後期の神秘思想』平凡社ライブラリー、二〇一九年
淡野安太郎『社会思想史』新版、勁草書房、一九六四年
ジョン・メイエンドルフ『ビザンティン神学　歴史的傾向と教理的主題』鈴木浩訳、新教出版社、二〇〇九年
ニコライ・ベルジャーエフ「ロシア共産主義の歴史と意味」『ベルジャーエフ著作集　第七巻』田中西二郎、新谷敬三郎訳、白水社、一九六〇年
山内志朗『普遍論争　近代の源流としての』平凡社ライブラリー、二〇〇八年
山中謙二『フシーテン運動の研究　宗教改革前史の考察』聖文舎、一九七四年

ヤン・フス『教会論』John Huss/David S. Schaff to., The Church, New York: Charles Scribner's Sons, 1915
ユルゲン・ハーバーマス『公共性の構造転換　市民社会の一カテゴリーについての探究』細谷貞雄、山田正行訳、未来社、一九七三年
ヨゼフ・ルクル・フロマートカ編『宗教改革から明日へ　近代・民族の誕生とプロテスタンティズム』平野清美訳、佐藤優監訳、平凡社、二〇一七年

装丁　　　大武尚貴
編集協力　佐藤美奈子

本書は、二〇一九年十一月二十九日から十二月三日にかけて、四泊五日の合宿形式で同志社大学の有志により行われた自主ゼミの講義録を再構成し、さらに加筆修正を行ったものです。

佐藤 優（さとう　まさる）

作家・元外務省主任分析官。一九六〇年、東京都生まれ。八五年同志社大学大学院神学研究科修了後、外務省入省。在ロシア連邦日本国大使館勤務等を経て、本省国際情報局分析第一課主任分析官として、対ロシア外交の最前線で活躍。二〇〇二年、背任と偽計業務妨害罪容疑で東京地検特捜部に逮捕され、以後東京拘置所に五百十二日間勾留される。〇九年、最高裁で上告棄却、有罪が確定し、外務省を失職。〇五年に発表した『国家の罠』（新潮社、のち新潮文庫）で第五十九回毎日出版文化賞特別賞を受賞。翌〇六年には『自壊する帝国』（新潮社、のち新潮文庫）で第五回新潮ドキュメント賞、〇七年第三十八回大宅壮一ノンフィクション賞を受賞。一九年『十五の夏』（幻冬舎、のち幻冬舎文庫）で第八回梅棹忠夫・山と探検文学賞を受賞。二〇年には第六十八回菊池寛賞を受賞した。『獄中記』（岩波現代文庫）、『宗教改革の物語』（角川ソフィア文庫）、『帝国の時代をどう生きるか』『国家の攻防／興亡』『「資本論」の核心』『日露外交』『勉強法』『思考法』『イスラエルとユダヤ人』『宗教改革者』『地政学入門』（角川新書）、『宗教の現在地』（池上彰氏との共著、角川新書）など著書多数。

哲学入門《てつがくにゅうもん》　淡野安太郎《だんのやすたろう》『哲学思想史《てつがくしそうし》』をテキストとして

2022年 8 月26日　初版発行

著者／佐藤《さとう》 優《まさる》

発行者／青柳昌行

発行／株式会社KADOKAWA
〒102-8177　東京都千代田区富士見2-13-3
電話　0570-002-301(ナビダイヤル)

印刷所／大日本印刷株式会社

製本所／本間製本株式会社

●お問い合わせ
https://www.kadokawa.co.jp/（「お問い合わせ」へお進みください）
※内容によっては、お答えできない場合があります。
※サポートは日本国内のみとさせていただきます。
※Japanese text only

定価はカバーに表示してあります。

ISBN 978-4-04-108717-6　C0010

哲学思想史

問題の展開を中心として

淡野安太郎

思考法

教養講座「歴史とは何か」

佐藤 優

「二時間でわかる哲学」など、あり得ない。

朽ちない教養をこの手に！　現実は、思想が未だ動かしている。冷戦後、終わったことにされた近代〈モダン〉こそが、未だに世界では影響力を持っている。古今の書物に脈々と流れる論理の構造を摑み、解き明かすことで、危機の時代を生き抜く思考法を身に付ける。

角川新書